ESTUDIOS DE SINTAXIS FUNCIONAL

BIBLIOTECA ROMÁNICA HISPÁNICA

DIRIGIDA POR DÁMASO ALONSO

II. ESTUDIOS Y ENSAYOS, 281

ANDRÉ MARTINET

ESTUDIOS DE SINTAXIS FUNCIONAL

VERSIÓN ESPAÑOLA DE
ESTHER DIAMANTE

Y 10 5

BIBLIOTECA ROMÁNICA HISPÁNICA

EDITORIAL GREDOS

MADRID

Traducción del libro de André Martinet, *Studies in functional Syntax*.
© 1975 por WILHELM FINK VERLAG, München.

© **EDITORIAL GREDOS, S. A.**, Sánchez Pacheco, 81, Madrid, 1978, para
la versión española.

Depósito Legal: M. 28657 - 1978.

ISBN 84-249-0777-9. Rústica.
ISBN 84-249-0778-7. Tela.

Gráficas Cóndor, S. A., Sánchez Pacheco, 81, Madrid, 1978. — 4824.

PRÓLOGO

La presente colección reagrupa artículos escritos, en francés o inglés, entre 1956 y 1973. Estos artículos tratan, no tanto de sintaxis, en el sentido estricto y preciso del término, como del análisis y clasificación de las unidades significativas y de la presentación de las clases de monemas, de sus variaciones formales y de sus relaciones mutuas en la cadena. Intentan marcar el avance progresivo hacia una teoría de la sintaxis concebida como un capítulo estrictamente limitado, aunque esencial, de la descripción de las lenguas. En los artículos 1 y 20 es en los que más nos acercamos, por el momento, a la meta que nos hemos propuesto. Los artículos van agrupados en cuatro secciones, de lo general a lo particular. El mismo criterio prevalece dentro de cada sección, aunque la cronología también ha influido aquí. Al final del volumen, ofrecemos algunas puntualizaciones y enmiendas e incluimos algunas notas suplementarias *. Los números 1 y 20, compuestos para esta circunstancia, son una versión fiel de los originales franceses.

---

* Al final de la obra original figuran resúmenes ingleses para los artículos en francés y viceversa que no hemos incluido en nuestra traducción por no cumplir aquí los fines que allí tenían. Respecto a las puntualizaciones y enmiendas, las que podían considerarse como nuevas correcciones han sido incorporadas al texto correspondiente, quedando las demás en el lugar indicado, esto es, al final del volumen. Tanto estas últimas como las notas suplementarias van, efectivamente, al final y sus relaciones con el texto están marcadas, aquí, con llamadas representadas por asteriscos, y en las últimas páginas, por los correspondientes asteriscos y, donde es preciso, por las páginas de referencia. (N. de la Ed.)

I. LINGÜÍSTICA FUNCIONAL *

1. PARA UNA LINGÜÍSTICA DE LAS LENGUAS [1]

I

Hasta ahora, el funcionalismo lingüístico ha tenido la suerte de no haber estado nunca realmente de moda. Durante una época compartió, de modo marginal, la atención dispensada a la lingüística estructural por algunos especialistas en ciencias humanas. Pero, mientras el estructuralismo iba ganando terreno al acentuar su aplicabilidad a nuevos campos, la lingüística funcional, por el contrario, insistió en poner de manifiesto lo específico de su método, oponiéndose así a aquellos para los que la lingüística no era sino el camino hacia otra cosa, una rama de la investigación de la que podía extraerse un modelo general, similar al que Hjelmslev esboza en las últimas páginas de sus *Prolegomena*.

Esto no significa que el funcionalismo, tal como se desarrolla en lingüística, no contenga un mensaje para otros campos de investigación. Su mensaje es el principio de pertinencia, según el cual una ciencia se define, no sólo por la elección de un objeto, sino también por la elección de un modo especial de tratar ese objeto. Para la lingüística, el objeto es el lenguaje humano en todas sus variedades, las diferentes lenguas, y el

---

[1] Se encontrará una versión francesa de esta exposición, con el título «Pour une linguistique des langues», en *Foundations of Language*, 13 (1973), págs. 339-369.

tratamiento específico es el que se deriva de la pertinencia comunicativa. Una larga experiencia ha demostrado que es su utilización como instrumento de comunicación lo que determina la forma adoptada por la lengua en una comunidad concreta, y en último análisis, lo que explica los cambios operados en una lengua a través del tiempo. Evidentemente, se recurrirá a la pertinencia comunicativa al estudiar aquellos otros sistemas de comunicación de los que trata la semiótica. Pero, para cualquier otra rama del conocimiento, se ha de buscar una pertinencia específica, y se debería evitar el transferirle, de un modo metafórico, los conceptos con los que se opera en lingüística. Desgraciadamente, a partir de estas transferencias se ha desarrollado la filosofía estructuralista actual.

Lo que más ha perjudicado al progreso y difusión de la lingüística funcional es la existencia de un imperialismo lingüístico americano que trata de convencer a los especialistas del mundo entero de que todo gira entre el distribucionalismo, simplista y ampliamente superado, y el generativismo, con sus brillantes técnicas de venta, su aparato lógico-matemático y sus atractivas expresiones, como «creativo» y «estructura profunda». Por supuesto que en América, como en el resto del mundo, existe gente, en torno a Kenneth L. Pike, por ejemplo, que sigue ocupándose de las lenguas de un modo que respeta la originalidad y la integridad de cada una de ellas, y que no descarta el método de los pequeños pasos en el análisis lingüístico, a favor de un globalismo infantilista. Pero, incluso en el campo de la pura investigación, lo que más atrae la atención no es tanto la calidad del producto, como su vistosa envoltura.

De hecho, el principio de pertinencia no tuvo nunca una oportunidad en los Estados Unidos. Se diría que ni Bloomfield ni sus seguidores hubieran tenido jamás la más mínima posibilidad de establecer una jerarquía de hechos lingüísticos basada en la naturaleza y la importancia de su contribución a la comunicación. Recuerdo que Bernard Bloch, hacia 1949, denunciaba el concepto de pertinencia fonológica como completamente falso. Hablar, en términos funcionalistas, de una realidad lingüística distinta de la realidad propiamente dicha habría parecido, en el contexto americano de los años 40 y 50, un desafío idealista. Tan intolerante positivismo y tan obstinada ignorancia habrían de producir una reacción. Pero, desgraciadamente, esta reacción demostró ser tan limitada en sus puntos de vista, como las prácticas que denunciaba. No había nada tan desesperanzador como esa «fijación» en la ambigüedad, evocadora de la perplejidad de la máquina ante la ausencia de algunos datos, o del obstinado tropezar de un abejorro contra un cristal. Se ha construido toda una estructura lingüística sobre el fracaso en la comunicación, sobre lo que no debería ser dicho, en lugar de concentrarse en los elementos positivos del intercambio lingüístico, en la comunicación lograda, en lo que quizá no debería ser dicho, pero que se escucha de todos modos.

En lugar de un *corpus* supuestamente homogéneo e igualmente representativo del lenguaje en todas sus partes, tenemos ahora una competencia supuestamente infalible y muy marcada. Tras quince años, las hipótesis de los más modernos, encaminadas a remediar las limitaciones de sus predecesores, permanecen sin comprobar, tal y como estaban al principio. En ambas partes encontramos la misma rigidez so capa de rigor, la misma incapacidad de captar el lenguaje en su múltiple realidad, con sus adornos, imperfecciones, variaciones según la sociedad, el espacio y el tiempo, el mismo desprecio hacia la idea de que el tratamiento científico de un objeto requiere, en primer lugar y ante todo, que la integridad del objeto no sea sacrificada a exigencias metodológicas. Por ambos lados se ha olvidado que la formalización que resulta de identificar cosas que de hecho son diferentes, sólo puede justificarse, si se expone en nombre de qué abstracción se realiza ésta, de modo que su justificación, su alcance y sus limitaciones aparezcan siempre claros: si pasamos por alto las diferencias entre las diversas realizaciones de un fonema, es porque estas diferencias no son distintivas. Y si algunas diferencias, distintivas en algunos contextos, no lo son en otros, ¿por qué, en este caso, no habríamos de pasarlas por alto? La sorprendente incapacidad de tantos lingüistas para comprender lo que significa «neutralización», se deriva claramente del hecho de que nunca buscaron las justificaciones reales de algunos de sus métodos.

En muchos casos, la situación ha empeorado. El consciente exceso de simplificación de los distribucionalistas ha llevado a la elección binaria, más sofisticada, entre el asterisco y su ausencia. La flexibilidad social de la expresión «deje sola a su lengua» ha tenido que ceder ante la anticuada noción de gramática como conjunto de reglas inamovibles.

El rechazo bloomfieldiano del significado explica el hecho de que sus seguidores nunca opusieran realmente dos planos de unidades distintivas y significativas. Esta distinción no se ignoró radicalmente, pero tampoco se marcó lo suficiente. Los generativistas, como reacción contra los puntos de vista antimentalistas de sus predecesores, y desconfiando del análisis como método esencialmente positivo, tienden, consciente o inconscientemente, a confundir los dos planos. Un idealismo latente les incita a descartar, desde el principio, todo lo que no participe del significado. La palabra *fonología* se reserva para un campo, que, a través de la antigua morfofonémica, se extiende a la morfología tradicional. La sintaxis, concebida como el estudio de las combinaciones, no se diferencia prácticamente del estudio del léxico y del significado, lo que, en un último análisis, también conduce a un estudio de combinaciones. El resultado final es una dicotomía implícita que opone forma y significado. Aparte unas pocas pero honrosas excepciones[2], los postbloomfieldianos han ignorado la diacronía, quedándose satisfechos con desarrollar equivalentes de moda para conceptos tradicionales. Los más modernos se aventuran en este terreno con una clara tendencia a confundir unas «reglas clasificadas» sincrónicas, la dinámica del sistema, y la evolución propiamente dicha. Pero la búsqueda de universales es el terreno donde se da rienda suelta a la tendencia esterilizante a reducirlo todo a la unidad y a la identidad.

---

[2] Sobre todo, William Moulton; cf. también el artículo de Martin Joos, «The Medieval Sibilants», en *Language*, 28 (1952).

II

En el paralelismo anteriormente esbozado, impresionista en cuanto a su planteamiento y ciertamente injusto por omisión, se pretende, evidentemente, poner de relieve los rasgos que distinguen a la lingüística funcional de sus competidoras. Sabemos por experiencia que cualquier progreso conseguido por la lingüística funcional ha ido y seguirá yendo durante algún tiempo contra corriente. No podíamos plantearnos el atenuar ningún aspecto de ésta con el simple objeto de ganar unos pocos seguidores. Procederemos ahora a esbozar nuestra doctrina sin comprometernos en ningún sentido, esperando que algunos de nuestros lectores puedan encontrar aquí algunos puntos con los que estén de acuerdo.

El programa de la lingüística funcional se puede definir en pocas palabras: el estudio del lenguaje humano en sí mismo y por sí mismo. Esto contiene evidentes reminiscencias de la formulación que cierra el *Curso de lingüística general* de Ferdinand de Saussure. Aunque, según sabemos ahora, esta formulación fue, en realidad, una contribución de los editores del *Curso*, es fiel, evidentemente, a las enseñanzas del maestro y las sintetiza a la perfección. Los diferentes términos aplicados al objeto estudiado: *langue* en el *Curso*, «lenguaje humano» en nuestra terminología, demuestran claramente por qué la lingüística funcional no pretende ser directamente postsaussureana. Por supuesto, tenemos una deuda considerable con Saussure, y lo confesamos abiertamente. Pero la verdadera naturaleza de nuestro programa hace que no se deba pensar en una exégesis del *Curso*. Éste contiene demasiadas formulaciones ambiguas, contradictorias o confusas como para que nos sintamos obligados a hacer de él nuestro punto de partida. Para empezar, utilizamos el término «lenguaje humano» y no *langue*, porque, según ha demostrado la experiencia, el lingüista no puede prescindir de la *parole*, ya que es a través de la observación de datos perceptibles, sobre la base de la pertinencia comunicativa, como aislamos el sistema, al que Saussure trataba, probablemente, de restringir el término *langue*. Lo que tratamos de examinar es el conjunto de la actividad lingüística humana, y al desarrollarse esta actividad solamente en el marco de las lenguas específicas, nuestra labor principal es la de estudiar estas lenguas como otros tantos objetos diferentes. Por supuesto, debe existir un acuerdo previo sobre qué es lo que pertenece al lenguaje humano. Ahora que la semiótica se ha afirmado definitivamente como ciencia, debemos inmediatamente excluir del lenguaje humano, y por consiguiente, del campo de la lingüística propiamente dicha los diferentes sistemas de signos, originales o sustitutivos, que el hombre es capaz de crear, restringiendo así la designación a aquellos sistemas de comunicación que tienen carácter vocal y son de uso general en todas las comunidades humanas.

Se ha insistido correctamente en el hecho de que una lengua difiere de otros tipos de sistemas semióticos por estar encaminada a transmitir cualquier mensaje inteligible. Esto se puede resumir afirmando que la lengua posee una doble articulación: La primera articulación es el resultado del análisis de la experiencia que se pretende comunicar en elementos que corresponden a los signos mínimos, o monemas, de la lengua que está siendo utilizada. Los monemas que corresponden a esta primera articulación se presentan normalmente en sucesión, ya que se producen en el tiempo. El resultado es un enunciado. Los monemas, al ser signos, contienen un significado que tratamos de transmitir por medio de una forma fónica perceptible. A su vez, esta forma se articula en una sucesión de unidades distintivas, los fonemas. Llamamos a esto segunda articulación. Entre los que reconocen la importancia de la doble articulación, algunos se preguntan el porqué de reservar el término de segunda articulación para la articulación de monemas significantes en fonemas, siendo así que el lingüista, en su análisis o presentación de la lengua, empieza por los fonemas y continúa con los monemas, y no al contrario. Sencillamente, olvidan que mientras el investigador debe ir necesariamente de los hechos conocidos a los desconocidos, de lo que puede ser directamente observable a lo que no lo es, el hablante debe empezar necesariamente por lo que pretende decir, o sea, por el extremo opuesto. Para aquellos que estén interesados en el modo como funciona una lengua, esto, desde luego, es esencial. De nuevo encontramos aquí que ciertos lingüistas confunden los métodos específicos de su campo de investigación con el objeto de su estudio, que es el comportamiento lingüístico de los hablantes. Por desgracia, este error ha sido un rasgo predominante en lingüística, desde los principios de la era estructuralista.

La necesidad de poder expresar todo lo que se desee entraña, para cada lengua, la posibilidad de crear un número ilimitado de signos distintos. Imaginemos un sistema vocal de comunicación sin ningún tipo de articulación, en donde cada signo equivaliera a un grito o gruñido correspondiente a un elemento de experiencia determinado. El número de signos de este tipo tendría que ser extremadamente limitado, debido a la naturaleza de los órganos humanos de producción fónica y percepción. El inventario de gritos animales diferentes entre las especies más dotadas es una indicación de esto.

Por otro lado, el único modo de ampliar el sistema sería producir un grito nuevo para cada nueva experiencia compartida por toda una comunidad. Sería posible la referencia a una experiencia conjunta bien delimitada, pero no lo sería la comunicación de una experiencia particular, ya que este último tipo de comunicación implica la identificación de esta experiencia particular con una combinación de experiencias identificadas por la comunidad; esto nos da una idea de cómo una sucesión de signos inarticulados puede llevar a un complejo signo articulado.

Sin embargo, la misma complejidad de las necesidades comunicativas humanas requeriría algo más elaborado que una simple primera articulación basada en un número restringido de monemas representados como gruñidos ininteligibles. Gracias a la articulación de cada uno de estos gruñidos en una sucesión de unidades distintivas, los fonemas, el número de monemas de cada lengua es prácticamente ilimitado. A cada fonema corresponde un uso articulatorio determinado que se desarrolla durante la primera infancia y cuya realización se ve afectada sólo excepcionalmente por el significado del monema en que aparece. Como resultado, la forma es prácticamente independiente del significado, lo que le garantiza una relativa estabilidad al limitar severamente las desviaciones que pudieran resultar de los estados de ánimo de los individuos hablantes: es evidente que no todos los hablantes concuerdan en su pronunciación de un determinado fonema en una posición determinada; un hablante puede permitirse circunstancialmente el modificar la realización de un fonema, por ejemplo, prolongando anormalmente la duración de la articulación. Pero esas desviaciones están identificadas como tales y, por tanto, no afectan a la identidad del fonema; cuando el mismo hablante lo realice en circunstancias más ordinarias, el fonema volverá automáticamente a su articulación normal.

Pedimos disculpas por volver aquí, con los mismos términos, a enseñanzas que han sido expuestas frecuentemente en el pasado. Pero son tan fundamentales, que incluso una exposición relativamente concisa de los principios y métodos de la lingüística funcional sería incompleta, si no recordáramos el carácter fundamental de la doble articulación a quienes consideran el lenguaje, en primer lugar y ante todo, como un instrumento de comunicación.

De la definición de una lengua como un instrumento de comunicación caracterizado por una doble articulación y una manifestación vocal, resulta la actitud funcionalista hacia los universales del lenguaje. Los términos de una definición correcta deben ser necesarios y suficientes. De este modo, todos los posibles rasgos de los objetos cubiertos por nuestra definición deben estar implícitos en ella. Los rasgos que han de estar necesariamente presentes en toda lengua, es decir «los universales», sólo pueden ser corolarios de los rasgos incluidos en la definición. Todos los «universales» o «cuasi-universales» fónicos se derivan del carácter vocal de la lengua: por la conformación y la fisiología de los llamados órganos del habla, lógicamente se puede esperar que los enunciados del lenguaje aparezcan como sucesiones de consonantes y vocales, formadas por frases de intensidad variable y acompañadas de una curva melódica. La linealidad del discurso proviene de este mismo carácter vocal, de aquí la existencia necesaria y universal de ciertos medios a disposición del hablante, que hacen posible la reconstrucción, por parte del oyente, de la experiencia en su totalidad, partiendo de una sucesión de monemas; el estudio de tales medios puede identificarse con la sintaxis. Podemos decir legítimamente que los rasgos sorprendentes no son las inevitables analogías entre las lenguas, sino, dentro de una determinada lengua, los rasgos que no habíamos anticipado en la base de nuestra definición, aunque, evidentemente, ésta no excluyera la posibilidad de su existencia. En resumen, los únicos universales del lenguaje son aquellos implicados en la definición de una lengua. El hecho de que ciertas posibilidades, que no son incompatibles con nuestra definición, no existan, o mejor dicho, no estén atestiguadas, debe achacarse a la economía, es decir, considerarse como el resultado de una tendencia natural del hombre a eliminar lo que requiera una producción de energía considerada excesiva con respecto a las ventajas que aporta.

Consideremos, como ilustración, el caso del núcleo predicativo. Podríamos caer en la tentación de afirmar que los enunciados de una lengua están formados por grupos autónomos, las frases, dentro de las cuales las diferentes unidades significativas marcan sus mutuas relaciones tomando como punto de referencia una cierta unidad identificada como núcleo predicativo o, simplemente, como predicado. Este tipo de organización parece estar aceptado universalmente. Pero ¿es, en realidad, el único compatible con nuestra definición del lenguaje? Utilicemos el conocido ejemplo de Sapir: *the farmer kills the duckling* (el granjero mata el pato). *The farmer* (el granjero) se identifica como sujeto y *duckling* (pato), como objeto con relación a *kills* (mata); *kills* es identificado inmediatamente por el oyente como núcleo de la expresión, ya que no puede ser ninguna otra cosa. Pero ¿no podríamos imaginarnos una lengua en la que cada uno de los tres elementos de la expresión anterior fuese acompañado de un determinante funcional, resultando de ello algo como *farmer-agente kill-acción duckling-paciente*, en donde la jerarquía de la expresión inglesa ya no existiría, y *farmer*, *kill* y *duckling* serían otros tantos núcleos coordinados, quedando preservada la unidad de la expresión por una curva melódica adecuada? Nunca se ha mencionado un modelo sintáctico de este tipo, pero la razón de esto puede ser una incorrecta interpretación a cargo de lingüistas aficionados o profesionales, que se vieron forzados a ceñirse al molde predicativo, el único molde que conocían. Pero es igualmente posible que el modelo igualitario antes expresado no exista en ninguna lengua, por la sencilla razón de que no es económico en absoluto, desde el momento en que requiere seis unidades donde tres serían suficientes, dado que la lengua contiene verbos, es decir, monemas unifuncionales que se identifican inmediatamente como núcleos predicativos, y que hace el mejor uso posible de la posición de los otros elementos en la cadena hablada con relación al verbo. Además, la reforzada cohesión de la frase, que se deriva de centrar todos sus elementos alrededor de un núcleo, representa una ventaja nada despreciable, una ventaja que posiblemente haya contribuido a la generalización y perpetuación de este modelo.

III

Aplicado con un espíritu estrictamente formalista, el principio de pertinencia puede conducir a una brusca y definitiva oposición entre lo lingüístico y lo no lingüístico. Considerado como principio jerárquico, nos posibilita el manejo de rasgos marginales sin confundirlos con otros más fundamentales. Aplicado a los diferentes aspectos del objeto lingüístico, este mismo principio nos lleva a dividir nuestro estudio en un número de capítulos estrictamente delimitado en base a criterios que, sin duda, pueden ser parcialmente arbitrarios, por lo que a veces será necesario pasarlos por alto para llegar a comprender ciertos problemas específicos. Sin embargo, si deseamos evitar el captar equivocadamente la naturaleza del lenguaje, debemos estudiarlo desde diversos ángulos y clasificar los datos a diferentes niveles.

La clásica dicotomía entre sincronía y diacronía es un buen ejemplo de la necesidad fundamental de una clara oposición metodológica, lo que no debería hacernos olvidar que el mismo funcionamiento de una lengua como instrumento de comunicación, que es pura sincronía, implica una evolución del lenguaje. Distinguir entre sincronía y diacronía equivale a distinguir entre diferentes etapas sucesivas de una misma lengua; significa percibir, por ejemplo, que una variante, que en un cierto período era no distintiva, ya que no implicaba una elección del hablante, pasó a ser, posteriormente, una unidad distintiva, adoptando una alternancia morfológica: en latín vulgar, la pronunciación [a'miṭi] del plural de *amicus* se caracterizaba por una [ṭ] que permaneció como variante del fonema /k/, mientras que *qui* no había sido aún reducido a /ki/. Cuando finalmente se llegó a este resultado, /ṭ/ o su reflejo habitual /č/ representaron una elección específica distinta de /k/ y ambos fonemas pudieron alternar, como ocurre en el italiano *amico-amici* (/-ko/ ~ /-či/), pero no en *tronco- tronchi* (/-ko/ ~ /-ki/). Si no distinguimos dos etapas, podemos llegar a confundir, bajo la engañosa etiqueta de «morfofonémica», hechos que pertenecen a la fonología y hechos que pertenecen a la morfología. Por consiguiente, una precisa descripción sincrónica de ambas etapas es esencial, no sólo para comprender cómo la comunicación lingüística fue posible dentro de dos sincronías diferentes, sino también para identificar un cambio cuyo proceso habrá de ser reconstruido, en una etapa más tardía, a través de un estudio de la dinámica de la lengua. En este caso, nuestra labor será la de tratar de determinar cómo una sucesión /kui/ (como en *eccu(h)i(c)*) tiende a pasar a [kwi], con la repercusión siguiente: /kʷ/ en un contexto /kʷi/ tenderá a reducir su componente labiovelar. Además, la tendencia a reducir los hiatos que explica el paso de [kui] a [kwi] entraña la reducción a una sola sílaba de la sucesión [kia], que se convierte en [kja], y después en [ṭa]; aquí la [ṭ] nos trae la confirmación, a través de una especie de catálisis, de la palatalización de la [k] en el

/ki/ anterior, que estaba empezando a desarrollarse bajo la presión de [kʷi] pasando a [ki]. Podríamos decir que el análisis dinámico conduce a una resolución dialéctica de la oposición diacronía-sincronía. Pero esta resolución sólo es posible si el problema está claramente planteado de antemano en los términos de la oposición.

Además del problema de la identidad de la lengua en el tiempo, encontramos el problema de su identidad en la dimensión geográfica o social. Desde luego, difícilmente podremos describir cómo funciona una lengua, si antes no definimos los límites de la comunidad dentro de la cual se utiliza. Pero, por supuesto, damos por sentado que estamos tratando con una comunidad, siempre que la lengua en cuestión haga posible la comunicación, y que la única alternativa —aunque sabemos que ésta es una afirmación gratuita— es la comunicación o la ausencia de ésta. En otro momento estudiaremos la variedad de usos y las simbiosis de las lenguas, problemas para los que nos esforzaremos constantemente en encontrar criterios de clasificación, siendo totalmente conscientes, sin embargo, de que la aplicación de tales criterios entraña necesariamente algunas decisiones arbitrarias.

IV

Una vez que el lingüista ha establecido la identidad de una determinada lengua en el tiempo y en el espacio, su labor más urgente, al presentarla, será la de dar una relación fiel de todos los rasgos que la distinguen de cualquier otra lengua. Los rasgos que pueda tener en común con otra lengua destacarán al comparar las descripciones de ambas, pues éstas realzarán los rasgos que las opongan a algunas o a todas las demás lenguas. Naturalmente, esta presentación habrá de ir precedida de un análisis que requerirá la elección de ciertos ángulos de visión bajo los que habremos de considerar nuestro objeto. Estos ángulos de visión se encuentran sugeridos en nuestra definición.

Lo que puede ser abordado científicamente en nuestro objeto
son sus enunciados. El conocimiento directo de nuestro objeto,
en el caso de una lengua que nos es familiar, puede ayudarnos
en nuestra investigación, ofreciéndonos los instrumentos para
obtener enunciados que nos permitan llegar a una decisión,
así como a aspectos que no hubieran podido ser clarificados
por el estudio de la documentación previamente obtenida. Los
enunciados de que dispongamos serán sometidos a dos tipos
de análisis, que llevaremos a cabo simultáneamente con objeto
de que cualquier progreso realizado en uno de ellos pueda ser
de utilidad para el otro: un análisis en unidades distintivas, y
otro, en unidades significativas. En ambos casos, primero procederemos a segmentar el enunciado, lo que nos conducirá, en
algunos casos, a la identificación de una diferencia formal que
no pueda ser identificada con un segmento (acentos, en el plano
de las unidades distintivas; significantes amalgamados, en el
plano de las unidades significativas). Nuestro segundo paso será
comparar unidades que aparezcan en diferentes partes de la cadena hablada, lo que nos permitirá enumerar e identificar las
unidades distintivas y significativas. Nuestra tercera labor consistirá en clasificar las unidades en función de sus posibilidades
conmutativas, y también, en el caso de la segunda articulación,
en base a sus rasgos distintivos.

Esta breve visión del procedimiento analítico no pretende
traer de nuevo aquí métodos que ya han sido expuestos, más o
menos extensamente, en otra parte[3]. Simplemente, queremos
señalar que el proceso heurístico antes descrito debe ser cuidadosamente diferenciado del proceso didáctico, el de la presentación, al que llegamos ahora.

Para una mejor comprensión de lo que debería ser la presentación de una lengua, debemos recordar que cada unidad
significativa participa del aspecto fónico a través de su significante, y de la significación a través del *signifié*, pero no por

---

[3] **Cf. A. Martinet**, *Elements of General Linguistics*, caps. 3 y 4, y ver
más adelante, págs. 169-178, «Análisis y presentación».

ello debemos suponer que la totalidad de la sustancia fónica, presente en la manifestación de un significante, o la totalidad del significado que este significante implica pertenezcan realmente al signo lingüístico considerado. Los únicos rasgos fónicos o del significado lingüísticamente válidos son aquellos que participan en la comunicación, es decir, aquellos que poseen el mismo valor para todos los miembros de la comunidad. El resto, variaciones individuales en el terreno fónico, connotaciones especiales en el plano del significado, no pertenecen a un tratamiento propiamente lingüístico. Al lingüista le será útil considerar dos dominios marginales: la *fonética*, para todos los datos fónicos, y la *semántica*, para todos los datos de la significación, puesto que tales datos no se consideran dentro del marco de una lengua concreta. En palabras de Hjemslev, la fonética y la semántica son, respectivamente, los dominios de la expresión y del contenido no formados. En teoría, sin embargo, ni la una ni la otra deberían aparecer en la presentación de una lengua. De todos modos, el hecho de que lingüísticamente ambos campos sean igualmente marginales no significa que deban ser considerados como dos disciplinas paralelas: la fonética trata hechos muy precisos que generalmente no son conocidos. Por tanto, el lingüista principiante debe estudiar fonética para así ser capaz de identificar los elementos fónicos relevantes en las lenguas tratadas. La semántica, si la definimos como el campo del significado anterior a su utilización dentro de una lengua, carece de límites precisos, ya que correspondería a la experiencia humana antes de ser moldeada por la práctica de una lengua. Sin embargo, es dudoso que un entrenamiento semántico sea de alguna utilidad para el principiante; se podría pensar que algunos elementos de la lógica deberían entrar aquí, pero esto quizá tendiera a ocultar la naturaleza original de las estructuras lingüísticas específicas.

En una presentación lingüística, la segunda articulación, normalmente, precede a la primera, ya que puede ser conveniente presentar unidades significativas por medio de sus significantes, es decir, en términos de unidades distintivas.

Las unidades de la segunda articulación son los fonemas, y su presentación es objeto de la llamada fonemática. En algunas lenguas existen unidades distintivas diferentes de los fonemas. Estas unidades se llaman *tonos*, a veces *tonemas*, y no pueden ser clasificadas entre los rasgos constitutivos de los fonemas, ya que caracterizan a segmentos más o menos extensos de la cadena hablada. La posición del acento (no «el acento» como a veces se dice equivocadamente) también puede tener un valor distintivo. Es muy corriente agrupar todos los elementos fónicos no fonemáticos en el capítulo de los «suprasegmentales». Nos someteremos a esta tradición y opondremos la prosodia a la fonemática, pero debemos señalar que funcionalmente esto no tiene mucho sentido. Evidentemente, en la prosodia encontramos las unidades distintivas mencionadas anteriormente: el acento, que sirve, no para distinguir a los monemas entre sí, sino para establecer contrastes, propiamente dichos, en la cadena hablada; y la entonación, que es lo que queda de la melodía del lenguaje, una vez que las necesidades lingüísticas realmente básicas han sido satisfechas. A pesar de los poco convincentes esfuerzos de algunos estudiosos por analizar la entonación en rasgos distintivos, parece que la entonación debe ser definida como la zona donde la oposición entre las dos articulaciones del lenguaje se hace borrosa, es decir, la zona donde ya no tenemos unidades distintivas y donde cualquier modificación fónica es capaz de cambiar el sentido. Naturalmente, éste es el campo de investigación preferido por aquellos que pierden la paciencia ante el carácter rígido del patrón fonemático. La fonemática y la prosodia, juntas, constituyen lo que se conoce por *fonología*. La fonología se ocupa de los rasgos fónicos específicos de una lengua determinada. Esto se hace, normalmente, clasificando dichos rasgos de acuerdo con su función en la lengua; las variantes de un fonema se presentan en el apartado que describe el fonema al que pertenecen. Es preferible no usar nunca formas como «fonológico» o «fonemático» en el sentido de «distintivo».

Los rasgos de la primera articulación se explicarán más ampliamente, ya que son más complicados, en primer lugar, por pertenecer a unidades con forma y significado y, en segundo lugar, porque bordean, a través del significado, el dominio ilimitado de la experiencia humana. Sólo necesitamos recordar que, cuantitativamente, una lengua posee un número limitado de fonemas, normalmente entre 30 y 40, mientras que el número de unidades significativas, que es mucho más difícil de determinar, puede perfectamente exceder de las 10.000.

La presentación tradicional de una lengua se ha venido llevando a cabo en dos etapas sucesivas: primero, la gramática, después, el léxico. Una parte sustancial de la actividad lingüística de los últimos 15 años ha ido encaminada a poner en cuestión la legitimidad de esta distinción. Por un lado, tenemos a aquellos para los que las restricciones combinatorias ofrecen la clave para la sintaxis, así como para el significado léxico. Por otro lado, tenemos a los funcionalistas, que no se empeñan desde el principio en distinguir entre clases limitadas de monemas frecuentes y clases ilimitadas de monemas con una frecuencia media mucho más baja. Mientras que los primeros tienden a confundir los resultados, los segundos continúan presentando, en etapas sucesivas, los diferentes aspectos de la estructura de la lengua tratada.

Lo primero que debemos especificar es la naturaleza de las unidades con las que vamos a operar. Los monemas, es decir, las unidades significativas mínimas, están ahí desde el primer momento. Pero en nuestro estudio del proceso por el que las unidades básicas, al agruparse, dan como resultado la comunicación de la experiencia, debemos tener en cuenta el hecho de que algunas unidades significativas mínimas pueden combinarse formando entidades que entran *exactamente* en los mismos tipos de combinaciones que las unidades simples: la palabra inglesa *headache* (dolor de cabeza) entrará exactamente en los mismos tipos de combinaciones que el inanalizable fr. *migraine* (idem). Llamaremos a estas unidades complejas *sintemas*, de cuyo estudio se ocupa la *sintemática* [4]. Algunas veces, puede re-

---

[4] Ver más adelante, págs. 224, 234 y 250, «Composición, derivación y monemas», «Sintagma y sintema» y «Palabra y sintema».

sultar difícil decidir si una unidad significativa es un monema o un sintema, pero esta cuestión es de gran ambigüedad: ¿analiza, por ejemplo, un determinado hablante inglés la expresión *telegraph* en dos elementos, *tele-* y *-graph*, que pueden ser también identificados en *telephone* y *phonograph*? En realidad, *telegraph* es una unidad que elegimos como totalidad única en ciertas circunstancias, y la comunicación lingüística será igualmente realizada cualquiera que sean los sentimientos del hablante y del oyente en cuanto a la naturaleza simple o compleja del término. De aquí en adelante, todo lo que se diga acerca de los monemas podrá aplicarse también a los sintemas. Cuando hablamos, en el contexto de los tipos de combinaciones, no nos referimos a combinaciones de monemas individuales, sino a combinaciones de clases de monemas, caracterizadas por posibilidades combinatorias similares. Es absurda la comparación entre una combinación inesperada de dos monemas pertenecientes a clases combinables (nombres y adjetivos), como *idea verde*, y una combinación de elementos pertenecientes a clases no combinables (artículos y verbos), como *un piensa*. Precisamente nuestra labor más urgente es la de ordenar el inventario de estas clases de monemas. Esto nos da el equivalente de las anteriores «partes del discurso», aunque estas clases, que han sido establecidas sin ninguna idea preconcebida, varían de una lengua a otra y, por tanto, deberán ser consideradas como una de las características más fundamentales de cada lengua. Estas clases serán el primer elemento de nuestra presentación, ya que afectan a todos los monemas y determinan su comportamiento.

Podríamos vernos tentados a caracterizar las clases de inventario ilimitado, o clases léxicas, señalando simplemente su combinabilidad con las clases de inventario limitado, o clases gramaticales: en inglés, la clase nominal es la que se combina con la clase de los artículos; la clase verbal es la que se combina con las clases de tiempos y modos. Pero también la oposición entre las clases nominal y verbal puede marcarse diciendo que los nombres se combinan con adjetivos y los verbos con adverbios. Por consiguiente, no existe necesidad de referirse a ninguna distinción entre léxico y gramática. Esta distinción se revelará por sí misma en el inventario, por el hecho de que las clases limitadas se presentarán *in extenso*, mientras que las otras se ilustrarán con unos pocos ejemplos.

Aunque hasta ahora hayamos estado hablando de combinaciones y combinabilidad, puede ser útil repetir que lo esencial, en la primera articulación del lenguaje, no es necesariamente la posición respectiva de los elementos, sino sus compatibilidades: lo que importa en el caso del artículo y el nombre, en inglés, no es que el primero preceda al segundo, sino que el artículo presuponga un nombre o su equivalente, y que cualquier nombre pueda ir acompañado de un artículo.

En las gramáticas tradicionales, las de griego y latín, por ejemplo, encontramos los principios de un inventario. No es necesario mencionar aquí aquellas partes del discurso comunes a estas lenguas y a las que se hablan actualmente. Pero hay que explicar los casos a los escolares franceses e ingleses; y el ablativo latino, a los alemanes y los rusos, ya que éste no existe en sus lenguas. Sin embargo, esto no forma parte de un capítulo distinto, sino que, en todo caso, será un apéndice de las secciones «morfológicas». Con todo, ha bastado esto para convencer a la gente de que la morfología es la que se ocupa de la presentación y descripción de los elementos gramaticales. En consecuencia, estos elementos se designan frecuentemente con el nombre de «morfemas», y se oponen, en su perspectiva, a las otras unidades significativas designadas con el nombre de «semantemas» o «lexemas». Aquéllos lo bastante sensatos para presentar la morfología como el estudio de las variaciones formales de las palabras no han denunciado suficientemente esta desafortunada confusión. Ahora que nuestro análisis ha sido llevado a cabo operando con formas fónicas, más allá de la palabra, hasta llegar al monema, debemos definir sin duda la morfología como la presentación de las variaciones formales de los significantes, y de los condicionamientos de estas variaciones. Las unidades «gramaticales» se verán especialmente sujetas a variaciones formales, pero también otras unidades pueden verse afectadas por éstas. Una morfología latina deberá presentar, no sólo las diferentes formas que puedan caracterizar al genitivo, sino también el cambio del radical *fer-* de *fero*, por el radical *tul-*, en combinación con las desinencias de perfecto, en *tul-i*, etc.

La morfología, tal y como se define aquí, incluye naturalmente alternancias; algunos estudiosos, incapaces de discernir los límites de los respectivos campos fonológico y morfológico, desearon asignar a tales alternancias un apartado con la etiqueta de «morfofonémica». Desde luego, sería deseable que, en nuestra presentación morfológica, comenzáramos con ciertos tipos de variaciones formales que se repitiesen a menudo en la lengua tratada: el *Umlaut* del alemán contemporáneo, que encontramos en la declinación de los nombres, adjetivos y verbos, merece ser tratado aparte. Pero no dejará de ser un fenómeno morfológico. El hecho de que deba su existencia a la aparición, hace más de mil años, de algunas variantes palatales de fonemas vocálicos, no altera, en último caso, su *status* sincrónico actual. Debemos observar que la «sintemática», que describe los procesos por los que los monemas se combinan en unidades cuyo comportamiento es similar al de los propios monemas, y que corresponde al tratamiento tradicional de la formación de palabras, debería comprender una sección morfológica con las modificaciones formales realizadas por los significantes de los monemas al combinarse: en francés el sufijo *-ier* en los nombres de árboles se convierte en *-er* cuando el nombre de la fruta correspondiente acaba en una consonante prepalatal: *pêche - pêcher* (melocotón - melocotonero), *orange - oranger* (naranja - naranjo); éste no es un cambio fonológico automático, ya que el francés es perfectamente capaz de pronunciar *cherchiez* (buscabais) y *rangiez* (colocabais).

Si la sintaxis es el principal campo de investigación de la lingüística contemporánea, no lo es tanto por su importancia real, que es considerable, como por el hecho de que se entienda con cierta desenvoltura como el estudio de todos los datos pertenecientes a las combinaciones de elementos significativos. Desde esta perspectiva, todos los datos que hemos colocado bajo el nombre de «inventario», pueden ser definidos en términos de sus combinaciones mutuas. Por otro lado, la mayor parte

de los esfuerzos por encontrar, para los problemas del significado, una solución menos pragmática que la que se ofrece en
los diccionarios corrientes, se basan en el estudio de las posibilidades combinatorias de las unidades significativas; esto significa que, del mismo modo que operamos con combinaciones
de clases de monemas para identificar y definir estas clases,
algunas personas operarán con combinaciones de monemas
concretos para identificar el *signifié* de cada monema. Entonces, si cualquier combinación de elementos significativos pertenece a la sintaxis, ésta incluirá finalmente todo lo que pueda
ser dicho del contenido de las unidades significativas. De acuerdo con esto, el estudio de la primera articulación de una lengua
se reducirá a dos capítulos, la morfología, que estudiaría la
forma, y la sintaxis, que cubriría todo lo relacionado con el
significado.

Esta visión globalista conduce a enterrar en el mar de los
datos léxicos a la sintaxis propiamente dicha, tal como fue concebida por quienes crearon el término y tal como ha sido constantemente vista por los teóricos más brillantes. La sintaxis no
es un estudio de combinaciones sino, en los términos algo anti-
cuados de Marouzeau, «el estudio de los procesos gramaticales
por medio de los cuales las palabras de una frase... se conec-
tan... para expresar las relaciones entre las nociones» [5]. Tradu-
cido esto a términos funcionalistas, la definición sería «el estudio de los procesos por medio de los cuales las relaciones entre
los datos de experiencia se manifiestan en una sucesión de unidades lingüísticas, de forma que el receptor del mensaje pueda
reconstruir dicha experiencia» [6]. Para una mejor comprensión
del papel que la sintaxis desarrollará en la presentación de una
lengua, debemos afirmar más concretamente que, en último
análisis, se trata más de identificar que de describir los procesos. Al sin número de posibles relaciones entre los elementos
de la experiencia, corresponde, en una lengua determinada, un

---

[5] *Lexique de la terminologie linguistique,* 3, París, 1951, pág. 222.
[6] Esta formulación es una variante de la de Denise François, en *La
linguistique, Guide alphabétique,* París, 1969, art. 2, pág. 18.

número limitado de relaciones. Las relaciones entre *the top* (la copa) y *the tree* (el árbol), en *the top of the tree* (la copa del árbol); *the son* (el hijo) y *the butcher* (el carnicero), en *the son of the butcher* (el hijo del carnicero), y *the color* (el color) y *the rose* (la rosa), en *the color of the rose* (el color de la rosa), son físicamente diferentes, y es lógico que una lengua pueda expresar estas relaciones de modo diferente. En inglés, las tres se considerarán como un mismo tipo de relación, que puede ser llamada de genitivo. Por otro lado, relaciones lingüísticamente idénticas pueden tener formas que varíen según el contexto: en francés, el mismo tipo de relación se expresa por medio de *en* ante el «femenino» *Espagne*, y por medio de *au*, ante el «masculino» *Portugal*, así en *il vit en Espagne* (él vive en España) e *il vit au Portugal* (él vive en Portugal). En español, en *el hombre ha visto a Luis* y *el hombre ha visto el cuadro*, la relación entre *ha visto* y *Luis* es la misma que entre *ha visto* y *el cuadro*, pero en el primer caso se hace explícita por la presencia de *a* y en el segundo por la posición y el significado respectivos de los elementos.

El hecho de que una misma relación sintáctica pueda presentar variaciones formales sugiere la posibilidad de una morfología de las unidades sintácticas; en otras palabras, la sintaxis y la morfología no se oponen como si fueran complementarias. La sintaxis, que es el estudio de las relaciones, ordena éstas en unas unidades específicas para las que se ha propuesto la designación de «casos», pero a las que preferimos aplicar el término tradicional de *funciones* [7]. Estas unidades pueden actualizarse como monemas. Tal es el caso de la relación de genitivo mencionada anteriormente, que se expresa en inglés por medio de *of* (de). Estas unidades también pueden expresarse mediante la posición respectiva de los elementos en el discurso, como es el caso de las funciones de «sujeto» y «objeto» en inglés. También pueden estar implícitas en el monema, el sintema o el sintagma cuya relación con el resto de la frase esté

---

[7] Ver más adelante, págs. 275-298, «¿Casos o funciones?».

en juego. *Tuesday* (martes), monema autónomo, contiene una función temporal, lo que se manifiesta por el hecho de contestar a la pregunta *when?* (¿cuándo?). El artículo *un* indica su valor de «indefinido» por oposición a *el*, pero además implica una función determinativa al ir unido a un nombre.

Lo mismo que los monemas, las funciones, ya aparezcan en forma de monemas o se caractericen por su posición en la cadena hablada, pueden llegar a resultar confusas en cuanto a su forma en ciertos contextos, aunque los diferentes significados no se vean comprometidos. Las funciones parcialmente homófonas no son raras: el dativo y el adlativo no son diferentes en cuanto a su forma, en *he gives... to his daughter* (él da... a su hija) y *he goes... to Amsterdam* (él va... a Amsterdam), mientras que la diferencia se hace explícita al amalgamarse la función con un pronombre o un adverbio, en *he gives her...* (él le da...) y *he goes there* (él va allí). En los casos de confusión formal, el significado de las unidades en el contexto nos permite identificar la función.

La identificación de los tres modos de indicar una función: por medio de un funcional, por medio de la posición y por la inclusión de la función en el sentido de una unidad significativa, ha jugado un importante papel en el desarrollo de la sintaxis funcional. Junto con ella, llegaron el planteamiento de la naturaleza de los elementos «gramaticales» y el establecimiento, entre los monemas pertenecientes a clases de inventario limitado, de una distinción fundamental entre, por un lado, los elementos que no difieren por su función de los monemas «léxicos», utilizados regularmente como determinantes de otros monemas, y, por otro lado, los elementos que sirven para señalar las funciones de los monemas a los que van acompañando. Llamamos *modificadores* a los elementos citados en primer lugar. Un ejemplo de esto es el artículo *un,* que sostiene con un nombre una relación de determinación, igual que cualquier adjetivo utilizado como atributo. Llamamos a las unidades citadas en segundo lugar *indicadores de función* o *funcionales.* La confusión de estas dos clases bajo la común denominación de monemas gramaticales conduce a juzgar por las apariencias y a sacrificar la pertinencia comunicativa. Por razones que están ya muy claras [8], estos elementos, caracterizados por su gran frecuencia y que corresponden a elecciones limitadas, pueden amalgamarse entre sí y con los «lexemas» vecinos: en francés, los funcionales *à* y *de* se amalgaman con un modificador, el artículo *le*, en *au* y *du;* la «palabra» latina *rosarum* es una amalgama de un «lexema», un modificador de «plural», y un funcional de «genitivo». Es tarea de la morfología el analizar estas amalgamas de una vez por todas, aislando así los funcionales, que, de los tres procesos sintácticos, es el más explícito.

Lo que acabamos de decir sobre la sintaxis también se aplica, desde luego, a todas las demás relaciones entre monemas, ya aparezcan como segmentos fácilmente aislables, es decir, como palabras claras, o incluidos formalmente en amalgamas, siempre que no formen parte de sintemas, es decir, entidades complejas con el comportamiento sintáctico de un monema. Pero esto no significa que la naturaleza de las relaciones entre los monemas que forman un sintema no merezca la atención del estudioso de la sintaxis. La sintemática comprende una morfología, tal como hemos indicado anteriormente; también comprende una sintaxis en la que las relaciones pueden indicarse por la posición respectiva de los elementos (determinación, mediante un elemento antepuesto, como en el inglés *postage-stamp* [sello de Correos]; mediante un elemento pospuesto, como en el francés *timbre-poste* [id.]), o por medio de funcionales, como en francés *coin de rue* (esquina de una calle) y *moulin à vent* (molino de viento). A pesar de sus analogías, la sintaxis propiamente dicha y la sintaxis de los sintemas deberán distinguirse, siempre que lo requiera la estructura de la lengua.

No tratamos de explicar aquí, al detalle, los métodos de la sintaxis funcional. Aplicada a las lenguas más conocidas, no revela datos que no hayan sido ya destacados por los gramáticos del pasado, pero supone un intento de formalización que muestra los rasgos principales de la estructura sin, por otra parte, olvidar los detalles. Aplicada a lenguas «exóticas», nos

---

[8] Ver más adelante, págs. 204-223, «La palabra».

permite destacar el componente específico de las estructuras examinadas, que corre el riesgo de ser pasado por alto por los que realizan una descripción lingüística con prejuicios universalistas.

La aplicación de los métodos de la sintaxis funcional a un problema particular servirá para ilustrar este respeto por lo específico de cada lengua. Muchos estudiosos se sorprenden por el hecho de que, en lenguas de construcción ergativa, lo que aparece como sujeto activo de una acción intransitiva, por ejemplo *el hombre* en *el hombre fue* (en vasco *gizona joan-da*), reciba el mismo tratamiento que el paciente de una acción transitiva, por ejemplo *al hombre* en *el caballo vio al hombre* (en vasco *zaldiak gizona ikhusi-du*). Cualquier referencia a una estructura profunda en la que ambas relaciones fueran distintas a pesar de su analogía superficial, supondría, en este caso, un intento de justificar ideas preconcebidas inherentes a los hábitos sintácticos de nuestra propia lengua. Considerando la identidad formal de *gizona* (hombre) en ambas frases, nuestros métodos requieren que establezcamos una misma función para ambos casos. Esta identificación puede parecer extraña hasta que la observación de estructuras atestiguadas en las más variadas lenguas nos muestra cómo, a partir de una misma etapa original, se pueden desarrollar, por un lado, una lengua de construcción ergativa y, por otro, una lengua de construcción acusativa.

Consideremos el caso atestiguado de una lengua en que las relaciones sintácticas no necesiten indicarse cuando el significado de los elementos presentes haga superflua tal identificación. En el caso de los elementos *gato, carne, come*, por ejemplo, no es necesario ningún indicador funcional ni ninguna posición pertinente para comprender que el gato come la carne. Pero si los participantes son, como en el ejemplo anterior, *un caballo* y *un hombre*, y si la acción de *ver* puede ser realizada por ambos, se hace necesaria una indicación precisa de las funciones; esto puede ser realizado, por medio de un elemento A que indique el agente, y un elemento P que indique el paciente. Por supuesto, la sola presencia de A o de P será suficiente para evitar la ambigüedad. Si es el caballo el que ve al hombre, tendremos *caballo hombre — P vio*, o bien *caballo — A hombre vio*. En este mismo tipo de lengua no será necesario clarificar la función de *hombre* en *el hombre fue*, ya que el mensaje no es ambiguo en absoluto. En una etapa posterior de esta misma lengua, la indicación de las funciones tenderá a hacerse automática, lo que, probablemente, resulta más económico que dejar la elección al hablante, una vez que la estructura de la sociedad ha llegado a un cierto grado de complejidad. Entre las diferentes posibilidades retendremos la más simple, la más económica, donde prevalezca siempre bien P, bien A. En el primer caso, tendremos, así, *hombre-P caballo vio*. *Hombre fue* no se verá afectado porque *hombre* no sea el paciente, sino porque, en la experiencia del hablante, nadie ha recurrido jamás a un funcional en el caso de un único participante en una acción intransitiva. Así,

> *hombre-P caballo vio* y
> *hombre fue*

coexistirán. Si se retiene A en lugar de P, tendremos *caballo-A hombre vio*, y de nuevo *hombre fue*, sin ningún indicador de función. Así,

> *caballo-A hombre vio* y
> *hombre fue*

coexistirán, y aquí el *hombre*, paciente en la primera expresión, tendrá *la misma función sintáctica* que el *hombre*, agente en la segunda expresión, lo cual, después de todo, no es mucho más extraño que la existencia en inglés de la misma función sintáctica de «sujeto» para el agente *man* (hombre), en *the man went* (el hombre fue), y para el paciente *man*, en *the man suffered* (el hombre sufrió). Poco importa cómo designemos esta función. Lo esencial es retener, al identificar sintácticamente *caballo-A* y *hombre* en la segunda expresión, que, en una traducción inglesa, ambos son sujetos.

V

Expondremos ahora los elementos esenciales para una visualización[9] y presentaremos un ejemplo que, esperamos, será más convincente que una larga explicación para demostrar cómo la estructura sintáctica de una lengua puede explicitarse mediante unas pocas convenciones, dando por supuesto que la morfología ya ha sido tratada de una vez por todas.

En general, podemos distinguir tres tipos de relaciones sintácticas. La primera es la relación entre dos términos que se presuponen mutuamente: A no puede existir sin B y viceversa. Esta relación, que es, por ejemplo, la del sujeto y el predicado, se representa por medio de una flecha de doble sentido:

$$A \longleftrightarrow B$$

En el segundo tipo, un término presupone al otro, pero no al contrario: B no existe sin A, pero A puede existir sin B. Esta relación, que es, por ejemplo, la de un adjetivo atributo con el nombre al que determina, se representa por una flecha con un solo sentido, que señala, desde el determinante, al elemento al que especifica

$$A \longleftarrow B$$

En el tercer tipo, ambos términos pueden coexistir, pero no se condicionan mutuamente. Esta relación de coordinación se representa mediante un guión:

$$A \longrightarrow B$$

---

[9] Para una presentación más completa de esta visualización, ver *La linguistique*, 9 (1973), fasc. 1, págs. 5-16.

La flecha de doble sentido no implica que los términos así relacionados sean igualmente centrales. El término más central, si
es un predicado o predicatoide (es decir, el núcleo de una oración subordinada), se inscribirá en un rectángulo:

$$A \longleftrightarrow \boxed{B}$$

En el caso de otras presuposiciones recíprocas, la naturaleza
exacta de la relación puede explicarse mediante una indicación
situada dentro del paréntesis que divide la flecha de doble sentido:

$$A \longleftarrow (\ ) \longrightarrow B$$

Es evidente que, en cuestiones de sintaxis, consideramos las
relaciones entre dos clases, y no entre dos monemas individuales; en el diagrama:

$$A \longleftrightarrow B$$

A puede representar cualquier término capaz de funcionar como
sujeto o como actualizador de un predicado nominal (por ejemplo, en francés, *voici*, en *voici un livre* «he aquí un libro»). Siempre que la presuposición recíproca dependa de una elección léxica específica, la relación se indicará por medio de una flecha
con una barra vertical:

$$A \longleftarrow\!\!\!\!\!\!\mid\ B$$

Esto implica que A, como clase, no presupone necesariamente
a B como clase, pero que, en este caso particular, B está necesariamente presente a causa, por ejemplo, de un valor léxico
específico de A; si A es, pongamos por caso, *put on* (poner[se]),
no puede funcionar sin un objeto (*his hat* «su sombrero», por

ejemplo), mientras que otros verbos transitivos, como *to write* (escribir), pueden aparecer sin objeto. Así tendremos una representación diferente en el caso de:

puts on a hat (se pone un sombrero)

$$\boxed{A} \longleftarrow (\ ) \longmapsto B$$

y *writes a letter* (escribe una carta)

$$\boxed{A} \longleftarrow (\ ) \longmapsto B$$

Dos elementos que se caractericen por la misma determinación se unirán por medio de una llave:

en donde A puede ser *investigación*, B *científica* y C *independiente*.

Una relación de yuxtaposición se indicará mediante un guión coordinador, el que une elementos que mantienen una misma relación con respecto a los demás elementos del contexto, más una flecha adicional que indique que el elemento yuxtapuesto es un determinante del otro término:

$$A \Longleftarrow B$$

en donde A puede representar a *Enrique IV* y B, a *rey de Francia*.

Tal como hemos propuesto antes, la naturaleza específica de la relación sintáctica se puede indicar dentro del paréntesis que divide la flecha o el guión, ya sea en forma de funcional, si éste existe y no es ambigüo:

o en forma de significado:

si, como en inglés, la atribución se expresa normalmente por medio de *to* (a), que posee también una función de adlativo, o si, como en latín, el valor del dativo varía de un nombre a otro.

La visualización basada en estas convenciones puede ser algebraica, representándose los términos de la relación por medio de letras que correspondan a clases. También puede representarse un enunciado concreto, indicando cada monema que interviene en él. En este caso, los monemas se identificarán por medio de sus significantes (entre barras), si estos últimos son fácilmente aislables y totalmente característicos. Si no, recurriremos al significado representado por sus iniciales léxicas o, en el caso de un monema gramatical que no aparezca en el diccionario y cuya forma pueda variar considerablemente, por medio de una indicación semántica abreviada. Un monema como *tree* (árbol), se representará /tri/, lo cual no resulta ambiguo. Pero igualmente podríamos usar «tree», que tampoco lo es. Un modificador como el pretérito inglés, cuya forma varía de un verbo a otro *(work - worked; sing - sang)*, se representará como *pret.*

Consideremos la frase siguiente: *Surrounded by gigantic mountains, a small kingdom, Nepal, had constantly protected itself in the course of its very long history against any foreign intrusion or influence* (Rodeado de montañas gigantescas, un pequeño reino, Nepal, se ha protegido constantemente a sí mismo a lo largo de su muy larga historia contra cualquier intrusión o influencia extranjera).

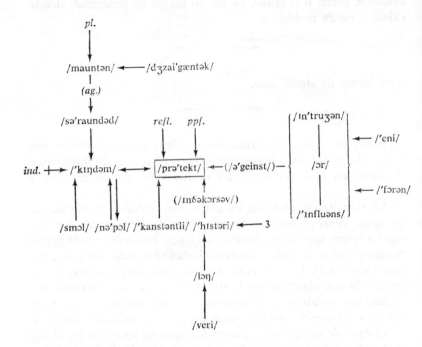

Esta visualización es una representación no algebraica de la frase. Mientras sea posible, reproduciremos el orden de los elementos del texto, empezando por la esquina superior izquierda. Esto hará más fácil la identificación de los diferentes sintagmas. Pero debe entenderse que este orden pierde su pertinencia sintáctica, una vez que las relaciones han sido explicitadas por medio de las convenciones gráficas. La sintaxis de la frase no se vería modificada si, en lugar de leer *Surrounded..., a small kingdom...*, se leyera *A small kingdom..., surrounded...* Paralelamente a una pertinencia sintáctica puramente lingüística, existe una pertinencia estilística que señala el hecho de que el autor de la frase haya elegido como comienzo *Surrounded...*, en lugar de *A small kingdom...*, que equivaldría sintáctica y lingüísticamente al anterior, pero que sería estilísticamente diferente. Nuestra visualización no llega a indicar la construcción adoptada con respecto al campo de las preferencias estilísticas del autor. Para reconstruir la manifestación lingüística inicial a partir de la visualización, será necesario estar informado del repertorio de posibilidades estilísticas existentes en la lengua, y del nivel estilístico elegido por el autor. La visualización se leerá primeramente en silencio, empezando por el predicado. Para leerla en voz alta se requiere un perfecto conocimiento de la morfología de la lengua. El lector debe saber, desde luego, que el posesivo de tercera persona, representado por un 3 como determinante del nombre, se pronunciará «its» al ir referido a un ser inanimado. Debe también saber que el pluscuamperfecto se expresa por medio de la combinación del participio pasado de *to protect* (proteger) y el pretérito de *to have* (haber).

VI

Para completar nuestro estudio y presentación de la estructura lingüística, debemos determinar en qué forma los significados de los monemas, presentados en el inventario como clases establecidas con respecto a sus compatibilidades, pueden oponerse entre sí. El precedente de la fonología sugiere que estas oposiciones se describan en términos de rasgos pertinentes de significado. Hjemslev fue seguramente el primero en sugerirlo [10]: el monema *yegua* combina los rasgos «caballo» y «hembra»; «caballo» se presenta de forma aislada en *caballo*, y en combinación con «macho», en *caballo semental;* «hembra» está presente en *cerda*, en combinación con «cerdo», pero también, desde luego, aislado en «hembra». Pero las cosas no son siempre tan sencillas. En muchos terrenos, la organización semántica se ve continuamente cuestionada por algún nuevo invento o moda. Más aún, lo que se aplica a un hablante de la lengua, no se aplica necesariamente a otro. Podemos estar seguros de que la mayoría de los hablantes ingleses adultos iden-

---

[10] *Prolegomena*, Baltimore, 1953, págs. 44-45.

tificarán _elm_ (olmo) como «árbol», pero ¿cuántos neoyorkinos serían capaces de atribuirle cualquier otro rasgo? ¿Cuántos serían capaces de decir, al ver cierto árbol, «esto es un olmo»? El lexicógrafo retendrá evidentemente, en cada caso, el testimonio de los especialistas. Si para un botánico un _tomate_ es una «fruta», para un cocinero es un «vegetal». Todo esto aparecerá en un buen diccionario, pero debido más al sentido común, que a la ciencia de los lingüistas.

La contribución del lingüista al problema consistirá en distinguir entre la denotación del término, es decir, todos los rasgos que los hablantes, en general, que operan con el término estén de acuerdo en asociar con éste, y sus connotaciones, es decir, cualquier otra cosa que el término pueda evocar en la mente de un individuo. No siempre es fácil distinguir entre estos dos aspectos, pero podemos estar seguros de que las «imágenes» correspondientes a una unidad significativa corresponden más a connotaciones, que a su denotación. No se deben considerar como connotaciones ciertos matices afectivos que son generales, y por tanto, pertenecen a la denotación. Los matices de este tipo se especifican en el diccionario como «coloquial», «familiar», «vulgar», etc.

La distinción entre denotación y connotación nos lleva al aspecto genético del significado: ¿cómo consigue el sujeto que está aprendiendo su lengua identificar un segmento fónico con su significado? La observación muestra que un signo aprendido en una situación determinada toma, al principio, un significado vago que incluye elementos de la situación que no son pertinentes; pero éste se va filtrando gradualmente según van apareciendo situaciones nuevas parcialmente diferentes, eliminándose los rasgos no pertinentes y contrayéndose el significado hasta hacerse idéntico al aceptado por la comunidad. Las huellas dejadas en la mente, consciente o subconsciente, del sujeto por los rasgos no pertinentes que ha tenido que eliminar constituyen las connotaciones del término. Sin embargo, las situaciones nunca son tales como para convencer al sujeto de que el significado que ha aislado a través de sucesivos recortes coincide con el significado de otras. Sólo se llegará a la denotación verificando que los usos lingüísticos del término confirmen plenamente los datos dados por las situaciones. Para completar su educación lingüística, necesita de unos contextos en los que escuche el término y de otros en los que lo utilice con plena satisfacción de los oyentes.

El número de unidades significativas que pueden aprenderse a partir únicamente de contextos lingüísticos es, desde luego, considerable. Cualesquiera que sean los modos de adquisición, sólo se llegará a una conformidad con el modelo significante establecido por la sociedad volviendo de nuevo a estos contextos para una comprobación total. El arte del lexicógrafo consiste en encontrar para cada término el contexto necesario y suficiente, el que resuma en sí mismo a todos los demás.

Pero éste no es más que el principio de todo tipo de dificultades. ¿Cómo encontraremos, por ejemplo, un contexto que condense todos aquellos que puedan presentar al término inglés *table* (mesa), tales como *dining-room table* (mesa de comedor), *tables of the law* (tablas de la ley), *table of contents* (índice de materias)? ¿Tenemos que dar, en este caso, tres definiciones diferentes; debemos aceptar tres unidades *table*, o afirmar la unidad del término, haciendo salir a la diacronía fuera de su terreno? ¿Debemos argumentar que los contextos, al ser normalmente diferentes, han de ser considerados como responsables de las diferencias de significado, y que los diferentes significados son avatares de una misma unidad? Pero hablar de diferencias sólo tiene sentido si hay una base común, y esta base es precisamente lo que estamos buscando.

Estos problemas, generalmente, se presentan y se discuten en términos léxicos, pero caracterizan a todas las unidades significativas, incluyendo aquellas que no puedan encontrarse en los diccionarios, al no aparecer como «palabras» distintas. También pueden afectar a las funciones, estén éstas representadas o no por monemas. ¿Debemos distinguir, en francés, entre una función locativa, en *il vit à Paris* (él vive en París), y una función adlativa, en *il va à Paris* (él va a París)? Sin duda, en este caso, se asegura una base común espacial + puntual. ¿Pero debemos distinguir entre dos funciones *à*, referidas respectiva-

mente a una espacialidad, en *il arrive à Paris* (él llega a París),
y a una temporalidad, en *il arrive à six heures* (él llega a las
seis)? El hecho de que los dos complementos, en *il arrive à
Paris à six heures*, no vayan coordinados, puede ser usado como
argumento a favor de esta distinción. Pero también tenemos una
ausencia de coordinación en el enunciado *on la joue à la Comédie Française, à Paris* (se representa en la *Comédie Française*,
en París), con dos funciones locativas.

Lo que acabamos de decir debe interpretarse únicamente
como justificación o, simplemente, como explicación de los len-
tos progresos efectuados en este terreno y del hecho de que,
hasta ahora, los teóricos no hayan tenido mucho que ofrecer.
No hemos sugerido aún ninguna denominación para el campo
de investigación que se ocupa del significado de las unidades
lingüísticas. Reservamos el término algo devaluado de *semántica* para el estudio del significado, al margen de su utilización
dentro de las lenguas específicas. Ya que lo que pretendemos
es un análisis de los *valores* de los monemas, podríamos llamarlo *axiología* (gr. *axia* «valor»). En la práctica, habremos de
distinguir el análisis de los valores de las unidades «gramaticales» del de los elementos «léxicos», que se encuentran normalmente en los diccionarios y se consideran tarea central de la
lexicología.

No tratamos ni siquiera de esbozar, en el marco de esta
exposición, cuál podría ser la contribución de la lingüística funcional a la solución de los problemas relacionados con el estilo
y con los otros usos de la lengua. Antes mencionamos la oposición entre diacronía y sincronía, pero aún no hemos explicado
cómo el punto de vista funcional ha renovado el estudio de la
evolución lingüística. Para ser completos, deberíamos 1) tratar
las implicaciones de la teoría funcionalista en cuanto al estudio
de ese vasto campo, cuyos límites aún no han sido definidos, al
que se denomina semiótica o semiología, 2) mostrar de qué
modo esta teoría ha contribuido a una mayor comprensión de
la patología del lenguaje, y 3) demostrar que, por sus análisis
más minuciosos y su constante respeto a las peculiaridades de

cada lengua, constituye la mejor introducción a la lingüística aplicada a la enseñanza de la lengua. Nuestro objeto, en estas páginas, ha sido únicamente demostrar cómo las ventajas de una cierta formalización se pueden combinar con el debido respeto, por parte de cualquier estudioso serio, a la realidad en observación.

2. FUNCIÓN Y ESTRUCTURA EN LINGÜÍSTICA

El estudio estructural del lenguaje se basa en un análisis, operado según el principio de pertinencia, que permite determinar lo que es propiamente lingüístico en la realidad física observada y establecer una clasificación y una jerarquía de los hechos en base a su función respectiva en la lengua estudiada. Si se concibe que, en una estructura, la naturaleza de cada elemento depende de la de los demás, se da uno cuenta de que la evolución de una lengua puede entenderse como la dinámica de una estructura sometida a la presión de las necesidades cambiantes de los que la hablan.

> No ser racista es aceptar tal como es una humanidad diferente, sin creerse obligado a reducirla a la propia por medio de «transformaciones» lógicas o de otro tipo.
>
> JEANNE MARTINET

En una ciencia en curso de elaboración, como la lingüística general, en que no existe, en principio, ni una base teórica universalmente admitida, ni siquiera una tradición a la que todo el mundo pueda referirse, los intercambios resultan a menudo difíciles e infructuosos a causa de frecuentes desacuerdos terminológicos. Sin duda se ha intentado a veces definir bien ciertos términos. Pero cada escuela, cada grupo lo ha hecho para satisfacer sus propias necesidades, de ahí los conflictos y colisiones que confunden a los principiantes y complican la tarea de los que se esfuerzan en garantizar o restablecer la comunicación entre todos los lingüistas.

La situación se complica cuando, con el pretexto de la interdisciplinaridad, se toman de la lógica y de las matemáticas conceptos que no es seguro que correspondan a las necesidades de los lingüistas, siendo entre los lingüistas, no obstante, donde se encuentran los primeros culpables. Pero, desde que la lingüística se estableció como disciplina de moda, acuden a ella aquellos que tienen interés, bien en integrarla a su propio campo, bien en embrollar las fronteras que la separan de otros campos de investigación. La ofensiva de la lógica, representada por la gramática transformativa y generativa, ha traído consigo, naturalmente, un desenfreno terminológico que no ha hecho más que agravar la situación. Quizá se clarifique la atmósfera oponiendo tajantemente a una lingüística lógico-matemática, poco preocupada por basar sus postulados en la observación de los hechos, la lingüística de las lenguas, que puede operar por deducción, pero que define su objeto teniendo como base la experiencia adquirida en contacto con las realidades lingüísticas más diversas. Esta lingüística de las lenguas, que no hay que confundir con la de cada una de las lenguas particulares, no se identifica totalmente con lo que se ha llamado, en lingüística, estructuralismo. Pero ha sido, y sigue siéndolo, una de las formas más centrales al respecto y la que se opone más categóricamente a la ofensiva lógico-matemática. Es, según parece, mediante el examen del valor atribuido a ciertos términos, como mejor pueden delimitarse sus contornos, y eso es lo que intentamos hacer aquí.

Estos términos son los de «estructura», «estructural», «estructuralismo», «función», «funcional», «funcionalismo», cuya etimología no se trata de buscar, como tampoco se trata de determinar qué tendencia de la lingüística contemporánea se merece más el apropiárselos. Aquí, como en cualquier otra parte, evitamos ser dogmáticos. Simplemente, comprobamos los usos y advertimos contra las confusiones que se podrían cometer debido a la ambigüedad de las terminologías.

Lo que se llama actualmente, dentro y fuera de Francia, en los medios no lingüísticos, «estructuralismo», procede, en último análisis, del estructuralismo lingüístico. Pero el paso se ha efectuado en condiciones muy especiales y desde una variedad muy particular de este estructuralismo. Ha sido, más bien, obra de espíritus especulativos que de investigadores decididos a establecer un cuadro teórico para la observación y el análisis de los hechos. Proviene, en último análisis, de las enseñanzas de Claude Lévi-Strauss que procedió, en muchos casos, empleando metafóricamente categorías ya establecidas por la observación lingüística. Estas enseñanzas se basaban en las de Roman Jakobson que, de todos los estructuralistas, es el que ha pasado más rápidamente de la observación de los hechos a formulaciones generales. Para oponer el «estructuralismo» de moda al estructuralismo lingüístico, bastaría recordar que el primero se presenta como antihistórico, mientras que el estructuralismo lingüístico, el mismo que se sitúa en la tradición saussureana, distingue cuidadosamente entre sincronía y diacronía, aunque, superando a Saussure, vea en la perspectiva diacrónica un medio de comprender la dinámica de una estructura sometida a la presión de las necesidades cambiantes de la humanidad.

No es fácil precisar lo que tienen en común las diversas tendencias y las diferentes escuelas que han recibido históricamente el calificativo de estructuralistas. Procedentes de horizontes del pensamiento muy a menudo alejados unos de otros, los estructuralistas pragueses, daneses y americanos tienen en común ciertas prácticas, como la conmutación, que se basa en la comparación de segmentos de textos parcialmente diferentes, cual los designados, en el plano fonológico, como «pares mínimos». Así, el resultado de los análisis es, de una escuela a otra, lo suficientemente parecido como para poder ser utilizado generalmente, aunque haya que recordar que los «alófonos» de unos son las «variantes combinatorias» de los otros.

Los fundamentos teóricos son, en principio, bastante diferentes. Consideremos, por ejemplo, la realidad fónica. Los discípulos de Bloomfield la consideran como íntegramente válida para el lingüista: un fonema agrupa un cierto número de sonidos diferentes, llamados «alófonos», que representan la realidad lingüística de base. Para los daneses, nada de la realidad fónica (ni semántica) es propiamente lingüístico: sólo cuentan las relaciones entre las unidades; donde los otros estructuralistas ven una unidad fónica, el fonema, los glosemáticos identifican un cenema, es decir, una «unidad vacía». Para los pragueses, sólo cuentan ciertos aspectos de la realidad fónica reconocidos como pertinentes por su función distintiva en la lengua: un fonema es un conjunto de rasgos distintivos llamados, por esto, pertinentes.

De hecho, las posiciones se han suavizado con el tiempo. El mismo Bloomfield ha sugerido la identificación del fonema con los rasgos distintivos que hay en él; en los últimos escritos de Hjemslev, se aprecian concesiones a la sustancia, fónica o semántica, a condición de que esté «formada», es decir, que participe en los conjuntos de relaciones, lo que equivale a reconocer el carácter lingüístico de los rasgos distintivos. Se llega, por lo tanto, de un modo más o menos explícito, a reconocer el principio de pertinencia como el fundamento de la lingüística estructural.

Este principio, cuya formulación se debe a Karl Bühler, se basa en la observación de que, en cada punto de un enunciado vocal, el oyente, si conoce la lengua utilizada, realiza inconscientemente una selección entre aquello que le informa sobre la identidad del hablante y le proporciona datos sobre su estado de ánimo y su carácter, y aquello que corresponde a lo que el hablante quiere comunicar por medio de la lengua que utiliza. De esto puede extraerse la conclusión de que la realidad lingüística no se confunde con la realidad fónica: hay elementos del enunciado vocal que corresponden a hábitos articulatorios adquiridos por imitación durante el aprendizaje de la lengua; estos elementos caracterizan propiamente a la lengua empleada y se identifican como lingüísticos; los elementos del tipo de los que permiten identificar al individuo como tal, por ejemplo, su timbre de voz, no son lingüísticos. Por tanto, la realidad física del enunciado no se identifica con la realidad lingüística correspondiente. Será considerado como lingüístico todo rasgo que caracterice propiamente a una lengua determinada. Entre los rasgos que se ajustan a estas bases, serán pertinentes aquellos que contribuyan a asegurar la comunicación lingüística. Los rasgos fónicos pertinentes serán aquellos que, por sí mismos, permitan distinguir entre las palabras y las formas. De hecho, un análisis un poco a fondo conduce a una clasificación jerárquica menos simplista que la que opone lo pertinente a lo no pertinente: las vibraciones de la glotis que acompañan la articulación del [n] de _net_ no son distintivas, ya que, en francés, no existe la posibilidad de oponer a _net_ otra palabra que únicamente se distinga de ésta por la ausencia de vibraciones de la glotis en la articulación del [n]; pero no son lingüísticamente indiferentes, ya que dan más relieve a aquello que distingue el [n] de _net_ del [m] de _mette_.

Vemos cómo la aplicación del principio de pertinencia conduce a basar la clasificación, no en la naturaleza física de los hechos observados, sino en su función: hechos físicamente diferentes, pero con la misma función, se clasificarán juntos; hechos físicamente idénticos, pero con diferente función, se colocarán en clases diferentes. Esto es válido, no solamente en fonología, sino también en los demás planos de la lengua. En el campo de la identificación de las formas, la _i-_ de _ira_ (irá) tiene el mismo valor que el _all-_ de _allons_ (vayamos), pero el _all-_ de _allons_ no tiene nada que ver con el de _all-ège_ (aligera). En lo concerniente a la posición respectiva de los elementos de la cadena hablada, la posición de _chat_ (gato) y de _rat_ (rata) es pertinente en _le chat a mangé le rat_ (el gato se ha comido a la rata), pero la de _la fleur_ (la flor) y _s'épanouisse_ (se abra) no es pertinente en _pour que s'épanouisse la fleur_ (para que se abra la flor) (_pour que la fleur s'épanouisse_ «para que la flor se abra»).

Toda ciencia se basa naturalmente en una pertinencia, ya que ninguna podría pretender agotar, por sí sola, la descripción de un objeto, cualquiera que fuera éste: un mismo objeto será sometido a tratamientos diferentes por el físico, el químico o el geómetra. La historia de las ciencias demuestra que las pertinencias se establecen de un modo bastante natural, mientras no intervenga la actividad del hombre en la producción del objeto estudiado.

Cuando se trata, por el contrario, de examinar científicamente la actividad del ser humano o la utilización por éste de la realidad física para ciertos fines, ya no es posible abstraerse de sus intenciones y son estas intenciones las que van a crear la pertinencia. Esto no significa que el estudio vaya a consistir en preguntar al sujeto sobre sus intenciones, sino en descubrir, mediante el examen de los comportamientos, las identidades funcionales que se escondan tras la variedad de las situaciones directamente observables. Imaginemos, por ejemplo, una serie completa de llaves diferentes, bien por el material de que están hechas, bien por la forma de su anillo. Una clasificación funcional nos llevará a colocar juntas o a colgar de un mismo clavo, todas aquellas que abran una misma puerta, ya sean de hierro o de cobre, de anillo simple o adornado. Esto es debido a que se estima que las llaves están hechas para abrir y cerrar puertas. Sin embargo, nada impediría adoptar otra pertinencia, una pertinencia estética, si, habiendo desaparecido las cerraduras correspondientes, la función más probable de las llaves en cuestión fuera el adorno. Todo esto será válido para un comportamiento humano, como lo es el comportamiento lingüístico: la pertinencia que, en este caso, se impone desde un primer momento, es la pertinencia comunicativa y es ésta a la que se ajustan los lingüistas. Pero se puede imaginar fácilmente otro tipo de pertinencia, una pertinencia estética, por ejemplo, válida para los cantantes de ópera, a quienes importa poco comprender lo que cantan.

La aplicación del principio de pertinencia permite descubrir, tras las apariencias de los comportamientos humanos, sus verdaderas razones de ser, y realizar, partiendo de estos comportamientos, un análisis que no se guíe ni por los *a priori* del observador, ni por la manera como los hechos observados parecen organizarse a primera vista. De nuevo, nos encontramos aquí con la distinción realizada por la antropología americana entre lo que está *overt*, lo directamente captado por los sentidos, y lo que está *covert*, es decir, lo no evidente, pero que de hecho representa la verdadera motivación del comportamiento examinado. Precisamente por no haber operado con el principio de pertinencia, muchos lingüistas han caído en la trampa de la oposición entre una estructura superficial y una estructura profunda que, dominada por «transformaciones», permitiría reducir a la unidad la variedad de las lenguas. La pertinencia permite también penetrar más allá de las diferencias y de las analogías superficiales, pero para encontrar, no ya una identidad hipotética, sino el funcionamiento real y la estructura específica de cada lengua. Éste es un medio seguro de no ceder al imperialismo cultural que, en nombre de la unidad de la humanidad, trata de encajar a la fuerza, en el estrecho marco de costumbres y de prejuicios de un solo grupo, toda la variedad de las acciones y manifestaciones humanas.

La pertinencia permite crear el único estudio verdaderamente funcional de los comportamientos humanos; y puesto que un mismo objeto puede y debe someterse a análisis basados en diferentes pertinencias, el funcionalismo se revela, no como lo que se le acusa de ser, es decir, un medio de eliminar de la vida todos los alicientes y todos los refinamientos, sino como un marco donde se puede hacer de todo aliciente y todo refinamiento el origen de una pertinencia particular: si, en la base de todo juicio referido a la arquitectura, debe considerarse pertinente la función de proteger al hombre contra la intemperie, es fácil comprobar que rápidamente se ha incorporado a esta pertinencia fundamental otra pertinencia, la de una función «impresiva» encaminada a inspirar, por las dimensiones y la magnificencia del edificio, admiración, respeto y temor.

La dependencia de una misma pertinencia es lo que establece, entre los rasgos componentes de un tipo de comportamiento o de manifestaciones de la actividad humana, esa cohesión que se hace constar al declarar que forman una estructura. En las lenguas, como en lo demás, es la comunidad de función lo que da base a la estructura.

Ser estructuralista en lingüística implica necesariamente, según parece, el concebir una lengua como una estructura. Podría alegarse que existe en este uso del término una extensión metafórica del tipo de aquellas de las que siempre hay que desconfiar en materia científica. De todos modos, si este uso metafórico existe, puede comprobarse que es bastante antiguo, ya que en latín mismo, la palabra *structura* tenía, a partir de su sentido primero de colocación de piedras en una obra, el de ordenación de los huesos en el cuerpo e, incluso, ordenación de las palabras en el discurso: *verborum quasi structura.*

Dentro de los usos contemporáneos, se observa primeramente el empleo del término en biología y en psicología, por ejemplo, con un valor estático para designar el conjunto de elementos de base, independientemente y por oposición a la dinámica de su funcionamiento *. Y esto, sin olvidar el sincronismo estático y exclusivo del «estructuralismo» de moda. Mediante un refinamiento subsiguiente, el acento, en «estructura», recae sobre la solidaridad de los fenómenos constitutivos que la opone al simple conglomerado de elementos. En una estructura así, la naturaleza de cada elemento *depende* de la naturaleza de los demás, hasta el punto de que únicamente *es* lo que es en y por su relación con ellos. Éstas son las nociones que sirven de base a la teoría de la *Gestalt.*

Existen dos formas de interpretar un enunciado así: la primera, más abstracta, es una interpretación sincrónica que se fija solamente en el concepto de *ser*, y no en el de *depender:* las cosas no existen, ni pueden ser definidas, sino como términos de relación. Esta concepción desemboca, en lingüística, en la teoría hjelmsleviana, en su forma original de rechazo de toda substancia.

Una segunda interpretación, que se fija en el verbo *depender*, restablece conjuntos de relaciones causales entre las partes del todo. La dependencia supone que el estatuto de un elemento cambia, si cambia el estatuto del elemento del que depende. Ciertamente, la estructura puede concebirse como inmutable: en un edificio, por ejemplo, la estabilidad del techo depende de la de los muros que lo sustentan; si los muros ceden, el techo cederá, y la estructura quedará destruida *ipso facto.*

Pero si esto es cierto en el caso de la estructura de un edificio determinado, no lo es, en cambio, tratándose de estructuras que, sin dejar jamás de funcionar, tengan que adaptarse a la evolución del mundo. En arquitectura, la estructura se concebiría, no como la de un edificio particular, sino como la de, por ejemplo, un bloque de apartamentos, comprobándose la adaptación al comparar edificios de fechas diferentes. Una lengua se sitúa, sin lugar a dudas, dentro del tipo de estructuras adaptables: es una estructura de conjuntos de hábitos susceptibles de modificarse bajo la presión de las necesidades cambiantes de la comunicación dentro de la comunidad que la utiliza.

Está claro que la evolución de las necesidades se realiza de un modo gradual y no afecta de golpe al conjunto de la estructura, sino solamente a ciertos puntos de ese conjunto. Si la lengua, en lugar de ser una estructura, fuera sólo un conglomerado de elementos autónomos, la modificación de un punto no tendría ninguna repercusión sobre el resto. Pero, en una estructura donde la naturaleza y el valor de cualquier elemento *dependen* de la naturaleza y el valor de los demás elementos, toda modificación que afecte a un punto de la estructura repercutirá en todo el conjunto.

Si los materiales que la estructura pone en funcionamiento estuvieran, por naturaleza, adaptados en un cien por cien a las funciones que tienen a su cargo, o en otros términos, si se tratara de una máquina de una precisión absoluta, las repercusiones serían inmediatas. Pero éste no es el caso en la mayoría de la estructuras, y particularmente, en las estructuras lingüísticas. El funcionamiento mismo de la comunicación lingüística en condiciones que nunca son ideales y la trasmisión de la lengua a nuevas generaciones reclaman, de un modo imperativo, una gran redundancia, es decir, la presencia en todos los planos de una masa de elementos que, la mayoría de las veces, no sirven para nada, pero que pueden, llegado el caso, relevar útilmente a las partes decisivas del mensaje, por ejemplo, en caso de ruido o de distracción del oyente.

Dentro de una estructura ampliamente redundante de este tipo, ciertas consecuencias de una conmoción inicial podrán manifestarse con un retraso considerable y entrar en conflicto con las consecuencias de otro ataque a la integridad de la estructura que proviniera igualmente del exterior. Por esto, la estructura será permanentemente el lugar de conflicto de diversas fuerzas o presiones, y el funcionamiento de la misma resultará de un equilibrio entre las mencionadas fuerzas y presiones, equilibrio constantemente replanteado, pero siempre recuperado, ya que la lengua no puede nunca dejar de funcionar.

Uno de los primeros deberes del lingüista es el de describir la lengua en funcionamiento, momento en el que puede observarla. Esta descripción sincrónica es indispensable antes de abordar el estudio de la evolución de la lengua a través del tiempo. Pero no debería verse ahí el único fin de la investigación lingüística. Comprender el funcionamiento de una lengua es, en realidad, comprender de qué modo puede servir a la comunicación sin dejar nunca de evolucionar.

Una vez elaborada la descripción del estado de lengua del que se parte, cabría pensar que el esfuerzo del lingüista debe dirigirse a la identificación de cada una de las conmociones iniciales cuyas repercusiones ha comprobado al intentar establecer la estructura de la lengua. La cosa ha podido intentarse cuando la sacudida inicial consistía en la introducción en la lengua de una palabra nueva cuya aparición determinaba una modificación del valor semántico de las palabras preexistentes. Pero, sea cual sea el valor teórico de tales investigaciones, éstas, generalmente, no conducen muy lejos, ya que, en realidad, el léxico de una lengua sólo está estructurado a pequeña escala: por zonas, de tal modo que las repercusiones consecutivas de la introducción de un nuevo elemento léxico se agotan rápidamente.

En general, las nuevas necesidades de una comunidad en cuanto a comunicación se manifiestan a una escala mayor. Puede estimarse, por ejemplo, que en la sociedad romana, la complejidad creciente de las relaciones humanas hizo insuficiente la expresión de las funciones nominales mediante los seis casos tradicionales y se tendió a convertir antiguos adverbios como *ad*, *in* y *de* en preposiciones indicativas de función. Se trata aquí de fenómenos imposibles de fechar, cuyo origen se pierde en la noche de los tiempos, y que no llegan plenamente a su meta hasta el momento en que desaparecen los últimos vestigios del sistema casual, en fechas variables según las lenguas.

Entre las presiones en conflicto que debe identificar el diacronista, hay algunas que no son específicas y cuya existencia puede comprobarse en toda lengua en cualquier momento de su evolución. No se entenderá nada del funcionamiento ni de la evolución de las lenguas mientras no se sitúen los hechos particulares dentro de un marco general. Este marco es la antinomia fundamental entre las necesidades de la comunicación, que reclaman más precisión y especificidad, y la tendencia permanente a reducir la energía empleada en la comunicación, que lleva consigo una menor precisión y especificidad y una mayor confianza en la información que el oyente pueda extraer de la situación en la que se desarrolla el intercambio lingüístico. Se trata aquí, en realidad, de un aspecto particular de la llamada ley del mínimo esfuerzo, que no supone, como a veces pudiera creerse, un triunfo de la pereza, sino un equilibrio entre esfuerzo y resultado.

Tal antinomia está en el corazón mismo de lo que he designado como economía del lenguaje. Existe, de todos modos, un tercer factor, la fuerza de la tradición que interfiere a cada instante en la resolución de la antinomia. Cuando hablamos de la fuerza de la tradición en materia de lengua, nos referimos naturalmente a la que se manifiesta en forma de correcciones por parte de los padres o los maestros. Ciertamente, no debería minimizarse su influencia. Pero la tradición se impone de forma más fundamental y decisiva al imitar el niño el modo de hablar de su entorno, antes de saber, en su propio uso de la lengua, operar por analogía. Solamente podrá hacer esto según vaya consiguiendo analizar los enunciados en unidades significativas mínimas, los monemas. Una vez identificado un monema, tratará de darle la misma forma cada vez que lo emplee. Formará, por ejemplo, el infinitivo *dorer* (dorar), en lugar de *dormir*, a partir de *il dort* (él duerme), homófono de *il dore* (él dora). Pero, antes de que esto pueda producirse, el niño reproducirá servilmente, en la medida de sus posibilidades, las inconsecuencias, legadas por la tradición, que nos proporcionan, por ejemplo, el abigarramiento de las formas del presente del verbo *être* (ser) *(je suis, il est, nous sommes, vous êtes, ils sont)*. El niño ha escuchado y reproducido estas formas tan frecuentemente y tan pronto, que es difícil que intente posteriormente integrarlas en un esquema más coherente y más lógico, reemplazando, por ejemplo, *je suis* por *j'es*, de acuerdo con *tu es, il est,* sobre el modelo de *je dors, tu dors, il dort* (yo duermo, etc.).

Si es relativamente fácil hacer comprender y admitir el principio de economía en el plano del léxico y en el de la gramática, encontramos más incomprensión y resistencia en el plano del aspecto vocal del lenguaje. Durante mucho tiempo, el condicionamiento profundo de la evolución fonética ha constituido un misterio. Ha sido necesario que la fonología integrara los hechos fónicos en la lengua propiamente dicha para que se llegara a concebir la fonía de cada lengua como una estructura caracterizada, como toda estructura, por la interdependencia de sus elementos constitutivos. Admitido esto, se ha comprobado que en este plano del lenguaje, como en todos los demás, la naturaleza y el valor de un elemento depende de los otros elementos de la estructura, lo que implica que la economía lingüística funciona aquí como en los demás campos: los sujetos están dispuestos a un gasto de energía para mantener una distinción, siempre que ésta sea útil; no lo estarán ya, a la larga, si la distinción es prácticamente inútil y de difícil realización. Pero aun así, la fuerza de la tradición puede jugar a favor de la conservación.

Como es de esperar, cada caso particular implica la intervención de diversos factores y las cosas nunca son tan fáciles como podría parecer por la exposición anterior. Para explicar, por ejemplo, la confusión, generalizada en el francés contemporáneo, entre *in* y *un* (en *brin* «tallo» y *brun* «pardo», por ejemplo), puede, ciertamente, alegarse la inexistencia práctica de enunciados en que sólo la distinción entre estos dos fonemas permitiera la comprensión del mensaje. Es necesaria, en efecto, una buena dosis de imaginación para encontrar contextos y situaciones en que éste sea el caso: imaginemos, por ejemplo, un bosque donde unas personas buscan flores, otras champiñones, y que alguien dijera *j'en ai trouvé un beau brin* («he encontrado un buen tallo», sobreentendiéndose «de muguete»), enunciado, que la no distinción de *in* y *un* podría hacer interpretar como *j'en ai trouvé un beau brun* («he encontrado uno pardo, bueno», sobreentendiéndose «champiñón»). Pero esto no es suficiente, ya que queda por explicar por qué la confusión se ha manifestado en tal época y en tal sector de la comunidad lingüística, y ello exige precisar que ciertos fonemas vocálicos nasales tienden a adquirir una articulación más abierta, que permite pasar una parte mayor del flujo del aire por el conducto bucal donde se realizan las articulaciones, pero que, a medida que se abre la boca, resulta más difícil distinguir bien entre una articulación con los labios redondeados *(un)* y una articulación con los labios contraídos *(in)*. También hay que decir que todo este proceso tuvo lugar mucho antes en París y en sus zonas colindantes, es decir, en las zonas que están, desde hace varios siglos y por razones fáciles de comprender, en la vanguardia de la evolución lingüística.

Los factores particulares son totalmente diferentes en el caso de otra confusión que se propaga bastante lentamente entre las nuevas generaciones parisinas. Se trata de la distinción entre la *a* anterior, la de *patte* (pata), y la *a* posterior, la de *pâte* (pasta). Esta distinción tenía antiguamente un papel nada despreciable en la comprensión de los enunciados. Pero cuando la lengua de París se extendió a la totalidad del territorio, muchos provincianos no supieron realizar la diferencia entre las dos *aes* o lo hicieron, por ejemplo, alargando simplemente la vocal de *pâte* sin cambiar el timbre, con lo que los parisinos no percibían la diferencia entre ambas. Así se ha ido adquiriendo la costumbre, entre franceses de diversas procedencias, de evitar las palabras que resulten ambiguas: *las* (cansado) en conflicto con *là* (allí), *tâche* (tarea) con *tache* (mancha), etc. El resultado es que actualmente la distinción no sirve para gran cosa, e incluso, aquellos que saben realizar la diferencia no se ponen de acuerdo sobre la distribución de las dos *aes*: ¿qué palabras son asonantes entre sí, de *âge*, *image*, *cage* y *page*, o de *sable*, *table*, *râble* y *aimable*? Entre cinco parisinos, hay muchas posibilidades de que haya tantas respuestas diferentes como sujetos. Aquí, por tanto, no existía en un principio ni ausencia de función, ni dificultades articulatorias particulares. Es la necesidad de comunicación a escala nacional lo que ha determinado una confusión que va ganando terreno de un modo lento pero seguro.

Cualquier explicación funcional y estructural, incluso válida, produce siempre una sensación de gran complejidad, sin que se tenga, sin embargo, la impresión de que todo haya sido dicho. Esto ocurre, simplemente, porque los mismos hechos son complejos, porque los factores, aunque consigamos agruparlos en conjuntos, son numerosos y variados, y porque, por muy lejos que nos remontemos en el pasado, es imposible descubrir una causa primera. Aquí, como en cualquier otro campo, la investigación está siempre en movimiento, y nunca habrá que cansarse de proseguir los análisis e investigar las interdependencias entre los elementos que ellos aíslan, tanto en sincronía como en diacronía.

El estructuralismo no será nunca un pretexto para practicar el globalismo, que consiste, de hecho, en desentenderse de la complejidad de las relaciones que revela el análisis de las estructuras. Éste, simplemente, supone la garantía de que el proceso de análisis no revertirá en una multitud de detalles tratados aisladamente sin que se hable nada de reconsiderarlos en su conjunto.

El análisis de las estructuras no debe llevar nunca a su dislocación: el análisis «anatómico» debe ser siempre completado por una «fisiología», es decir, un estudio del funcionamiento. Retomando un ejemplo muy utilizado, no se trata de desmontar la estructura, pongamos, de un reloj, extendiendo, sobre un fieltro verde, todos los engranajes y todos los resortes, sino de indicar cómo los rasgos pertinentes de estos elementos contribuyen a asegurar el funcionamiento de un instrumento de información.

BIBLIOGRAFÍA

Bloomfield, L., *Le langage*, anteprólogo de F. François, París, Payot, 1970, trad. de *Language*, Nueva York, Henry Holt, 1933.

Delattre, P., *Système, structure, fonction, évolution. Essai d'analyse épistémologique*, París, Doin-Maloine, 1971.

Hjelmslev, L., *Prolégomènes à une théorie du langage*, París, Ed. de Minuit, reedición, 1971, trad. de *Omkring Sprogteoriens grundlaeggelse*, Copenhague, Munksgaard, 1943.

Lalande, A., *Vocabulaire technique et critique de la philosophie*, París, P.U.F., 1956; v. artículo «Estructura».

Martinet, A., *Économie des changements phonétiques*, Berna, A. Francke, 1955; trad. ital. *Economia dei mutamenti fonetici*, Turín, Einaudi, 1968.

—, *Éléments de linguistique générale*, París, Armand Colin, 1960; última tirada, 1970; trad. ital. *Elementi di linguistica generale*, Bari, Laterza, 1966.

—, *La linguistique synchronique*, París, PUF, 1965.

—, *Langue et fonction*, París, Denoël, 1969; trad. de *A Functional View of Language*, Oxford, Clarendon, 1962; trad. ital. *La considerazione funzionale del linguaggio*, Bolonia, Il Mulino, 1965.

Troubetzkoy, N. S., *Principes de phonologie*, París, Klincksieck, 1949; trad. de *Grundzüge der Phonologie*, en *Travaux du Cercle linguistique de Prague*, vol. IX, 1939.

Zipf, G. K., *Human Behavior and the Principle of Least Effort*, Cambridge, Mass., Addison-Wesley, 1949.

3. ESTRUCTURA Y LENGUAJE

No existe probablemente ningún término más usado por los lingüistas de los últimos treinta años que el de «estructura». Y, aunque los «estructuralistas» han tratado en muchos casos, de dar definiciones precisas de los términos que empleaban, este esfuerzo raramente se ha extendido al de «estructura». Para ser más exactos, aunque algunos lingüistas estén de acuerdo en designar determinados segmentos del habla como estructuras, los que se inclinan a reconocer una estructura en el lenguaje no han gustado mucho de explicar lo que entendían por ésta. En la medida en que pueden sacarse conclusiones de las declaraciones y prácticas de algunos estudiosos, parece como si la mayoría de los lingüistas dudaran entre un punto de vista realista de acuerdo con el cual la estructura habría de buscarse en el objeto estudiado, y otra concepción que ve en la estructura una construcción dispuesta por el propio estudioso para posibilitar una mejor comprensión de los hechos sin poner en cuestión la conformidad de esta construcción con el objeto mismo. De hecho, aún no está probado que una estructura de este último tipo pueda alcanzar su meta, a saber, la explicación de los hechos, si no se ajusta a los datos proporcionados por el objeto mismo. Es más fácil, en estas cuestiones, sorprender, o incluso, deslumbrar a los lectores con una cierta virtuosidad, que convencerles. Ya que la estructura es, si no siempre la del objeto, al menos la que se establece en razón de ese objeto, parece lógico que las relaciones entre la estructura y el objeto no deban considerarse como triviales.

En lugar de empezar, como se hace a menudo, por una definición filosófica de la palabra «estructura», sería interesante referirse al significado más básico y probablemente más corriente del término. Estructura, según el _Concise Oxford Diktionary_, es el «modo en que está construido un edificio, u organismo, u otro conjunto completo». No se trata del edificio en sí mismo ni de los materiales de que está hecho, desde los cimientos a las vigas del techo, desde la ornamentación de la fachada a los refinamientos de las instalaciones interiores. Ni siquiera se trata de ciertos materiales considerados como más importantes: los muros de sujeción y la armadura de la techumbre de los edificios antiguos, el hormigón armado y el esqueleto de acero de los modernos. Se trata del modo en que estos materiales se unen y combinan con el fin de obtener un objeto creado para unos fines específicos y capaz de satisfacer funciones bien definidas. Desde luego, sería inexacto decir que las propiedades físicas de los materiales no entran en la estructura, ya que la misma —el modo en que el edificio está construido— depende, muy de cerca, de aquéllas. Los materiales tradicionales, valorados por su peso y resistencia a los elementos, implican soportes exteriores, mientras que el cemento armado permite un pilar central del que cuelga una envoltura exterior ligera y aislante. Pero estas propiedades conciernen a la estructura sólo desde el punto de vista de que la condicionan. La utilización, en una fachada, de un material más o menos pesado repercute, naturalmente, en la estructura del edificio, pero la textura de este material, su apariencia externa y sus cualidades estéticas, mientras no determinen un cambio en el peso, son irrelevantes desde el punto de vista de la estructura.

Puede con ello verse en qué sentido un punto de vista estructural implica un punto de vista funcional. Se supone que los edificios tienen como misión servir de protección contra los elementos al hombre, a sus animales domésticos y a los productos de su industria. Ésta es su función primaria y básica. Desde luego, un edificio sirve a menudo, en realidad, más para impresionar a los que lo miran o lo visitan que para asegurar una protección efectiva. La palabra misma sugiere magnificencia arquitectónica más que eficiencia práctica. Pero aun cuando el edificio se conciba desde el principio con fines de ostentación, no puede dejar de atestiguar, en su estructura, su función primaria de protección. Se adquiere, desde luego, prestigio a través de gastos no productivos, pero sólo en la medida en que estos gastos se efectúen con vistas a la satisfacción de necesidades reales. No se adquiere prestigio tirando el dinero por la ventana, sino, más bien, mostrando una superioridad económica en la vivienda, en las formas de alimentación y vestido, así como en la elección de los medios de transporte.

El paralelismo de todo esto con los hechos lingüísticos es asombroso. La función básica del lenguaje es la comunicación. Esto no significa que no se use frecuentemente con fines expresivos, como un medio o instrumento para que el individuo alcance una conciencia más profunda de sí mismo o de la naturaleza de su experiencia. Es así como la satisfacción de las necesidades básicas de comunicación va acompañada, en usos literarios del lenguaje y en algunos otros, de una actividad de búsqueda de prestigio que se manifiesta en el estilo. Sin embargo, un estilo no es válido si no respeta las condiciones básicas de comunicación. Igual que en arquitectura hay una función básica que podríamos designar como protección y que determina lo que podríamos llamar la estructura del edificio, así, en lingüística, hay una función básica —la comunicación— que determina lo que podríamos llamar la estructura de la lengua. En último análisis, los rasgos pertinentes de un edificio son los que aseguran su rol protector. En el lenguaje, los elementos pertinentes son los que toman parte en el establecimiento de la comunicación. En otras palabras, la estructura, tanto en edificios como en lenguas, puede ser identificada con lo que podríamos llamar rasgos pertinentes del objeto.

Los rasgos pertinentes del edificio se conciben aquí como algo inserto de un modo efectivo en la realidad concreta del edificio mismo. Probablemente es aquí donde surgirán puntos de vista divergentes, y ésto, en parte, porque no existe un acuerdo sobre el valor que se ha de otorgar al término «abstracción». Una estructura es necesariamente una abstracción, en el sentido de que no puede ser percibida directamente por los sentidos, como puede hacerse con el edificio mismo. El término «modo», de la definición que tomamos como punto de partida, parece sugerir esto. Se puede sacar la conclusión de que, ya que una abstracción es una creación de la mente, la estructura también lo es. Esto abre el camino a la idea de que la estructura no es una característica del objeto sino un modelo creado por el estudioso para entender mejor el objeto. Pero el valor de la «abstracción» puede ser interpretado de otro modo. Puede ser una construcción de la mente que retenga solamente ciertos rasgos de la realidad física considerada. Desde ese momento ya no es una creación pura y simple de la mente de la persona que trata de comprender el objeto, sino una observación basada en un examen inteligente de este objeto. Cuando decimos que la mente retiene sólo ciertos rasgos de la realidad física, evidentemente no queremos decir que los elementos de la realidad física se extraigan del objeto. Estos rasgos se simbolizarán necesariamente de un modo u otro. El conjunto de símbolos que forman la estructura pueden perfectamente considerarse como un modelo, y un modelo puede consistir, desde luego, en simbolizaciones mentales o gráficas, o incluso, en representaciones materiales, como cartón o conglomerado, por ejemplo. Por tanto parece que volvemos de nuevo al «modelo» de los conceptos presentados anteriormente. Pero hay bastante diferencia entre un modelo que sólo es válido en tanto que explica los rasgos pertinentes de una realidad determinada en sus relaciones recíprocas, y un modelo que pretende ser independiente de éstos. En el modelo que un arquitecto puede dibujar de un edificio, ya existente o aún no construido, una flecha puede simbolizar la presión ejercida por un elemento sobre otra parte del conjunto. Si el modelo es correcto, la flecha corresponderá exactamente a un conjunto de hechos físicos difíciles de captar mentalmente sin traducirlos a términos visuales —de aquí la necesidad de simbolizarlos en un modelo, sin que por esto dejen de ser realidad en la piedra, la armadura de acero o el cemento. Es este conjunto de hechos físicos lo que participa en la estructura y no la flecha.

Desde luego, es principalmente en las Ciencias Sociales donde florece la confianza en los modelos estructurales, sin duda porque así se evita hacer referencia a hechos psico-fisiológicos tales como los hábitos, los reflejos y los diferentes conjuntos de reacciones nerviosas, todos los cuales son, en el fondo, muy imperfectamente conocidos. En casos como éstos es preferible hablar de las estructuras como de haces de relaciones latentes, lo cual, finalmente, no es decir que estas relaciones no sean reales, esto es que no estén presentes en los hechos, sino simplemente que no son manifiestas para el observador.

En conclusión, el modelo no es la estructura, ya que la estructura está siempre en el objeto, latente como si dijéramos, pero sólo, si latente no se opone a real. Lo más que se puede esperar de un modelo es que represente exactamente la estructura, y lo hará, si el estudioso ha tenido éxito al desentrañar correctamente las latencias implícitas y no ha tratado de forzarlas dentro de un modelo prefabricado basado en un conjunto de ideas *a priori* eventualmente de moda.

Nunca se deben forzar las comparaciones, y si el paralelismo, a menudo implícito, mostrado más arriba ha puesto de manifiesto ciertas analogías en estructuras que no se compararían normalmente, no debe olvidarse que los edificios y las lenguas son bastante diferentes por naturaleza. El tipo de estructura, concebido como real, que buscamos en un edificio es tridimensional. Queda por ver lo que ocurre a este respecto con la estructura lingüística.

Cuando se designa a una lengua como objeto, aun sobrentendiéndose que este término en absoluto designa necesariamente una realidad física, sino algo que se somete a examen, uno se inclina a menudo a identificar la lengua con sus manifestaciones en el habla. Estas manifestaciones son fónicas por naturaleza. En la actualidad, pueden ser grabadas y estudiadas como tales, o pueden transcribirse gráficamente, lo cual, en el momento técnico presente, sigue siendo más inmediatamente utilizable que la simple grabación en una máquina. Si se aceptara esta identificación entre la substancia fónica y su transcripción gráfica, el objeto, la lengua, se simbolizaría como una sucesión de elementos gráficos que nada nos impediría designar con el nombre tradicional de «texto». Si esta palabra se acepta para el uso, no sólo como referencia a la cadena hablada misma, sino también a su representación gráfica, podríamos resumir el punto de vista aquí presentado diciendo que una lengua es un conjunto de textos, unos ya producidos y otros suceptibles de serlo siempre y cuando el lenguaje conserve su identidad. Sin embargo, dado que en unas circunstancias así la lengua tomada como objeto no se conocería totalmente desde el principio, sino que se concebiría como el producto de una actividad particular, uno podría inclinarse a buscarlo en el ejercicio de esta actividad más que en sus resultados. Todo nos incita a considerar a las lenguas como conjuntos de hábitos, es decir, como comportamiento humano. Una estructura lingüística, en estas circunstancias, se presenta como la forma en que se condicionan mutuamente los diferentes hábitos que forman tales conjuntos. Pero una vez dicho esto, queda en pie el hecho de que, si queremos hacernos una idea de la estructura de una lengua determinada, difícilmente seremos capaces de estudiar seriamente la naturaleza de estos hábitos, sin estudiar la forma en que se manifiestan. Aunque las cadenas fónicas y su transcripción gráfica no sean el lenguaje, o la totalidad de éste, representan, probablemente, los hechos esenciales de los que podemos deducir su estructura. Sobre esta base, la estructura de ese determinado comportamiento humano llamado lenguaje, puede ser definida con éxito, si no olvidamos que cada uno de los elementos que forman la cadena hablada entra dentro de dos tipos diferentes de relaciones estructurales con las demás unidades del lenguaje: por un lado, las relaciones con las unidades que coexisten con él en el segmento considerado como cadena o, en términos más simples, con sus vecinos, y por otro lado, las relaciones con aquellas unidades que no aparecen en el segmento, porque en el punto en el que podrían haber aparecido, las necesidades de una comunicación determinada requirieron que se las dejara a un lado en favor de la unidad querida. Esta última y aquellas a las que fue preferida se relacionan en que los hablantes están acostumbrados a acompañarlas por los mismos elementos.

Por tanto, para descubrir la estructura de una lengua, se empieza por el objeto concreto unidimensional, la cadena lineal del habla, que se desarrolla a lo largo de lo que ha sido llamado el eje sintagmático. Pero en cada punto se pondrá en juego otra dimensión, la de las elecciones hechas por el hablante, que se designa, generalmente, como eje paradigmático. En lo que se refiere a las posibles elecciones en cada punto, conseguiremos nuestra información comparando varios segmentos del habla que presenten diferentes elementos en idénticos contextos. Ésta es la operación llamada «conmutación», practicada por todas las escuelas estructuralistas. Los mismos seguidores de Bloomfield, a pesar de toda su reticencia a la hora de introducir las relaciones paradigmáticas en sus operaciones, no pueden dejar de utilizar la conmutación, aunque se muestran poco inclinados a investigar sus fundamentos teóricos. Es fácil comprender, en cualquier caso, por qué no consiguen encontrar una estructura en ninguna parte excepto en la cadena hablada, y hacen lo posible por descubrirla sólo a través de criterios distribucionales, es decir, a través de las situaciones relativas de las unidades en el discurso.

A las dificultades encontradas, por un lado, en la comprensión de la naturaleza del objeto, el lenguaje, y por otro, en el establecimiento del modo en que, tomando sus manifestaciones como base, pueda determinarse su estructura, debe añadirse otro obstáculo derivado de la doble articulación del lenguaje humano: la articulación del discurso en unidades distintivas sin significado —los fonemas— y la articulación del mismo discurso en unidades significativas o monemas. Esto implica la existencia de dos estructuras en una lengua (¿o acaso deberíamos decir una doble estructura?), una, fonológica, y otra, referida a las unidades con significado. Es fácil comprender, dada la complejidad de los hechos y la dificultad de separarlos e identificarlos, que el desacuerdo con respecto a estas estructuras sea tan grande entre los lingüistas, como entre otros investigadores, a pesar de que la lingüística es, en la actualidad, la ciencia social más consciente de sus medios y fines. Existe una idea muy extendida de que la estructura lingüística es un modelo montado por el estudioso para su propio uso y el de sus compañeros lingüistas con el fin de comprender la naturaleza y funcionamiento del objeto, pero sin necesidad de preocuparse por su conformidad con el mismo. Esta misma idea se encuentra subyacente en el método llamado *hocus-pocus*, en oposición al que implica una confianza en la «verdad de Dios». De hecho, los lingüistas nunca observan el objeto real de su estudio, i.e., el comportamiento del hablante, tomando la palabra «comportamiento» en su sentido más amplio, es decir, considerando no sólo los actos directamente observables, sino todas las operaciones conscientes y, sobre todo, inconscientes que acompañan a la práctica de la comunicación lingüística. Trabajan, casi constantemente, con la simbolización gráfica del aspecto más evidente y, lingüísticamente, más esencial de este comportamiento. Aunque consideren, justamente, que no sólo existe la realidad física del habla, sobre cuya base operan, no es el lenguaje en sí mismo, sino lo que representa al lenguaje en esta realidad lo que debe ser ordenado jerárquicamente de acuerdo con el principio de pertinencia comunicativa, antes de ser considerado como rasgo de la estructura. Es posible que entonces se convenzan a sí mismos de que la estructura está, de hecho, en el objeto, aunque la totalidad del objeto (el comportamiento del hablante, incluido lo más manifiesto de éste, los sonidos del habla) no pueda ser identificada con su estructura. Pero si identifican la realidad física del habla con la lengua o, a la inversa, si excluyen de la lengua todo lo que es habla e incluyen sólo su condicionamiento interno, tendrán la impresión de que una presentación de la lengua que no coincida con la realidad física es un producto de su actividad mental, y de que los hechos que se presentan ante ellos en toda su natural incoherencia están, de hecho, ordenados de acuerdo con principios que no se derivan de la naturaleza de los fenómenos observados, sino de las necesidades del intelecto del investigador.

Uno de los puntos de vista sobre la estructura lingüística que más explícitamente ha sido expuesto es el de Louis Hjemslev. Según el lingüista danés, las únicas relaciones que entran en esta estructura son las existentes entre elementos, dejando aparte la naturaleza física de los elementos mismos o los rasgos de substancia fónica o semántica que distinguen a unos de otros. Esto, desde luego, no quiere decir que la estructura no esté representada en el objeto mismo, sino, más bien, que el objeto es una compleja serie de relaciones y que los elementos físicos incluidos en esta última no son parte de él: los sonidos y los significados son prácticamente ajenos a la lengua. Lo que distingue este punto de vista del que mantienen los realistas no es un concepto diferente de las relaciones entre objeto y estructura, sino un modo diferente de rodear al objeto. La experiencia, sin embargo, nos muestra que una visión del lenguaje tan incorpórea puede, en la práctica, conducir a elaboraciones que están tan lejos de las estructuras montadas sobre la base de la substancia pertinente, como lo estarían aquéllas establecidas por lingüistas para quienes la estructura fuera producto de su propia actividad intelectual.

Un concepto realista de la estructura lingüística requiere que no se pierda de vista un cierto número de puntos claramente establecidos: la linealidad del habla no es el único rasgo constitutivo de esta estructura; la realidad del objeto, la lengua, ha de ser encontrada en el hablante; los textos con los que se opera de hecho sólo pueden concebirse como sintomáticos de esta realidad por el uso de un artificio metodológico, la conmutación, que consiste en comparar fragmentos de textos tomados de diferentes enunciados; los rasgos físicos que pueden atribuirse a la estructura lingüística se presentan a menudo en términos que reflejan sólo aquella manifestación más accesible a la observación: por ejemplo, si digo que el fonema A se distingue del fonema B por un cierto rasgo articulatorio, pongo de manifiesto de este modo un rasgo estructural que, en un punto del circuito hablado, toma la forma concreta de un cierto movimiento de los órganos del habla. Pero podría perfectamente haber formulado este rasgo en términos acústicos y, menos fácilmente, en términos de oído o de producción de voz a nivel neuro-muscular. Éste es quizá un modo suficientemente simple de demostrar hasta qué punto es mucho más compleja la estructura del lenguaje que la de un edificio de ladrillo, piedra u hormigón armado.

4. REFLEXIONES SOBRE LOS UNIVERSALES DEL LENGUAJE [1]

No es raro que ciertas palabras, determinados conceptos que se creía que no pertenecían ya sino a la historia de las ideas reaparezcan, e incluso, se impongan durante algún tiempo como términos de moda. Es lo que parece ocurrir actualmente con el término «universales» aplicado a determinados aspectos del lenguaje humano.

En esta resurrección de los universales llevada a cabo por los defensores del transformativismo y de las gramáticas generativas al denunciar al estructuralismo y a sus antecesores inmediatos, y con razón o sin ella, invocar contra ellos la autoridad de grandes nombres del pasado, Humboldt, Descartes, Port-Royal, podría verse, un esfuerzo por remontarse aún más lejos en el tiempo, más allá del pensamiento del Renacimiento, hasta la filosofía medieval.

Históricamente, sin embargo, no es seguro que este empleo contemporáneo del término «universales», o más bien, de su forma inglesa *universals,* sea otra cosa que un eco del empleo filosófico y medieval de dicho término.

Fue, probablemente, tras la lectura de los *Universals of Language* [2], obra en la que Joseph Greenberg reunía las contribuciones de diversos participantes en el coloquio mantenido en

---

[1] Discurso presidencial presentado en el Congreso de Bruselas de la SLE (= SLI), el 1 de abril de 1968.

[2] Cambridge, Mass., 1963.

Dobbs Ferry, en abril de 1961, cuando la mayoría de los lingüistas llegaron al conocimiento de la expresión «universales del lenguaje». Pero existía, por lo menos, un precedente, el del artículo de Burt y Ethel Aginsky, publicado en 1948, en *Word*, bajo el título de «The Importance of Language Universals».

Más interesante que la palabra en sí misma es la tendencia que pone de manifiesto este esfuerzo por recobrar la identidad tras la diversidad. Dicha tendencia, que, a lo largo de los decenios que han asistido al desarrollo del estructuralismo, ha coexistido con la tendencia inversa a insistir en las diferencias entre las lenguas, ha estado representada esencialmente por las enseñanzas de Roman Jakobson, primero, en su libro *Kindersprache, Aphasie und Lautgesetze* [3], después, en su presentación de rasgos fonológicos distintivos universalmente válidos, sobre los que las diversas lenguas no tienen otra alternativa que la elección.

Existe, en la base de esta tendencia, un punto de vista que puede designarse como el apriorismo, según el cual se postula la existencia universal de ciertos tipos de organización. Lo que, en otros, se presentaría sólo como una hipótesis de trabajo, o todo lo más, como una teoría susceptible de ser revisada o sustituida bajo la presión de nuevas observaciones, es, para el apriorista, una evidencia que no admite contradicción: aunque el examen de la realidad aporte elementos que parezcan contradecir la universalidad postulada del tipo examinado, la validez de este examen se rechaza por medio de alguna explicación *ad hoc*.

Un ejemplo clásico de estos *a priori* es el representado por la «ley pancrónica», según la cual una lengua no podría combinar cantidad distintiva y acento libre, o en términos más explícitos, una lengua que oponga fonemas vocálicos largos a fonemas vocálicos breves (ej. latín *mălus/mālus)* no podría distinguir dos palabras atendiendo a la posición del acento (ej. esp. *páso/pasó)* y viceversa [4]. Se llamó muy pronto la atención

---

[3] Upsala, 1941.

[4] Cf. R. Jakobson, «Die Betonung und ihre Rolle...», *TCLP*, 4 (1931), pág. 182.

sobre el caso del inglés y del alemán, donde coexisten la libertad distintiva de la posición del acento (ing. brit. *billow* ~ *bellow*, al. del norte *Kaffee* ~ *Café*) y las oposiciones de cantidad vocálica (ing. brit. *cot* ~ *caught*, al. *kann/Kahn*); pero los partidarios de la ley hicieron valer diversas circunstancias, y especialmente, el hecho de que la vocal breve acentuada de estas lenguas no es nunca final, es decir, siempre va interrumpida por una consonante; habría, por tanto, en este caso, una oposición entre vocales normales («largas») y vocales interrumpidas («breves») que serían los «miembros marcados» de la oposición. Pero, en sus *Grundzüge* [5], Trubetzkoy se mostraba ya mucho menos categórico, y, en 1945, presenté yo un análisis del sistema fonológico del habla franco-provenzal de Hauteville [6] donde /'pɔ̆tă/ «mueca» se distingue de /'pɔ̄tă/ «pasta» por la cantidad de la vocal, y de /pɔ̆'tă/ «hueco», por la posición del acento; la oposición de cantidad se mantiene en posición final absoluta en /mɔ̄/ «mal» y /mɔ̆/ «palabra», y en /tɔ̄'tɔ̆lă/, palabra que designa un arbusto de seto, la larga va inacentuada y la breve acentuada. La situación que se observa en las hablas poco distantes de la de Hauteville, donde /mɔ̄/ y /mɔ̆/ se confunden, parece indicar que esta distinción es inestable cuando no va apoyada por el alargamiento de la consonante que sigue a la breve acentuada de /'pɔ̆tă/ (= ['pɔ̆t:ă]). Pero, inestable o no, el tipo está bien atestiguado. Cabría argumentar, quizá, que la combinación de la cantidad vocálica y de la posición pertinente del acento es una casualidad, pero hay lenguas que la poseen.

Pongamos por caso también, en el plano de la sintaxis general, la creencia, mil veces expresada, de que cualquier enunciado de cualquier lengua se compone de un sujeto y de un predicado. Sin ir más lejos, basta escuchar hablar francés para comprobar que a cada momento se prescinde del sujeto, o dicho de otro modo, el sujeto se confunde con el predicado: *voici le panier* (he aquí el cesto), *il y a des fruits chez l'épicier* («hay

---

[5] *Grundzüge der Phonologie* (1939), págs. 177 y sig., 182, 193.
[6] En la *Revue de Linguistique Romane*, 15, fechada en 1939.

frutas en la tienda»; pronunciado normalmente /ja de.../), *défense de fumer* (prohibido fumar), *le temps d'aller prendre les billets* (el tiempo de ir a sacar los billetes); y esto, por supuesto, sin hablar de los enunciados en imperativo. Un apriorista evocará la etimología, analizará *voici* en *vois(i)ci* (ve aquí), buscará un sujeto en el *il* de *il y a*[7], postulará *il y a* delante de *défense de fumer* y, por ejemplo, *il me faut* (necesito) delante de *le temps d'aller*, buscará, en definitiva, todas las artimañas y todas las escapatorias del análisis lógico tradicional.

¿Para qué insistir? Por desgracia, todo esto es, en la actualidad, demasiado frecuente, y si continúa la moda de las gramáticas transformativas y generativas, puede preverse un día en que el rechazo de estas manipulaciones será interpretado como incapacidad de percibir las estructuras profundas del lenguaje.

La lectura de *Universals of Language* es reconfortante, en el sentido de que los lingüistas participantes, en su mayoría investigadores, cuyo gusto por la teoría y las síntesis no ha embotado su sentido de observación, no dejan de poner de manifiesto los límites de la empresa a la que han sido llamados. Si se excluyen, de entrada, los «universales» que se derivan de la definición misma del lenguaje, no se encuentran ya sino «cuasiuniversales», es decir, universales que no lo son, o algunos rasgos o combinaciones de rasgos que parecen existir en todas las lenguas examinadas hasta ahora, sin que, después de todo, pueda afirmarse que sean verdaderos universales.

Lo deplorable de este asunto es que la resurrección de un término como el de universales, totalmente disociado del contexto terminológico de la investigación contemporánea, no puede conducir más que a una especie de mixtificación; parece indicar que habría rasgos fundamentales del lenguaje humano que no podrían explicarse en función del papel del lenguaje como medio de comunicación dentro del marco reconocido de la psicología y de la fisiología del ser humano. Sería necesario,

---

[7] *Il* es sujeto en *il y a tout son argent*, donde *y* designa, por ejemplo, un banco y donde *son* indica que *il* es alguien susceptible de poseer algo.

por tanto, para evitar toda presuposición metafísica, plantearse la existencia, en el hombre, de una organización autónoma que presidiera el funcionamiento del lenguaje y que tuviera sus propias leyes, independientes de los condicionamientos psicofisiológicos que explican, por otro lado, el comportamiento humano: se decreta que todos los enunciados han de llevar un sujeto y un predicado. Sin embargo, está claro que esto no podría imponerse basándose en el funcionamiento de nuestra mente, ya que nos pasamos una parte considerable de nuestra vida percibiendo objetos sin convertirlos en sujetos de comentarios, y comprobando sucesos sin preocuparnos de saber cuál es su origen o su causa. Habría, entonces, en nosotros UN MOLDE LINGÜÍSTICO, una disposición innata, que nos obligaría a imponer a todo enunciado la forma binaria resultante de la combinación de un tema de discurso y de lo que se dice de él. Pero, aun cuando fuera cierto que no existe, en ninguna lengua conocida, enunciado sin sujeto y predicado, habría que ver cuáles serían las relaciones de este molde lingüístico con el resto de la psico-fisiología del hombre, o en otros términos, cómo se integra esta parte en el todo, es decir, en último análisis, cómo se explica esta binaridad de los enunciados. Los «inneístas» se guardan muy bien de intentar esto, ya que supondría, de hecho, atentar contra el carácter de realidad última, que es lo que les seduce en su construcción. De todos modos, la idea de la universalidad del esquema sujeto-predicado es una simple impresión favorecida por los rasgos particulares de la estructura de ciertas lenguas habladas por los «inneístas» y fomentada por la gramática escolar, cuando este esquema está en competición con otros tipos sintácticos fundamentales, ya que estos tipos se han visto excluidos de la lengua literaria durante mucho tiempo, y la hipótesis de un molde lingüístico inherente a la naturaleza humana carece totalmente de justificación.

Se comprende fácilmente cómo la gran frecuencia de las situaciones en que hay que decir algo a un sujeto sobre alguien o sobre algún objeto haya podido provocar el empleo de un sujeto falso en *il pleut* (llueve), *es braust ein Ruf*, para equilibrar el enunciado y unificar los esquemas sintácticos; el ejem-

plo del alemán, en el que el sujeto falso puede ser, no solamente el pronombre *es*, sino un adverbio como *heute (es wird
getanzt, heute wird getanzt)*, muestra bien las soluciones *ad
hoc* que puede suscitar la costumbre de no permitir que el
verbo figure en cabeza de los enunciados afirmativos.

Establecer unos universales del lenguaje que una observación más profunda reducirá a cuasi-universales, y más tarde, a
simples tendencias, es propiamente un contrasentido. Supone
orientar definitivamente la observación en el sentido de la verificación de una hipótesis inicial, y por parte del investigador,
tratar de liquidar, saliéndose por la tangente, todo lo que pueda
oponerse a ella. Incluso cuando la investigación es obra de espíritus serenos que, antes de decidir, desean hacer sondeos ex-
tensivos, supone confiar en descripciones lingüísticas ejecutadas
por gentes que, demasiado a menudo, eran víctimas de los mismos prejuicios que encontramos entre los aprioristas contemporáneos.

Tenemos buenos ejemplos de esto en la contribución del
mismo Joseph Greenberg al volumen cuya publicación ha diri-
gido [8]. En dicha contribución titulada «Some Universals of
Grammar with Particular Reference to the Order of Meaningful
Elements», ha utilizado los datos preseleccionados de una muestra de treinta lenguas diferentes, para las cuales estima que
puede confiarse en las descripciones existentes. Tal es, según
cree, el caso del vasco. Desgraciadamente, las presentaciones de
esta lengua en las que se ha inspirado son del tipo de las que
interpretan la lengua, de cabo a rabo, en función de la traducción de sus enunciados a las lenguas románicas vecinas, el español y el francés. En consecuencia, se designa como sujeto
todo lo que, al traducir, da un sujeto en español o en francés,
aunque la forma esté en caso cero: *gizona* «el hombre», o en ergativo: *gizonak* «por el hombre»; cuando la misma forma en
caso cero *gizona* se encuentra traducida por un objeto románico, se la identifica como complemento, cuando de hecho, en el
marco de la estructura del vasco, la forma en caso cero tiene

---

[8] *Universals of Language*, págs. 58-90.

la misma función, ya se traduzca como sujeto ante un verbo intransitivo, así, en *gizona joan da* «el hombre iba», o como complemento ante un verbo transitivo, en *gizona ikhusi dut* «he visto al hombre». Quizá sea mejor caracterizar esta función como la de primer determinante, que hablar de sujeto. En todo caso, hablar aquí de sujeto sería una traición menor a la es-estructura propia de la lengua que la que supone identificar dos funciones diferentes donde la forma indica que no hay más que una.

Otro prejuicio, común a los autores de los manuales utilizados y a sus usuarios, es la creencia en una categoría adjetival como ingrediente indispensable de toda lengua. El hecho, que señala Greenberg, de que, en ciertas lenguas, el adjetivo parezca un verbo intransitivo, hubiera debido inspirarle una sana desconfianza en el asunto, aun cuando el pretendido «adjetivo» no participe en absoluto de las categorías verbales. Es el caso del vasco, donde lo que equivale a los adjetivos románicos se comporta exactamente como un «sustantivo», y por tanto, ES un sustantivo. En lo que respecta a los empleos adjetivales del francés, el «adjetivo» vasco se comporta como un determinado cuyo determinante es el «sustantivo», lo mismo que, en un compuesto como *etxexori* «gorrión», de *etxe* «casa» y de *xori* «pájaro», es decir, «pájaro de casa», *etxe*, primer elemento, determina a *xori*, así, en *etxe berri* «casa nueva», *etxe*, primer elemento, determina a *berri* «nuevo», debiendo traducirse el conjunto, para no traicionar demasiado la lengua, como «novedad de casa»; esto recuerda los giros, particularmente frecuentes en francés, del tipo de *un amour d'enfant* por *un enfant aimable* (un niño amable), *un drôle de gosse* por *un enfant étrange* (un niño raro), pero que se encuentran esporádicamente en otras lenguas: en inglés, *a peach of a girl*. En este último caso, una comprensión más exacta de la realidad lingüística vasca, que presenta, por lo demás, paralelos en casi todas las partes del mundo, no habría complicado la tarea de Greenberg, sino todo lo contrario.

Greenberg ha querido demostrar la existencia, en todas las lenguas, de ciertas constancias sintácticas. La misma operación, partiendo de descripciones más exactas, hubiera conducido a resultados más convincentes aún. En efecto, todas las comprobaciones, que resume en cuarenta y cinco universales, se explican de la forma más simple en el marco del comportamiento humano más general, a condición de no negarse, en principio, a toda explicación. Todas son interesantes y merecían hacerse, pero no permiten un desarrollo útil, si no se renuncia a considerarlas como universales y no se investiga, en cada una de ellas, lo que de hecho indican y en lo que derivan de la satisfacción de las necesidades de comunicación humana.

Mostraremos sólo un ejemplo, el que lleva el número 42, según el cual una lengua que distingue el género en sus sustantivos, lo distingue también en sus pronombres. Hubiera debido precisar que esto no es válido para los pronombres interrogativos y explicar el porqué. En todo caso, un instante de reflexión muestra que cuando los pronombres, personales o demostrativos, ocupan el puesto de entidades ya identificadas, el género tiene un evidente valor de información: *ella* o *ésta*, que se oponen a *él* o *éste*, permiten saber que se alude a *la* silla y no *al* sillón, a *la* chica y no *al* chico; mientras que el género femenino expresado en el *la* de *la* silla no aporta ninguna indicación que no vaya implícita, para todos los sujetos de la comunidad, en *silla* mismo. El origen del género que, como en el caso del femenino indoeuropeo, no se MANIFIESTA, EN PRINCIPIO, SINO POR LA CONCORDANCIA DEL ADJETIVO Y DE LOS PRONOMBRES, únicamente puede explicarse por una fijación inicial en los pronombres, donde la diferenciación tiene un sentido, extendiéndose perezosamente a los adjetivos correspondientes, en los que ya no lo tiene; de forma algo análoga, en inglés, la distinción de *this* y *these*, *that* y *those* tiene valor en su utilización pronominal; pero no lo tiene en su utilización adjetival, donde el sustantivo indica por sí mismo el número. Pero era más económico conservar la flexión allí donde ésta existía, que abandonarla para conformarse a la regla de la invariabilidad del adjetivo.

Al método que consiste en establecer desde el principio, de forma ampliamente impresionista, unas constancias universales, se opondrá y se preferirá aquel que precise con detalle las características que ha de presentar un objeto para poderlo aceptar y designar como lengua. Una vez establecido esto, se intentará determinar las implicaciones de esta definición en todos los órdenes, las posibilidades que permite, los desarrollos que deja prever, las limitaciones que parece imponer, investigando, claro está, a cada momento, si los rasgos o los complejos previstos se encuentran efectivamente en las lenguas existentes, pero sin excluir jamás la posibilidad de la existencia de aquello que no queda excluido por la definición misma que hemos adoptado. Este punto de vista no es sino un desarrollo de las premisas presentadas por Louis Hjelmslev en los *Prolegomena* [9]. Nos parece que tiene la considerable ventaja de abrir la mente del lingüista a la identificación exacta de estructuras nuevas para él, que podría, sin esto, verse tentado a quedarse en estructuras más familiares. Existen, por ejemplo, muchas posibilidades de que la definición que constituya el punto de partida, no mencione ni implique la existencia de una clase especial de monemas identificables con nuestros adjetivos. Si se presenta, pues, una lengua en la que las calificaciones no se expresen de otro modo que las esencias o las acciones (dejando aparte las transitividades eventuales de estas últimas), es decir, en términos más ingenuos, una lengua en la que los adjetivos no sean diferentes de los verbos, u otra lengua donde lo que, por ejemplo, en francés, se presenta normalmente como la calificación de un objeto tenga la forma de una cualidad cuyo objeto sea concebido como una determinación *(un bout de femme* por *une petite femme)*, a nadie le daría por buscar, costara lo que costase, una clase de adjetivos distinta de las del verbo o del sustantivo, siempre, por supuesto, que la lengua distinguiese, efectivamente, verbos y sustantivos.

La definición de lengua que propongo por mi parte es aquella según la cual se designa con este término un instrumento de comunicación doblemente articulado y de carácter primitivamente vocal.

---

[9] *Prolegomena to a Theory of Language*, Baltimore, 1953, págs. 6 y sigs.

El carácter vocal condiciona la linealidad del lenguaje humano. La doble articulación, de los enunciados en monemas, y de los significantes de los monemas en fonemas, es una consecuencia ineluctable del carácter ilimitado del uso que hace el hombre de este instrumento; no se trata de un código de empleo bien definido, sino de un medio de comunicación de las experiencias más variadas, prácticamente infinitas, cuya expresión reclama, para que la comunicación llegue a efectuarse, su reducción a una sucesión de elementos de experiencia, en correspondencia con algo identificado y análogo en el otro hablante, para cada uno de los cuales la lengua ofrece un monema; para que la identidad de un número considerable de monemas pueda imponerse a la comunidad, es indispensable que esta identidad se vea asegurada por un número restringido de elementos distintivos fácilmente combinables, los fonemas.

A partir de esta base, teniendo en cuenta la necesidad de conservar un equilibrio constante entre las necesidades de comunicación y el deseo de reducir el consumo de energía de todo orden, y sin olvidar la presión de las generaciones más antiguas sobre las más jóvenes, que tiende a frenar la incorporación de nuevos equilibrios, pueden, de algún modo, deducirse las diferentes posibilidades estructurales de las lenguas humanas, teniendo mucho cuidado de no dejarse limitar, durante el examen, por las estructuras más familiares.

Un ejemplo de esta operación deductiva [10] es el que permite extraer tres tipos de indicación de las relaciones entre los elementos sucesivos de los enunciados:

1. *La confianza puesta en el sentido del monema para marcar su función en el enunciado.* — En francés, *mardi* (martes) no designa solamente un día determinado de la semana, sino precisamente el día como período de tiempo en el que se desarrolla lo que expresa el resto de la frase; ocurre lo mismo, en alemán, con *neunzehnhundertvierundzwanzig*, o con adverbios como *hier* (ayer), *ici* (aquí), o sintagmas como *la nuit dernière*,

---

[10] En el sentido hjelmsleviano esbozado más arriba.

last night. Un verbo como *da* o *come* se identifica a sí mismo como núcleo predicativo; el verbo se caracteriza, en lingüística general, como un monema cuya única función es la de predicado.

2. *La posición respectiva de los elementos del enunciado.* — En inglés y en alemán el elemento antepuesto de *tile roof* o *Ziegeldach* es identificado como determinante; en *Pierre bat Paul* (Pedro pega a Pablo), la posición de *Pierre* y de *Paul* con respecto al predicado indica que uno es sujeto, y el otro, predicado.

3. *La utilización de signos especiales encargados de indicar la función de sus elementos vecinos.* — Puede tratarse de un caso, una preposición, una posposición, una conjunción de subordinación; son, generalmente, monemas, es decir, sucesiones de fonemas o de modificaciones tonales, o incluso, elementos lingüísticamente marginales, como pausas o movimientos de la curva de entonación.

No es necesario mencionar que los tres modos de indicación de función pueden combinarse de diversas maneras; en determinada lengua, una indicación de tiempo del tipo *mardi* podrá revelar su función tanto por su sentido como por una posición fija en el enunciado; en ruso, si la proposición incluye dos sustantivos masculinos en caso cero (nominativo-acusativo), uno de los cuales designa un ser inanimado y el otro, a un ser animado, es el sentido de lo inanimado, y al mismo tiempo, su posición con respecto a los otros elementos del enunciado lo que señalará la función objeto del primero.

Los ejemplos que acabamos de ofrecer para ilustrar los tres tipos no deben hacer pensar que se trata de tres posibilidades extraídas del examen de otras tantas lenguas. Tres es un número obtenido por estricta deducción, al preguntarnos, en abstracto, cómo el oyente, partiendo de la linealidad del enunciado percibido, va a ser capaz de restablecer la complejidad de la experiencia tal como ha sido comunicada por el hablante. Si alguien, por deducción o por análisis, partiendo de nuestra defi-

nición del término «lengua» o de la observación de estructuras
reales, llegara a la conclusión de que existen más, o menos, de
tres modos de indicación de función, ello probaría, simplemente, que nuestra deducción era incorrecta, pero no pondría en
cuestión la legitimidad del proceso deductivo.

Hemos visto que era posible, en lingüística general y previamente a cualquier examen de una estructura lingüística particular, definir el verbo como un monema cuya única función
fuese la predicativa. Puede entreverse el interés económico de la
existencia del verbo en una lengua: en efecto, identificándose
el verbo por sí mismo como núcleo, puede utilizarse la posición
anterior y posterior a éste para la indicación de funciones particularmente frecuentes, como la que se encuentra en muchas
lenguas y que se designa como función sujeto y función objeto.
Pero las ventajas que obtiene una lengua de la posesión de un
tipo verbal de monema no implican que toda lengua presente
verbos. Sucede que, allí donde una observación ingenua llevaría a la conclusión de que ciertas lenguas sólo poseen verbos,
la aplicación estricta de nuestra definición del término «verbo»
llevaría, por el contrario, a negar la existencia de este tipo de
unidad. En una lengua india como el kalispel, excelentemente
descrita por Hans Vogt [11], en la que todas las «palabras» se
«conjugan» según las personas y los modos, pareciéndose así a
nuestros verbos, no existen propiamente verbos, ni siquiera
nombres, en la medida en que cada elemento léxico puede asumir cualquier función, es decir, en términos de traducción, corresponder, en nuestras lenguas, tanto a *él se alza* como a *el
árbol*, tanto a *ella serpentea* como a *la corriente del río*.

Así pues, la posición anteriormente expuesta se opone diametralmente a aquella según la cual se impondría la búsqueda
de universales del lenguaje. No fijamos aquí ningún límite a las
posibilidades estructurales de las lenguas, excepto los que se
derivan de una definición en la que pueden ponerse de acuerdo
todos aquellos que, colocando de nuevo el lenguaje humano en
el marco de una semiología general, se niegan a designar como

---

[11]   *The Kalispel Language*, Oslo, 1939.

lengua cualquier sistema de signos. Naturalmente, estamos convencidos de que la economía general de la comunicación entre los hombres tenderá a esbozar límites a las posibilidades de variación de estructuras y que una práctica prolongada de estos métodos conducirá a extraer tipos que no diferirán demasiado de algunos de los cuasi-universales de Greenberg. Pero evitando todo apriorismo inicial, estamos seguros de no haber deformado los hechos para encajarlos en un cuadro preestablecido que no reflejaría sino los prejuicios que nos han sido legados por los gramáticos al intentar establecer, para toda lengua, una norma basada en la admiración de las lenguas clásicas o en la confusión milenaria entre la lógica y el lenguaje.

5. NEUTRALIZACIÓN Y SINCRETISMO

El concepto de neutralización, al igual que el de archifonema, derivado de él, dista mucho de ser de empleo universal en el uso lingüístico contemporáneo. Algunos, en efecto, únicamente lo encuentran justificado en el marco de una lingüística funcionalista, es decir, entre los investigadores que han reconocido que las unidades lingüísticas son valores y que estos valores se basan en la contribución de cada uno de ellos al establecimiento de la comunicación.

Para percibir la importancia de este concepto y, más aún, su carácter necesario, hay que tener claro que, en el estudio de un comportamiento humano, lo que cuenta no es la naturaleza de los hechos directamente observables, sino lo que éstos manifiestan sobre las intenciones de los sujetos en cuestión. La lingüística prefonológica, de modo simplista y de acuerdo con el idealismo ambiente, había identificado esta oposición de hechos e intenciones con la de forma y sentido, aspecto laico dado a la de letra y espíritu. La gran lección de la fonología es haber mostrado que la distinción entre lo que perciben los sentidos y lo humanamente válido sirve, en el lenguaje, no para oponer forma y sentido, sino para distinguir, dentro de la misma forma, lo que es identificable como elección del hablante, es decir, lingüísticamente pertinente, y lo que no lo es, o mejor aún, para establecer, entre los elementos de esta forma, una jerarquía basada en su función en el proceso de comunicación. Es, quizá, este mensaje de la fonología el que se ha tratado de condensar en la afirmación de que la realidad lingüística no se confunde con la realidad física. Una afirmación de este tipo hay que tomarla, compenetrándose con los que la hacen, al pie de la letra, ya que las intenciones del hombre son tan reales como las vibraciones del aire resultantes del juego de los órganos de la palabra. Es considerada, todo lo más, como una forma de hablar o un rasgo de ingenio por parte de los que identifican realidad y lo que se percibe sensorialmente, para los cuales una estructura es necesariamente una visión mental, ya que no serían capaces de imaginar, tras el aspecto externo del edificio, la realidad de las presiones de todo tipo que aseguran su existencia. Son, por supuesto, las mismas personas que difícilmente aceptarían la noción de que dos sonidos físicamente casi idénticos puedan ser interpretados lingüísticamente como realidades diferentes. Sin embargo, es a esto a lo que conduce la aplicación de la neutralización cuando, por ejemplo, una [t] que se escucha en un contexto en el que [d] no existe, se considera como algo diferente —como otra unidad— de una [t] realizada en una posición en la que [d] está también atestiguada.

En líneas generales, puede decirse que el concepto de neutralización no tiene ningún sentido para los que definen el fonema como una familia de sonidos físicamente análogos, en distribución complementaria, mientras que se impone de modo natural a aquellos para quienes la noción de oposición, es decir, la posibilidad, en fonología, de distinguir un significante de otro significante es más importante que la noción de fonema. Si ha de haber oposición para que haya fonemas distintos, la imposibilidad sistemática de realizar una oposición en un contexto fónico bien caracterizado tiene, necesariamente, que ser destacada y valorada. La situación es aún más clara, si se define el fonema como una suma de rasgos pertinentes puestos de manifiesto mediante oposición: si /t/ se define como apical, no nasal y *sordo*, es, precisamente, porque se opone a /d/ apical, no nasal y *sonoro*. Allí donde unas oclusivas apicales sin vibración glotal, pronunciadas, por tanto, como [t], se opongan a unas labiales y unas dorsales análogas ([p], [k]) y a unas nasales apicales ([n]), pero donde los hablantes no puedan distinguir la sonora de la sorda, una [t] se definirá como apical y no nasal, pero ya no será sorda de manera distintiva. Será, fonológicamente, lo que es común a /t/ y a /d/ allí donde se oponen, es decir, apical y no nasal. Ya no será /t/, sino una realización del archifonema /t-d/.

La concepción del fonema como familia de sonidos, que, mirándolo bien, se remonta a Daniel Jones, es la que ha prevalecido, de modo general, entre los estructuralistas americanos. Tenía, para los antimentalistas, la ventaja de ahorrar, el recurso a la significación que implica la conmutación. Pero, por su simplismo, preparaba la reacción idealista que nos ha proporcionado el transformativismo contemporáneo. Para los que no distinguen entre realidad física y realidad lingüística, puede ser grande la tentación de buscar, por medios cuyo carácter científico puede, a veces, resultar dudoso, una «estructura profunda» más allá de la realidad superficial de las presentaciones de la escuela bloomfieldiana. No hay, en verdad identidad entre la «realidad lingüística» de los funcionalistas y la «estructura profunda» de los chomskyanos. Pero se comprenderá que las teorías transformativas y generativas no hayan tenido, a los ojos de los funcionalistas preparados, el carácter enriquecedor que habrían de tener para algunos jóvenes lingüistas americanos, alimentados con el sobrio caldo de sus maestros estructuralistas.

No se trata de presentar aquí una teoría completa de la neutralización fonológica ni de sacar a colación con detalle las dificultades que pueden surgir, en la práctica, al delimitar exactamente su campo. Solamente insistiremos en dos puntos: aquel en el que habrá que hacer hincapié para preparar la discusión que se planteará más adelante con respecto a la utilización del concepto de neutralización en el plano de la primera articulación del lenguaje, y el que se refiere a las relaciones entre la neutralización y las alternancias, en que una puesta en guardia parece necesaria.

Desde el punto de vista teórico, es indiferente que la suspensión de la oposición, a la que hemos designado como neutralización, se manifieste: 1. como en el ejemplo clásico presentado más arriba, bajo una forma constante, físicamente análoga a la de uno de los fonemas en posición de diferenciación (p. ej., el archifonema se realiza siempre como [t] y nunca como [d]); 2. bajo una forma variable, como uno u otro de los fonemas en cuestión (p. ej., el archifonema se realiza unas veces como [t] y otras como [d] según el estado de ánimo del hablante); 3. como un sonido intermedio entre las realizaciones normales de los dos fonemas (p. ej., el archifonema se realiza como una apical sorda débil intermedia entre [t] y [d]); 4. como uno u otro de los fonemas en cuestión, pero según el contexto (p. ej. [t] ante consonante fonológicamente sorda, [d] ante consonante fonológicamente sonora); 5. bajo una de las formas consideradas hasta ahora, según las posiciones de neutralización y según los hablantes. Lo esencial y decisivo es que la oposición, en un contexto definido en términos estrictamente fónicos o en función de los límites de los significantes, ya no tiene posibilidad de ejercerse.

Un ejemplo real facilitará, quizás, la comprensión de lo que implica este punto de vista, tanto a nivel práctico como teórico: puede decirse que, en el francés que se practica generalmente en París, la oposición entre /e/ y /ɛ/ se neutraliza en cualquier posición, excepto en final de palabra: mientras se distingue *pré* (prado) de *près* (cerca), *donner* (dar) de *donnait* (daba) y los sujetos saben perfectamente si pronuncian *les*, *mes*, *gai*, *quai* con /e/ o con /ɛ/, se pronuncia de la misma manera *pêcheur* (pescador) y *pécheur* (pecador), y no se podría articular *perdre* (perder) con una [e] cerrada. Si prescindimos de aquellos, bastante numerosos sin duda, a los que la ortografía y la analogía han forzado a una [ɛ] en la primera sílaba de *descendre* (descender) y de *mettez* (meted), existe, entre los hablantes, un acuerdo para neutralizar, pero un amplio desacuerdo sobre la forma en que se realiza la neutralización en las diferentes posiciones. Si, en sílaba trabada, la neutralización en [ɛ] es general, se han comprobado, en cambio, tres comportamientos distintos en lo concerniente a las sílabas libres no finales: 1) la vocal es siempre cerrada, de aquí [e] en la primera sílaba de *descendre, était* (era), *été* (verano); 2) la vocal es siempre media, es decir, intermedia entre [e] y [ɛ]; 3) la vocal es cerrada, si la vocal de la sílaba siguiente tiene un grado débil de abertura, de aquí *été, béni* (bendecido) con una primera sílaba en [e]; es abierta si la vocal de la sílaba siguiente tiene un grado mayor de abertura, de aquí *était, étang* (estanque) *maison* (casa) con [ɛ] en la primera sílaba. Esta última forma, que los que la habían observado en primer lugar habían presentado como regla, no se presenta, en realidad, en más de la cuarta parte de los sujetos [1].

Lo que implican estos hechos para el uso parisino del francés es la imposibilidad de sacar algún provecho, para la comprensión de lo que se escucha, de las diferencias de timbre entre las vocales medias anteriores no labializadas que no estén en posición final, ya que todos los elementos de determinación del timbre se encuentran en el contexto: naturaleza libre o trabada de la sílaba, o cualidad de la vocal de la sílaba siguiente. El resultado es que los sujetos se acostumbran desde su infancia a no tener en cuenta, en posición neutralizante, las variaciones de timbre en la zona [e-ɛ]. Incluso los que no realizan realmente la neutralización, ya que pronuncian, por ejemplo, *descend* con [ɛ] y *décent* con [e], no cuentan ni con que los demás les imiten, ni con que perciban distinciones del tipo /dɛsã/ ~ /desã/. *Funcionalmente*, no importa cómo se realice la neutralización. Sólo es decisiva la imposibilidad de realizar la oposición que caracteriza el uso mayoritario y que, después de todo, determina el funcionamiento de la lengua para el conjunto de la comunidad.

Existe otro aspecto del problema de la neutralización fonológica para el que conviene precisar el cuadro teórico del análisis con el fin de evitar las divagaciones que, gradualmente, han llevado a algunos a poner de nuevo en cuestión los principios mismos del análisis fonológico. Para comprobar si una oposición distintiva no funciona en un contexto fónico determinado,

---

[1] Ver André Martinet, *La prononciation du français contemporain*, París, 1945, págs. 140-142.

se extraen por conmutación todas las unidades susceptibles de asegurar, en este contexto, la diferenciación de las unidades léxicas o gramaticales, y en comparación con la situación en otros contextos, se percibe que una oposición distintiva, atestiguada en otros lugares, no aparece en éste. Existe, desde luego, neutralización sólo en la medida en que los miembros de la oposición en cuestión estén en relación exclusiva, es decir, tengan en común un conjunto de rasgos distintivos que únicamente ellos tienen en común. En el caso, clásico, de la neutralización en posición final de una oposición /t/ ~ /d/, la base común es, en general, fácil de determinar; en ruso, por ejemplo, consiste en apicalidad (/t-d/ ~ /p-b/ y /k-g/), no nasalidad (/t-d/ ~ /n/), y no palatalidad (/t-d/ ~ /t'-d'/). Pero hay situaciones en las que el establecimiento de esta base únicamente puede realizarse haciendo intervenir todos los contextos posibles o, al menos, más de dos. Sean, en el francés de París, las vocales posteriores en sílaba final no cubierta: se distinguen tres, en *pou* (piojo), *pot* (vasija) y *pas* (paso) por ejemplo, fonéticamente [u], [o] y [ɑ], que cabe definir, respectivamente, como cerrada, media y abierta. En sílaba final cubierta, pueden distinguirse cuatro unidades, en *poule* (gallina), *pôle* (polo), *Paul* (Pablo), *pâle* (pálido) por ejemplo, fonéticamente [u], [o], [ɔ] y [ɑ]. Nada nos permite decidir si, en posición final no cubierta, es la oposición /o/ ~ /ɔ/ la que se neutraliza, o la oposición /ɔ/ ~ /ɑ/; en el primer caso, la base sería «vocal posterior media», en el segundo, «vocal posterior abierta». Sin embargo, si consideramos un tercer contexto, ante /r/ de la misma sílaba, obtenemos de nuevo tres unidades, como en la sílaba final no cubierta, pero con una vocal media de timbre [ɔ], por ejemplo, en *bourre* (borra), *bord* (borde), *barre* (barra). Siendo ambas, la [o] de *pot* y la [ɔ] de *bord*, vocales medias, podemos establecer una base común «vocal posterior media» y considerar que, cuando no se distingan más de tres vocales, es la oposición /o/ ~ /ɔ/ la que queda neutralizada. Nos interesará sustituir las notaciones /o/ y /ɔ/ por /ó/ y /ò/, lo que nos permitirá representar como /o/ el archifonema cuando éste se presente, por ejemplo en *pot* /po/ y *bord* /bor/.

En la práctica, se establecen frecuentemente neutralizaciones sin tomar tantas precauciones. Se advierte la existencia de ciertas alternancias determinadas por el contexto fónico: al femenino *sotte* (tonta) [sɔt] con [ɔ], corresponde el masculino *sot* (tonto) [so] con [o]; llevando más lejos el examen, se comprueba que una [ɔ] no final corresponde siempre a [o] cuando desaparecen los segmentos que le impedían ser final *(loterie* [lɔtri] «lotería», pero *lot* [lo] «lote»; *potage* [pɔtaž] «sopa», pero *pot* [po] «olla»); finalmente, se verifica que [ɔ] no aparece jamás en posición final. Son las alternancias [ɔ]/[o], de las que habíamos partido, las que sugieren que es la oposición /ɔ/ ~ /o/ la que se neutraliza en posición final. Coinciden aquí los resultados obtenidos en la práctica, partiendo de las alternancias, y los que resultan de la aplicación del único procedimiento teóricamente recomendable. Pero no siempre es así.

Veamos el sistema vocálico ruso en su forma menos influenciada por la grafía. En posición acentuada, cuenta con cinco fonemas: dos cerrados /i/ y /u/, dos medios /e/ y /o/ y uno abierto /a/. En posición preacentuada después de consonante dura, el inventario se reduce a dos vocales cerradas y una abierta, todas, más o menos centralizadas con respecto a las realizaciones de los fonemas cerrados y abiertos en posición acentuada. Los representaremos arbitrariamente como [ĭ], [ŭ] y [ă] y, como debemos ver en ellas unidades fonológicas distintas, /ĭ/, /ŭ/ y /ă/. Nada nos permite discernir qué oposiciones se han neutralizado al pasar de un contexto a otro: ¿/i/ ~ /e/ y /u/ ~ /o/ o /e/ ~ /a/ y /o/ ~ /a/? La intervención de otros contextos neutralizantes no nos daría ninguna indicación suplementaria. Por tanto, no podemos, ni debemos, establecer una neutralización, ya que no disponemos de ningún medio de extraer una base común.

Ahora bien, si partimos de las alternancias, una de ellas se nos impone por su frecuencia; es la de /o/, en sílaba acentuada, junto con lo que hemos representado como /ă/ en posición preacentuada, que se observa al pasar del nominativo /stol/ al genitivo /stăla/ y en miles de pares análogos, la que se impone a todo estudiante de ruso, a quien se indica que la *o* de la gra-

fía, en posición acentuada, se pronuncia [a] o [ə]. El condicionamiento de esta alternancia puede considerarse parcialmente fonológico, en el sentido de que la articulación de una [o]
en sílaba preacentuada no forma parte de las costumbres articulatorias de los rusos moscovitas. Pero no existe ningún auto-
matismo fonológico que *haga pasar* /o/ a /ă/ en lugar de a
/ĭ/ o a /ŭ/. Se advierte, de hecho, que, junto a la alternancia
/o/ ~ /ă/ (atestiguada detrás de consonante dura), se encuentra, menos frecuentemente sin duda, pero en condiciones totalmente análogas, una alternancia /o/ ~ /ĭ/ (atestiguada detrás
de consonante blanda, por ejemplo en *sëla* /s'olă/, nominativo
plural, que se opone a *selo* /s'ĭlo/, nominativo singular de la
palabra que designa el pueblo. Nada, *en la fonología* del ruso,
impediría que un nominativo /stol/ tuviera un genitivo */stĭla/
o */stŭla/ y que un plural /s'olă/ correspondiera a un singular
*/s'ŭlo/. Es *en la morfología* de la lengua donde no caben estas alternancias.

En conclusión, si bien el examen de ciertas alternancias puede indicar dónde existen posibilidades de señalar neutralizaciones, las alternancias, aunque sean de condicionamiento ampliamente fónico, no prueban que se trate de una neutralización.
En el caso del ruso, una vez establecidas las unidades /a/, /o/,
/e/, /u/, /i/, /ă/, /ĭ/ y /ŭ/, se dejará que la morfología precise
cómo las unidades de un tipo alternan con las de otro en el
curso de la flexión y de la derivación. El signo de breve que
hemos utilizado para marcar las unidades del segundo tipo no
ha de interpretarse como símbolo de un archifonema, sino como
indicación de que una unidad, como /ă/, que sólo se opone a
/ĭ/ y a /ŭ/, no podría identificarse con /a/, que se opone a cuatro fonemas vocálicos diferentes. Volviendo a un ejemplo presentado más arriba, no es la alternancia /ɔ/ - /o/ de *sotte, sot-
tise-sot* lo que prueba la neutralización de la oposición /ɔ/ ~ /o/
en posición final, sino la necesidad funcional de interpretar
/ɔ/ y /o/ como unidades de abertura media, tanto en *bord*
([bɔʁ]) como en *pot* ([po]).

Conviene precisar de nuevo que no tratábamos aquí de resolver todos los problemas que plantea el establecimiento de la

base común indispensable para que pueda hablarse de neutralización, sino de indicar que unas alternancias, aun condiciona-
das fonológicamente, es decir, determinadas por la incapacidad
de los hablantes de realizar ciertos tipos articulatorios en un
contexto determinado, no bastan para justificar el empleo del
concepto de neutralización. No se trata de cubrir con un concepto, en nombre de una vana preocupación por una economía
terminológica, un campo lo más amplio posible, con riesgo de
difuminar sus contornos, sino de mantenerlo disponible en todo
su rigor a fin de caracterizar con precisión ciertos rasgos de
una lengua.

Se encuentra el mismo deseo de precisión en el origen de la
encuesta realizada en 1956 por lingüistas de diversos países para
tratar de precisar en qué sentido convenía restringir el empleo
del término neutralización con relación a las unidades, no ya
distintivas, sino significativas del lenguaje. Las respuestas, nu-
merosas y variadas, se publicaron en el segundo volumen de los
Travaux de l'Institut de Linguistique. Geneviève Corréard, en-
cargada de extraer las conclusiones de la encuesta, procedió
con total objetividad [2]: frente a la variedad de las opiniones
expresadas, ella no hizo sino esbozar posturas personales y con-
cluyó, finalmente, preguntándose si era indicado aplicar a otro
campo los materiales «forjados por la fonología y para la fonología». Ciertamente, ésta es una reacción muy sana frente a los
excesos de los partidarios del isomorfismo de los dos planos del
lenguaje. Pero sigue siendo lícito, e incluso recomendable, comparar el comportamiento de los dos tipos de unidades lingüísticas fundamentales: las unidades distintivas, es decir, ante
todo, los fonemas, y las unidades significativas, esencialmente
los monemas. Teniendo en cuenta que, dejando aparte el carácter distintivo de los primeros y significativo de los segundos,
fonemas y monemas se ven sometidos a análogas limitaciones
de empleo, nada impediría la utilización, para éstas limitaciones, del mismo término en ambos casos.

---

[2] *TIL*, 2 (París, 1957), págs. 165-182.

La primera condición para poder hablar de neutralización, en el plano de las unidades distintivas, es que, en un contexto definido en términos fónicos, deje de ejercerse la función *distintiva* de una oposición.

Paralelamente, estableceremos, como condición primera para poder hablar de neutralización en el plano de las unidades significativas, que, en un contexto definido en términos de unidades dotadas de sentido, deja de ejercerse la función *significativa* de una oposición.

Se objetará, tal vez, que andamos jugando con el término «significativo» y que este término, empleado para designar ciertas unidades, no debe hacer olvidar que éstas tienen «doble cara», que tienen una forma y un sentido, y que damos aquí, arbitrariamente, preferencia al sentido sobre la forma. Pero esto sería olvidar que la función del monema es estrictamente significativa; sólo nos importa su significado, ya que, dejando aparte accidentes homonímicos, son las unidades distintivas las que aseguran su identidad formal.

Hemos visto más arriba las variadísimas condiciones en que deja de ejercerse la función *distintiva* de una oposición. Debemos determinar, aquí, en qué condiciones deja de ejercerse la función *significativa* de una oposición. Pensamos, en primer lugar, en el caso en que, en combinación con ciertas unidades significativas, el significante de un monema recibe la misma forma que el de otro monema: cuando, por ejemplo, combinado con el signo latino que designa al ser humano *(homo, homin-)* y el monema de plural, el significante del dativo, en *-ibus*, no se distingue del significante del ablativo. Ya que no hay manera, en este caso, de distinguir formalmente los dos monemas, ¿no puede suponerse que esto impedirá que se ejerza la función significativa? Si oigo decir: *je cherche un homme qui travaille...* («busco un hombre que trabaje» o «...que trabaja»), como, en combinación con *travailler* y la tercera persona del singular, no hay distinción formal entre el monema indicativo y el monema subjuntivo, no puedo saber si se trata de un hombre que trabaja efectivamente en el momento en que se está hablando, o de alguien que se prestaría a trabajar. Sin embargo, no hay que olvidar que el funcionamiento del lenguaje supone, por lo menos, dos interlocutores, un hablante y un oyente. En el caso que acabamos de considerar, el oyente puede estar en la incertidumbre, pero el hablante sabe perfectamente si ha empleado el indicativo o el subjuntivo. La prueba está en que, si el oyente le expresa su incertidumbre, eliminará la ambigüedad añadiendo «en este momento» o empleando un auxiliar como *veuille* («quiera») o *puisse* («pueda») en los que se manifieste el monema subjuntivo. Si no intervienen el contexto y la situación, como ocurre la mayoría de las veces en un caso de este tipo, habrá un fallo en la comunicación. Es aquí, sin duda, donde conviene distinguir entre «funcionamiento» y «función»: la homonimia parcial conducirá a un funcionamiento defectuoso, sin que esto afecte a la función distintiva de la oposición. El oyente, tanto como el hablante, sabe perfectamente que *travaille*, en *je cherche un homme qui travaille*, implica, bien un indicativo, bien un subjuntivo, y en ningún caso, una unidad lingüística que cubra a ambos. En otros términos, en el contexto considerado, siempre existe una posibilidad de elección entre uno y otro modo, y sería un error hablar, en este caso, de neutralización. Existe, por lo demás, una designación tradicional para las homonimias parciales del tipo aquí considerado, la de sincretismo. Se da sincretismo de las formas de dativo y ablativo latinos en combinación con el plural; se da sincretismo de las formas del nominativo y el acusativo latinos en todos los nombres llamados neutros; se da, en francés, sincretismo de las formas de subjuntivo e indicativo en el singular y en la tercera persona del plural en los verbos llamados «del primer grupo», salvo rara excepción.

No nos decidimos a describir el sincretismo como un accidente, ya que este término podría sugerir que no afecta a la estructura de la lengua. Se trata de un rasgo estable de su morfología. Diremos, más bien, que representa una deficiencia que, aunque no lleve a la confusión sino sólo excepcionalmente, complica el funcionamiento de la lengua, debido a la redundancia natural del lenguaje humano. Ciertamente, hay que establecer una relación entre la frecuencia de los sincretismos en la morfología nominal del latín y su posterior caída, frente a la estabilidad de un sistema de conjugación en el que las confusiones formales eran mucho más limitadas.

Importa poco, en sincronía, el origen del sincretismo. El del dativo y el ablativo latinos conjuga el resultado de evoluciones fónicas (por ejemplo, -*ō* proveniente de **-ōi* y de **-ōd*) y de extensiones analógicas. La confusión formal entre el nominativo y el acusativo neutros no hace, sin duda, sino reflejar una indiferenciación más antigua entre los sustantivos que sólo mantenían, con respecto al verbo, una relación de primer determinante, sin funcionar jamás como agente con desinencia -*s* (*mare vīdet* «visión del mar» «[él] ve el mar», *mare patet* «evidencia del mar» «el mar está ahí», frente a *lupus videt* «visión por parte del lobo» «el lobo ve», por ejemplo, «el mar»)[3]. No es necesario mencionar que, a pesar de los ejemplos latinos, la indiferenciación ha de postularse en estados de lengua mucho más antiguos y sin atestiguar. Lo único que cuenta es el hecho de que el significante del monema no permita ya ser identificado por sí mismo, sin que esto afecte a su identidad, ni para el hablante, ni para el oyente. Éste, que sabe perfectamente que un dativo es *siempre* diferente de un ablativo, al encontrarse frente a un -*o* o un -*ibus* ambiguo, ha de buscar en el contexto o la situación elementos que le permitan la identificación del monema en cuestión.

Una homonimia parcial no ha de considerarse, por tanto, nunca como neutralización. Tampoco, por supuesto, ha de considerarse necesariamente como un sincretismo: en francés, el monema «*aller*» (ir) presenta, en combinación con el monema «futuro», el significante [i] formalmente idéntico al del adverbio de lugar *y*, pero no puede hablarse, en este caso, de sincretismo. Si este término ha de responder a una necesidad, conviene, por supuesto, reservarlo para los casos en los que una parte, al menos, de los contextos donde figuran las dos formas idénticas sea la misma, es decir, presente los mismos signos

---

[3] Cf. André Martinet, «Linguistique structurale et grammaire comparée», *TIL*, 1 (1956), pág. 16.

(los mismos significantes y los mismos significados): vale la pena señalar la identidad formal del indicativo y del subjuntivo en ciertos casos, ya que el monema indicativo y el monema subjuntivo se combinan con los mismos monemas de una misma clase llamada verbal y son, en estas combinaciones, mutuamente exclusivos. Volveremos a encontrar más adelante el mismo tipo de condicionamiento en lo que designaremos como neutralización, lo que contribuye a explicar la dificultad que experimentan ciertas personas para entender claramente la diferencia entre sincretismo y neutralización. Hjelmslev siempre los ha confundido bajo el término de sincretismo [4], empleado seguramente, con preferencia al de neutralización, para marcar sus diferencias con respecto a la fonología de Praga.

Frente al sincretismo y la indiferenciación formal que éste implica, existen casos en que la función significativa de una oposición deja de ejercerse al dejar de tener sentido, en un determinado contexto significativo, la elección entre los dos términos de la oposición. Cabría que intentásemos interpretar esta última formulación de manera restrictiva, precisando que en posición de neutralización pueden encontrarse indiferentemente ambos términos, sin que la presencia de uno o de otro afecte en nada al sentido del mensaje. Esto recuerda ciertos casos de neutralización fonológica en los que se escuchan realizaciones variables que recuerdan tanto a un fonema como a otro. En alemán, por ejemplo, donde la oposición entre /s/ y /z/ se ve neutralizada en posición inicial, se dan usos en los que, en esta misma posición, parece escucharse indiferentemente [s] o [z]. Pero al profundizar en la observación, las situaciones de este tipo se revelan, si no excepcionales, sí, al menos, difíciles de identificar con seguridad, tanto en el plano de los fonemas como en el de las unidades significativas. La elección de una u otra de las posibles formas está casi siempre determinada, en fonología, por los pormenores del contexto, o incluso, por el nivel del estilo adoptado: en el alemán que se

---

[4] Cf. «Notes sur les oppositions supprimables», *TCLP*, 8 (Praga, 1939), págs. 51-57, en particular, págs. 54-55.

habla en el sur, la aparición de [z-] en lugar de [s-] podrá
estar determinada por la naturaleza fónica de lo que preceda
en el discurso, o por el deseo, consciente o inconsciente, de imitar a personas, socialmente superiores, que sólo admitan la
[z-] inicial. En lo referente a los monemas, siempre podrá ar-
gumentarse que el empleo de ambas formas no es semánticamente indiferente: después de *il n'est pas vrai que* (no es cierto
que) tendremos tanto el indicativo como el subjuntivo, pero
cada cual intentará encontrar una diferencia de sentido entre
il n'est pas vrai qu'il est un imbécile e *il n'est pas vrai qu'il
soit un imbécile* (no es cierto que sea un imbécil), y ¿cómo ne-
garlo de forma absoluta? En los casos en que, decididamente,
no pueda establecerse una diferencia de sentido, generalmente
se podrá hacer valer una diferencia de estilo: *c'est eux qui
l'ont vu, ce sont eux qui l'ont vu* (son ellos los que lo han visto), es decir, que no existe la indiferenciación total [5].

Para justificar, en el caso de las unidades significativas, el
empleo del concepto de neutralización buscando el paralelismo
con el de los fonemas, no adelantaremos mucho con una interpretación restrictiva de la fórmula «la elección entre uno y
otro término deja de tener sentido». Es necesario, como en
fonología, hacer abstracción de la manera en que se realiza la
unidad indiferenciada —¿cabrá decir el archimonema?— en posición de neutralización. Pero, aun cuando hagamos abstracción de ella, es necesario pasar revista, como hicimos más arriba con respecto a la fonología, a los diferentes tipos de neutralización, buscando, en el plano de las unidades significativas,

---

[5] Encontraremos más adelante, sin embargo, en el texto de este mismo artículo, el enunciado siguiente: *il faut... qu'elles aient une base com-
mune qu'elles sont les seules à présenter* (es necesario... que tengan una
base común que *son* las únicas en presentar), donde el autor ha utilizado
el indicativo en la última oración, pero donde la atracción del subjuntivo
que precede, o si se quiere, el hecho de que la tercera oración implique
el mismo tipo de limitación que la segunda, parece autorizar el empleo de
la forma subjuntiva. Pero, en realidad, todo el efecto de sentido se encuentra en *il faut*. Hay neutralización, por tanto, en la tercera oración,
al igual que en la segunda, en la que la elección del subjuntivo es forzosa,
pero con libertad de elegir la forma.

los equivalentes de las situaciones señaladas en el de las unidades distintivas.

Consideraremos, primero, el caso en el que, en una determinada posición de neutralización, solamente esté atestiguada la forma de una de las unidades en cuestión. Así, después de *il faut que* (es necesario que), sólo encontramos las formas de subjuntivo: *il faut que je fasse* (es necesario que yo haga). Tradicionalmente, se llama «subjuntivo» a estas formas de subjuntivo, estimando que en ellas se encuentran, no solamente la forma *(fasse* en lugar de *fais)*, sino también el sentido del subjuntivo. Sin embargo, esto es una ilusión: *que je fasse*, detrás de *il faut*, no tiene ningún valor modal definido que no esté ya implicado por *il faut*. Sólo existe sentido cuando hay elección por parte del hablante, y la elección, en materia modal, está limitada aquí a las formas en *fass-* que permiten la expresión del sujeto, o al infinitivo que no la permite. Entre *il faut que je fasse* (es necesario que yo haga) e *il faut faire* (es necesario hacer), la única diferencia es la aportada por el pronombre sujeto de primera persona, en *que je fasse*. Dejando a un lado los matices estilísticos referentes al carácter literario del primer enunciado, no existe ninguna diferencia de sentido entre *il me faut faire* (me es necesario hacer) e *il faut que je fasse*. La utilización del concepto de neutralización permite aquí la localización exacta, en *il faut*, de lo que podríamos llamar el rasgo distintivo de la «subjuntividad», si se prueba que exista sincrónicamente una base común al efecto de sentido contenido en *il faut que je fasse* y al que se desprende del subjuntivo en los contextos en los que se opone al indicativo.

La segunda posibilidad, ya discutida más arriba, es la de un empleo indiferenciado de ambas formas en posición de neutralización, y que podría ilustrarse por medio de *il n'est pas vrai qu'il est, il n'est pas vrai qu'il soit* (no es cierto que sea).

La tercera posibilidad a tener en cuenta es aquella en la que encontraríamos, en posición de neutralización, una forma diferente a la de las dos unidades en oposición. En el plano fonológico, esto corresponde a una realización intermedia entre las de los dos fonemas en oposición. Pero aquí la noción de forma intermedia apenas tiene sentido, ya que la forma de los significantes en cuestión interesa sólo globalmente, es decir, en cuanto apta para identificar, por ejemplo, el segmento del enunciado como un indicativo o un subjuntivo. Poco importa que el subjuntivo esté indicado como tal simplemente por la -i- de *nous donnions* o por la conjunción de *i*- y una modificación del radical verbal en *nous fassions;* sigue siendo identificable en los dos casos. En fonología, se reconoce una realización intermedia como tal mediante variaciones no discretas, lo cual da un sentido al término «intermedio». Aquí la forma consiste en una sucesión de unidades discretas que ejercen individualmente su función distintiva; un fonema diferente dentro de una secuencia hace, de un significante, otro totalmente distinto: no puede decirse que *chameau* /šamo/ sea «intermedio» entre *chapeau* /šapo/ y *rameau* /ramo/.

Al quedar sólo la posibilidad de una forma diferente de las atestiguadas allí donde se da la oposición, cabría imaginar, sin duda, una situación en la que, dentro de un contexto determinado, no estuvieran atestiguadas ni las formas características de un monema A, ni las de un monema B, sino otras formas que únicamente parecieran tener como sentido lo que podríamos llamar base común de A y B. Encontraremos, más abajo, un caso en el que, en la medida en que pueda hablarse de neutralización, es así como se presenta el aspecto formal del problema.

Para completar el paralelismo con las situaciones atestiguadas en fonología, quedan por considerar, por un lado, los casos en que, en diferentes posiciones de neutralización, la única forma observada es, según la situación, bien la de una de las dos unidades, o bien la de la otra, y por otro lado, los casos en que la manera de realizarse la neutralización varíe según los hablantes. La oposición del indicativo y del subjuntivo en francés nos proporciona de nuevo los ejemplos necesarios: en ciertos contextos, y especialmente, después de *il est certain que* (es seguro que), donde no se podría elegir entre subjuntivo e indicativo, la forma atestiguada es la del indicativo; en otros contextos, y sobre todo, después de *il faut que* (es necesario que), donde también hay neutralización, la forma atestiguada es la del subjuntivo. Detrás de *il semble que*, un sujeto (yo mismo) neutraliza empleando únicamente la forma del subjuntivo; otro sujeto (Jean Porte[6]) neutraliza empleando indiferentemente las formas de ambos modos.

En resumen, la neutralización, en el terreno que aquí nos interesa, parece realizarse, a grandes rasgos, reteniendo, en un contexto determinado, la forma de uno de los miembros de la oposición con exclusión de la otra y de una forma diferente a ambas.

Hemos visto que, para poder hablar de neutralización en fonología, es necesario que las unidades estén en relación exclusiva, es decir, que tengan una base común que sólo ellas presenten. Esta base común se expresa en términos de rasgos distintivos. Siempre es útil recordar que base común y, por consiguiente, neutralización no se limitan a las parejas de fonemas: en español, los fonemas /m/, /n/ y /ñ/, cuya base común es el rasgo de nasalidad, ven sus oposiciones neutralizadas en final de sílaba. ¿Cuál será, en el plano que aquí nos interesa, la base común, y cuáles, los rasgos significativos que la componen? En fonología, la base común se establece por oposición con los otros fonemas que pueden aparecer en el mismo contexto: la base común que caracteriza al archifonema /t-d/ en ruso resulta de las oposiciones con /n/, con /t'/ y /d'/, con /p/, /b/, /k/, /g/, etc., que nos proporcionan los rasgos no nasal, duro y apical comunes a /t-d/ y que son los únicos que se presentan juntos. En cuanto a los monemas, la situación es muy diferente, primero, porque no disponemos de una técnica universalmente admitida para identificar los rasgos significativos, y además, porque, si bien los fonemas ejercen su función distintiva en un contexto muy determinado, no ocurre, en cambio, lo mismo con la función significativa de los monemas: un monema dativo ejercerá su función significativa sea cual sea el contexto en que aparezca dentro de una oración: *à l'homme, il a donné l'argent; il a donné l'argent à l'homme*, etc. Así, no puede decirse que el

---

6 Cf. *TIL*, 2, pág. 95.

dativo se *oponga* al acusativo, ya que en el marco (la oración) en que funcionan, ambos coexisten sin dificultad, como lo demuestra el ejemplo precedente. Por tanto, no existe *oposición* entre dativo y acusativo, y sería imposible plantear la posibilidad de una neutralización, ya que ésta implica que una oposición ya no se ejerza. Para poder hablar de neutralización de una oposición significativa, es indispensable que exista realmente oposición, es decir que, en el marco en que ejercen su función, la presencia de un miembro excluya al otro: en relación con un sustantivo, puede emplearse el monema de singular * o el monema de plural, que se excluyen mutuamente al no poder un sustantivo estar al mismo tiempo «en singular» y «en plural»; también puede hablarse de una neutralización singular-plural, por ejemplo, en el elemento *batalla* del sintema *campo de batalla* [7]**, y en el elemento *caballo* de *policía a caballo*, en donde no se trata de que haya, por un lado, más de una batalla, y por otro, un solo caballo, y en donde la forma, sin embargo, es la del singular en los dos casos; igualmente habrá neutralización en los *pluralia tantum*, como *los funerales, las tinieblas*, en los que la forma es plural. La base común es aquí, naturalmente, la noción de nombre. Ésta no es analizable en rasgos distintivos, como suele ser el caso de los fonemas, y esto, evidentemente, porque el sistema, o dicho de otro modo, la clase de las unidades oponibles se reduce aquí a los dos términos en cuestión y porque no hay otras oposiciones que permitan un análisis de la base común. Observemos, además, que, en el cuadro de un sistema de unidades mucho más numeroso, las nasales del español tienen, igualmente, una base inanalizable, la nasalidad.

Aquí, como en fonología, la determinación de la base común puede resultar una operación delicada de discutible resultado. Hemos operado más arriba como si, en francés, el indicativo y el subjuntivo estuvieran, sin lugar a dudas, en relación exclu-

---

[7] El ejemplo es de Eric Buyssens, *TIL*, 2, pág. 33; el ejemplo siguiente quiere indicar que la neutralización es válida para el uso hablado de la lengua.

siva. Pero no es fácil extraer una base común que sólo ellos presenten: si bien pueden descartarse los modos no personales por no aparecer en los mismos contextos que ellos, la existencia del imperativo y del condicional complica bastante la situación. Deberíamos, quizá, decir que detrás de _il faut que_ se neutralizan todas las oposiciones entre modos personales, y que si el condicional ha de ser, finalmente, considerado como un modo equivalente al indicativo y al subjuntivo, la ausencia de éste detrás de _il est certain que_ no podría ya ser interpretada como neutralización.

El deseo de extender el concepto de neutralización al campo de las unidades significativas tropieza, a veces, con el hecho de que a menudo surgen dudas en la segmentación del enunciado en monemas. La primera cuestión está en saber si se trata, en ciertos casos, de la oposición de dos monemas, o de un monema y cero. Anteriormente hemos operado con un monema indicativo y un monema subjuntivo, pero sería lícito oponer un monema modal subjuntivo a la ausencia de modo, como igualmente puede perfectamente establecerse que el «presente» francés sea, en realidad, una ausencia de tiempo, de manera que en _je donne ~ je donnerai_, tengamos en el primer miembro, formal y semánticamente, el monema pronominal y el monema verbal, con exclusión de cualquier otra unidad significativa. Sin embargo, las posibles vacilaciones en esta materia afectan a las formulaciones, sin poner en cuestión la posibilidad de establecer una neutralización. Decir que el monema indicativo no existe es equivalente a establecerlo como base modal común.

Menos fácil es salir de apuros ante la pregunta: ¿uno o dos monemas? Por ejemplo, en _nous donnons_, ¿debemos hablar de un monema único /nu...õ/ designado arbitrariamente como «primera persona de plural», o debemos identificar dos monemas, uno de primera persona y otro de plural, cuando la forma no incita en absoluto al análisis (algo más, de todos modos, en _nous avons_ /nuz...õ/ donde la _liaison_ en /z/ sugiere un plural) y _nous_ no corresponde sino muy excepcionalmente a una pluralidad de _je_? En el sistema verbal del francés, se hace distinción entre dos pasados, representados en la lengua hablada por el imperfecto, *je donnais* y el llamado *passé composé, j'ai donné*. Mientras el análisis de la forma /dònè/ no parece revestir apenas dificultad, debemos renunciar a toda segmentación formal en el caso de *ai donné* /edòné/, si deseamos permanecer en el plano de la sincronía, y considerar el conjunto como la amalgama de un cierto número de monemas. Reconocemos fácilmente el monema *donner* común a las dos formas en cuestión. También podemos reconocer, por ambas partes, un monema «pasado» cuyo significante estaría amalgamado, en el /è/ de *donnais*, al de un monema «imperfecto», y confundido, en /edòné/, con un monema «no imperfecto». Esto significaría reconocer la existencia en francés, al lado de los tiempos, de dos aspectos verbales. Tiempos y aspectos representarían dos clases diferenciadas, y en modo alguno, unidades mutuamente exclusivas. En estas condiciones, podríamos comprobar que la oposición imperfecto ~ no imperfecto se neutraliza en los contextos que incluyen el monema presente y el monema futuro. Nótese, por ejemplo, la indiferenciación en *mon père travaille; je n'entre pas* (mi padre trabaja; no entro) y la diferenciación en *mon père travaillait; je ne suis pas entré*[8] (mi padre trabajaba; yo no entré). Éste sería un buen ejemplo de neutralización cuyo producto tendría una forma (cero) diferente de la que se manifiesta en las amalgamas /-è/ y /edòné/ cuando la oposición de aspecto no está neutralizada. La base común sería, desde luego, la noción de aspecto común a «imperfecto» y «no imperfecto».

Sin embargo, nada nos impide operar, tal como se hace tradicionalmente, con dos monemas «imperfecto» y «*passé composé*», que forman parte, ambos, de la clase de los tiempos, igual que el presente y el futuro. En este caso, ya no puede tratarse de neutralización.

Todo esto significa que las dificultades que se plantean al delimitar, y en general, al identificar los significantes de monemas conducen a no saber si un aspecto significativo, en este caso «pasado», debe atribuirse al contexto (primera solución) o considerarse como no pertinente en sí mismo (segunda solu-

---

8 El ejemplo es, nuevamente, de Eric Buyssens, *ibid.*, pág. 34.

ción). Aunque, a veces, puede plantearse, en el plano de las unidades distintivas, el problema de saber qué debe considerarse como concomitante, es decir, como un solo fonema, y qué como sucesivo, es decir, como una serie de fonemas, el problema es mucho más complejo en materia de monemas, donde la frecuencia de la amalgama de los significantes y la dificultad de delimitar rasgos significativos hace aparecer como un poco ilusorio cualquier criterio basado en la concomitancia y deja la puerta abierta a análisis muy divergentes. En el plano fonológico, distinguimos fácilmente entre la neutralización, donde la responsabilidad recae sobre el entorno del fonema, y los casos en que, dentro de un fonema, la presencia de un rasgo distintivo convierte en inoperante una distinción que en las demás posiciones, dentro de la lengua, sirve para distinguir entre sí a los fonemas; así, por ejemplo, cuando la presencia, en la /n/ del francés, del rasgo de nasalidad invalida la oposición sorda ~ sonora, tan ampliamente aprovechada en el resto del sistema consonántico[9]. En el campo de las unidades significativas, nada impediría que un rasgo se considerase susceptible de tener sobre sus elementos vecinos la misma influencia que un monema independiente que proporcionase el contexto responsable de la neutralización. Conviene, sin embargo, poner de manifiesto que, en el léxico, hay unidades con rasgos significativos diferenciados, pero que de ningún modo pueden analizarse en monemas de los cuales uno proporcionase el contexto responsable de una neutralización en la que el otro estuviera implicado. El inglés nos ofrece un buen ejemplo de un caso en que podría ser tentador invocar la neutralización, pero donde la noción de amalgama, justificada en sintaxis, pero no en sintemática[10]***, no permitiría el establecimiento de un contexto neutralizante. Se trata del trío *dog*, *bitch* y *puppy*[11], respectivamente, «perro», «perra»

---

[9] Es el ejemplo que ha utilizado Martín S. Ruipérez; cf. *TIL*, 2, páginas 9-10.

[10] Cf. «Sintagma y sintemas», *La linguistique*, 2 (1967), pág. 11; y «Composición, derivación y monemas», en la *Marchand Festschrift* (en preparación), págs. 144-145.

[11] El ejemplo es de H. R. Robins, *TIL*, 2, pág. 112.

y «cachorro», pero sin el parentesco etimológico que podría incitar, en francés, a un análisis de las formas. Lo que puede comprobarse en *dog, bitch* y *puppy* es que el hecho de añadir a «perro» el rasgo «joven» elimina la posibilidad de añadir el rasgo «macho» o el rasgo «hembra». Si «joven» pudiera ser interpretado como contexto, habría, en este contexto, neutralización de la oposición de sexo. De hecho, el considerar «joven» como contexto parece tener tan poca justificación como interpretar «nasalidad» en el mismo sentido, en el caso de la /n/ francesa, según veíamos más arriba.

En el plano de los elementos gramaticales, encontramos, en francés, un caso en el que cabría hablar de neutralización, pero en el que la imposibilidad total de extraer un contexto neutralizante descarta absolutamente cualquier utilización de esta noción. Se trata del pronombre *on*, en el que todos los rasgos que distinguen a los pronombres personales sujeto se encuentran eliminados. Podemos decir legítimamente que *on* es la base común de estos pronombres, pero como *on* se emplea en todos los contextos donde aparecen los otros pronombres, no podríamos determinar las particulares condiciones contextuales indispensables para poder hablar de neutralización. En consecuencia, queda aquí excluido el empleo de esta noción.

Como conclusión de este largo examen, podemos legítimamente plantearnos la conveniencia de utilizar, en el plano de los monemas, la noción de neutralización, con el mismo rigor, sobre el que hay que insistir, que cuando se trata de unidades distintivas. Hay casos inconfundibles en los que el paralelismo es lo suficientemente claro como para justificar la extensión del término. Pero si a menudo es difícil convencer, a los que lo escuchan, de que el sonido [t] final de una palabra rusa no es el fonema /t/, seguramente será imposible hacer admitir que la forma *fasse*, en *il faut qu'il fasse* (es necesario que él haga), no debe designarse como un subjuntivo. Evidentemente, es mucho más simple y «natural» decir que *il faut que* «se construye con subjuntivo» que presentarlo como un contexto neutralizante. En este tema, lo más importante a recordar, es que la forma *fasse* no aporta aquí nada en el plano modal que no esté expresado por *il faut*. En casos de este tipo será más simple, y probablemente, más provechoso que afirmar que no se trata de un subjuntivo, mostrar que el subjuntivo no es objeto de elección.

De todos modos, aun teniendo ciertos escrúpulos al recomendar un empleo extensivo y riguroso del concepto de neutralización en materia de unidades significativas, no dudaremos en hacer, de la distinción entre sincretismo y neutralización, una piedra angular del análisis lingüístico. El sincretismo pertenece totalmente al campo de la morfología definida como estudio de la variación de los significantes. La neutralización, tal y como la hemos identificado en las páginas precedentes, pertenece por entero a la sintaxis ****.

II. EL LUGAR DE LA SINTAXIS EN LA GRAMÁTICA

6. VISIÓN FUNCIONAL DE LA GRAMÁTICA

El hecho de que las lenguas sean diferentes no es un accidente deplorable, sino sintomático de la naturaleza del lenguaje. Éste es, justamente, otro modo de presentar la teoría de Saussure en relación con la naturaleza arbitraria del signo y su concepción de las unidades lingüísticas como valores. Existe actualmente una tendencia muy extendida entre los lingüistas, si no a rechazar explícitamente la visión de Saussure, sí, por lo menos, a pasar por alto sus implicaciones. La preocupación actual por los llamados «universales del lenguaje» es exponente de una tendencia a concebir las lenguas como desviaciones menores de un arquetipo. En vista de la evidente unidad del género humano, es, sin duda, de esperar que las diferentes lenguas tengan muchos rasgos en común, precisamente aquellos que hacen de todas ellas objetos que estamos de acuerdo en llamar lenguas. Pero, hasta el momento, no se ha probado que la divergencia lingüística esté restringida por algún molde específico inherente al hombre e independiente de su constitución psicológica y fisiológica general. Sigue siendo más seguro considerar el lenguaje, no como una de las facultades humanas, sino como una institución que implica el ejercicio de las más diversas facultades.

Nuestros esfuerzos por lograr la solución de los problemas relacionados con la traducción de una lengua a otra no deberían interferirse en nuestros intentos de comprender e identificar los fenómenos lingüísticos.

La traducción ha sido considerada, sólo recientemente, como una actividad digna de la atención de los especialistas en lingüística. En realidad, todo empezó con la traducción mecánica. Desde el momento en que algunos lingüistas consiguieron convencer a altos funcionarios gubernamentales de que la traducción mecánica era una meta accesible, sumas considerables fueron puestas a disposición de especialistas en traducción mecánica, convirtiéndose esta rama de la investigación en algo particularmente atractivo. Se descubrió que la tarea se vería facilitada considerablemente, de poderse encontrar algún denominador común para la lengua de origen y la lengua a la que se deseaba traducir, o mejor aún, para todas las lenguas en juego. Esta noción arraigó más fácilmente al estar, en principio, las lenguas en cuestión, por ejemplo, el inglés y el ruso, genéticamente relacionadas y haber sido usadas durante siglos por gentes pertenecientes a la misma zona cultural. Se ha olvidado a menudo que la traducción solamente tiene sentido en caso de que las dos lenguas implicadas pertenezcan a dos grupos con amplios intereses comunes. En otras palabras, la traducción presupone una comunidad cultural que vincule a las dos comunidades lingüísticas diferentes. Esta noción de denominador común resultó muy perjudicial para una concepción clara de la naturaleza del lenguaje, desde el momento en que fue capaz de hacer olvidar a la gente que la traducción implica siempre alguna desviación: *traduttore, traditore,* y una precisión tan perfecta en cuestiones de este tipo puede conseguirse solamente cuando se maneja con cuidado un vocabulario científico predefinido. Por lo demás, la preocupación casi exclusiva de la traducción mecánica por los textos escritos sirvió para hacer olvidar a muchos la naturaleza vocal primaria del lenguaje, así como la importancia de los sistemas fonológicos de cara a comprender la realidad lingüística.

Una vez decidido lo que queremos encontrar en un objeto antes de llamarlo lengua, o mejor, cuando hemos dado una definición de la frase «una lengua», debemos esperar de cualquier lengua todo lo que entre dentro del marco de nuestra definición.

Esto no significa que realmente vayamos a encontrar, en la próxima lengua que decidamos estudiar o describir, algo totalmente diferente de lo encontrado en las lenguas descritas hasta el momento, aunque perfectamente compatible con nuestra definición, por ejemplo, para cada enunciado, un grupo central necesariamente formado de tres unidades: un núcleo y dos determinantes. Lo que implica nuestra afirmación es que debemos mantener nuestras mentes abiertas a cualquier cambio inesperado, para no caer nunca en la equivocación de forzar una lengua o cualquier parte de ésta dentro de un molde preconcebido. La historia de la fonología de Praga proporciona varios casos de leyes generales de incompatibilidad, como la que sostiene que la cantidad vocálica distintiva y la posición distintiva del acento no pueden coexistir en la misma lengua. Esta idea hubo de ser abandonada cuando nuevas lenguas o dialectos fueron descritos con precisión.

Una definición que insistiera en el hecho de que una lengua es, ante todo, un instrumento de comunicación que permite al hombre analizar su experiencia en elementos (monemas), cada uno de los cuales dispone de una manifestación vocal, analizable, a su vez, en una sucesión de segmentos distintivos (fonemas), sería unánimemente aceptada.

Esto no quiere decir que el lenguaje y las lenguas no ayuden a satisfacer otras necesidades además de la comunicación, sino que el lenguaje humano está formado básicamente por y para la comunicación.

Tampoco significa esto que la lengua no pueda hacer uso de otros artificios aparte de los monemas, tales como la posición respectiva de los monemas en la cadena. Pero queda implícita la posibilidad de imaginar una lengua donde la posición respectiva fuera no pertinente, mientras que no podría imaginarse una posición respectiva pertinente sin la existencia de monemas.

Finalmente, esto no significa que las manifestaciones vocales de los monemas no puedan implicar el uso de elementos distintivos no segmentales (tonos), sino que éstos no existen sin un determinado sustrato fonemático, ya que muchas lenguas no hacen uso de los tonos.

El hecho de que no se mencione la entonación en nuestra definición no es producto de una negligencia: «vocal» se refiere a las vibraciones de la glotis, lo que implica necesariamente la melodía del discurso. En consecuencia, la entonación ha de estar forzosamente incluida, y mencionarlo específicamente supondría una redundancia.

Los segmentos distintivos de una lengua determinada corresponden a un número definido de hábitos articulatorios cuyo funcionamiento no se ve afectado, en principio, por la naturaleza semántica del mensaje en el que aparecen.

Esto resume lo que debería retenerse de las viejas enseñanzas referentes a las «leyes fonéticas» regulares. Existen, sin duda, excepciones a la regla que afirma que el funcionamiento de los monemas no se ve afectado por el significado, así, por ejemplo, en el caso de la geminación y el alargamiento expresivos. De aquí nuestro restrictivo «en principio». Pero pertenecen al tipo de excepciones que confirman la regla. Las desviaciones expresivas seguirán siendo desviaciones, y por tanto, marginales, mientras no puedan ser igualadas con algún patrón fonológico regular dentro de la lengua.

Como consecuencia de lo anterior, los fonemas forman un sistema cerrado que merece ser examinado en sí mismo, independientemente de los usos particulares que se le puedan dar.

En otros términos, la existencia de una disciplina formal, llamada indistintamente fonología o fonemática, está perfectamente justificada; y ha de mantenerse una distinción tajante entre la fonología, que incluye el examen y clasificación de las variaciones fónicas determinadas por el contexto fónico, y la llamada morfofonología o morfofonémica, que, se supone, se ocupa de las variaciones fónicas (o mejor dicho, fonemáticas y prosódicas) parcial o totalmente determinadas por el contexto gramatical o léxico. Como veremos, el estudio de éstas pertenece a lo que ha sido llamado tradicionalmente morfología. Que la consideración de las alternancias morfológicas deba intervenir o no en el establecimiento de nuevos sistemas ortográficos, y que, por ejemplo, una grafía unitaria única *p, o, d* de una preposición rusa que, según el contexto, suena [pɔt], [pɔd], [pat],

[pad], [pət], [pəd] se prefiera o no a varias versiones fonológicas diferentes, es un problema práctico que no se debe interferir en la teoría lingüística.

La manifestación vocal de un monema determinado se construye, normalmente, con la misma sucesión de segmentos distintivos, aparezca donde aparezca. Pero podría ocurrir que variara de un contexto a otro. Estas variaciones constituyen el objeto de la morfología.

La morfología se ha definido tradicionalmente como el estudio de las variaciones formales de las palabras. Ahora bien, nunca se ha dado una definición satisfactoria de «palabra». Por «satisfactoria» entendemos, que se acomode, inequívocamente, al uso normal y, al mismo tiempo, se base en conceptos lingüísticos bien definidos. Partiendo del estado actual de la traducción mecánica, podemos indudablemente definir la palabra como un segmento de un texto escrito, situado entre dos espacios en blanco. No deberíamos olvidar que, en el habla diaria y de acuerdo con la práctica de la traducción mecánica, «palabra» designa cosas tan dispares lingüísticamente como el artículo *el*, la preposición *con*, un compuesto como el ing. *hedgehog* (puerco espín), un derivado como *extensible*, un complejo como *multiplicación*, un radical con sufijos variables como el lat. *dominus* o *agricola*, etc. Por lo tanto, será preferible operar con nuestras unidades mínimas, los monemas, convirtiéndose la morfología, naturalmente, en el estudio de las variaciones formales de los monemas.

La morfología no se limita a los elementos gramaticales, ya que los elementos léxicos *(ir, fue, ido)* son capaces de adoptar variaciones formales, del mismo modo que los elementos gramaticales (casos del latín, por ejemplo). El registro de unidades gramaticales no es una parte legítima de la morfología. De acuerdo con la mejor práctica tradicional, sólo deberán mencionarse en la morfología aquellos monemas cuya forma sea susceptible de cambio de una combinación a otra.

El aprendizaje de las variaciones es una necesidad para cualquiera que desee hablar la lengua aceptablemente. Pero debe quedar claro que, para todos los usuarios, éstas constituyen un inconveniente impuesto por la tradición, más que una ventaja.

Memorizar la morfología del latín parecía una temible tarea a los europeos occidentales que hubieron de aprender esta lengua, y sin duda, mucha gente estaba convencida de que la morfología, al ser la clave de la lengua, era la parte más central y esencial de ésta. Además, para los que pensaban (debería decir «piensan») que una lengua es un conjunto de designaciones específicas ligadas a objetos y nociones existentes universalmente, las lenguas sólo podían diferir en cuestiones morfológicas. De aquí la preocupación exclusiva por los rasgos morfológicos de los tipologistas del siglo xix. Probablemente es más importante determinar qué monemas existen en una lengua y cómo pueden estos monemas combinarse, que insistir en hablar de los accidentes formales resultantes de las combinaciones.

La necesidad de un estudio morfológico viene determinado por la existencia, en la lengua considerada, de variaciones formales de monemas, llamadas frecuentemente «alomorfos». La conservación de alomorfos en una lengua determinada resulta de la presión de la tradición. Hasta los cuatro o cinco años, los niños no parecen aprender monemas, sino alomorfos, uno por uno. Según se van desarrollando sus posibilidades intelectuales, empiezan a sentir la identidad del monema más allá de la diversidad formal de los alomorfos. Desde ese momento, tienen tendencia a eliminar las variaciones alomórficas, a menos que las formas hayan sido escuchadas tan frecuentemente que ya estén, para entonces, firmemente establecidas. En francés, las variaciones formales que distinguen la primera persona de la segunda y la tercera se conserva sólo en el presente de indicativo de *être* (ser), *avoir* (haber, tener), *aller* (ir) y en el futuro. Todos los niños franceses, alrededor de los cinco años, y más adelante, se encuentran con grandes dificultades para aprender a decir *je vais*, en lugar de *je vas*, *je donnerai*, en lugar de *je donneras;* los niños muy inteligentes que aprenden a operar mediante analogía a una edad anormalmente temprana tienen dificultades con los muy frecuentes *je suis* (yo soy) y *j'ai* (yo he, yo tengo), en lugar de los cuales usan *j'es* y *j'as.* Funcionalmente, las variaciones morfológicas constituyen un hándicap impuesto por la tradición a los hablantes de una lengua.

Para comprender cómo funciona una lengua sincrónicamente, es necesario ocuparse de la morfología de una vez por todas, y después concentrarse en la sintaxis, i.e., en cómo se combinan los monemas, sin prestar ya ninguna atención a los accidentes formales resultantes de las combinaciones.

El primer paso, en sintaxis, es determinar de qué forma el oyente será capaz de reconstruir la unidad del mensaje a partir de la sucesión de monemas que se le ofrecen.

Las conclusiones extraídas de nuestra definición del lenguaje, reforzadas por los datos acumulados por los estudiosos del lenguaje, indican que el oyente opera aquí con tres tipos de indicios: 1. indicios implicados en el significado de los monemas individuales o de los grupos de monemas (fr. *hier* «ayer», ingl. *last night* «anoche», ambos indicando «el momento durante el cual...»); 2. indicios derivados de las posiciones respectivas de los monemas en la cadena hablada (ingl. *root hair* «pelo de raíz», *hair root* «raíz de un pelo», *the lion kills the man* «el león mata al hombre», *the man kills the lion* «el hombre mata al león»); 3. indicios proporcionados por monemas que actúan como indicadores de función, tales como preposiciones, desinencias de caso y similares. Es probable que todas las lenguas hagan uso de los tres tipos de indicios. Pero algunas lenguas muestran una clara predisposición hacia alguno de ellos, y no deberíamos excluir de los límites de las lenguas regulares un instrumento de comunicación que sólo hiciera uso de dos de los tres tipos. El hecho de que no podamos postular, como rasgo lingüístico universal, algo que no esté implicado en nuestra definición, así, por ejemplo, una clase verbal de monemas, no debería impedirnos el tratar de definir tales clases en el plano de la lingüística general, antes de entrar a fondo en una estructura particular. Por ejemplo, el verbo puede definirse, de acuerdo con el uso corriente del término, como un monema que, en sí mismo, puede asumir sólo una función: la función predicativa.

En una lengua determinada, algunas oposiciones distintivas pueden, en contextos fónicos específicos, dejar de funcionar, y se dice de ellas que se neutralizan. Algunas diferencias significativas pueden quedar comprometidas, al caer juntas formas que son diferentes en otros contextos significativos. Éstos son casos de sincretismo. Algunas diferencias significativas pueden dejar de existir en ciertos contextos. Son casos de neutralización.

Las escuelas lingüísticas que han rechazado la noción de neutralización basándose en la fuerza del dicho «*once a phoneme, always a phoneme*» («una vez que ha sido fonema, siempre será fonema»), se han privado a sí mismas de un instrumento precioso. En fonología, no es necesario establecer distinciones adicionales en los casos de neutralización, por lo menos a un nivel teórico, ya que la neutralización siempre implica una situación funcionalmente idéntica, a saber, la inexistencia en un contexto determinado de una distinción atestiguada en otro lugar de la lengua.

Cuando se habla de unidades significativas, hay que distinguir entre confusión formal e indiscriminación semántica. La confusión formal, i.e., la homonimia en ciertos contextos, así, por ejemplo, la homonimia del participio pasado y del pretérito, en inglés, bajo la forma -*ed* en combinación con los llamados verbos regulares, opuesta a la distinción formal en *written-wrote, sung- sang,* etc., es considerada como un caso de sincretismo. La indiscriminación semántica, como cuando, en un contexto determinado, no puede establecerse una distinción entre el subjuntivo y el indicativo (lo que ocurre en francés, detrás de *il faut que* «es necesario que»), es un caso de neutralización. En el caso del sincretismo, las unidades formalmente idénticas conservan su identidad semántica: *added* (añadió, añadido) es siempre o un participio pasado, o un pretérito; depende del contexto el mostrar de cuál se trata. En el caso de la neutralización, la forma puede parecer apuntar a una de las unidades neutralizadas: *prenne,* en *il faut que je prenne* (es necesario que yo coja), parece un subjuntivo, pero al no haber sido elegido libremente por el hablante, sino impuesto por el contexto, es funcionalmente nulo. La transformación parece haber sido inventada para explicar los casos de sincretismo que, una vez identificados como tales, no parecen despertar problemas.

La transformación sólo se justifica en tanto que pueda demostrarse su contribución al funcionamiento de la comunicación lingüística en el usuario medio. Falta por probar, por ejemplo, que estos usuarios puedan pasar de la activa a la pasiva sin caer de nuevo en la práctica de su forma no-lingüística.

En otros términos, debería distinguirse entre transformaciones realizadas por el analista para convencerse a sí mismo de la existencia de algún tipo de distinciones, y transformaciones que cualquier usuario medio de la lengua puede practicar al comunicarse lingüísticamente. Antes de aceptarlas como contribución a nuestro conocimiento de la naturaleza del lenguaje, las transformaciones deben identificarse como ingredientes normales de la actividad lingüística. Lo que queremos saber no es cómo un especialista inteligente del lenguaje puede jugar con las formas de su lengua, sino cómo un hablante de inteligencia media y sin especiales dotes lingüísticas es capaz de hacerse comprender.

Está claro que una gramática que no dé la información necesaria para formar todas las combinaciones de monemas gramaticalmente aceptables, es incompleta. Esto se comprendió mucho antes de que nadie mencionara las gramáticas generativas. Los lingüistas cuidadosos nunca han identificado la información que podían extraer de un cuerpo limitado, con una descripción completa del lenguaje. Siempre han tratado de obtener, a partir de sus informadores, no solamente una sucesión de enunciados, sino también reacciones a formas pronunciadas por otros. De este modo, tan ingenuo es confiar enteramente en el juicio del informador como identificar el *corpus* con el lenguaje: la gente no hace necesariamente lo que cree hacer o que los demás hacen. La competencia real ha de determinarse en base a la observación prolongada y esmerada del comportamiento lingüístico real.

En cualquier caso, nuestro objetivo nunca debería consistir en mostrar de qué modo nosotros, como lingüistas, podemos encontrar una presentación inteligente, sencilla o elegante, de todos los hechos relevantes, sino en determinar de qué modo la gente consigue comunicarse lingüísticamente.

7. LA NOCIÓN DE FUNCIÓN EN LINGÜÍSTICA

Todo progreso en la investigación implica necesariamente la creación de nuevos conceptos. A estos nuevos conceptos pueden corresponder nuevas formas o, en lenguaje ordinario, nuevas palabras, compuestas, derivadas o creadas a partir de elementos tomados de las lenguas clásicas. Pero pueden utilizarse igualmente, para cubrir estos nuevos conceptos, formas ya existentes, empleadas con un sentido más o menos próximo, dejando que los contextos precisen en qué acepción debe ser tomada la palabra. En otros términos, puede aprovecharse la polisemia, es decir, la posibilidad de que un término tenga sentidos diversos sin que exista un inconveniente real para la comunicación.

Las extensiones polisémicas que no son resultado de un propósito deliberado se realizan, en general, de tal forma que el nuevo significado genera la aparición de nuevos contextos, lo que permite evitar toda confusión. No podríamos decir lo mismo de las que provienen de decisiones arbitrarias de un investigador lo suficientemente ambicioso como para desear modificar en su provecho el significado de un término existente. Al ser absolutamente imposible borrar de un golpe el significado tradicional, se siguen de ello incomprensiones tanto más graves y frecuentes cuanto más cercanos estén el significado antiguo y el nuevo, es decir, cuanto más susceptibles sean de encontrarse en contextos análogos. Una de las polisemias más desafortunadas, en lingüística contemporánea, es la de m o r - f e m a . Dentro de una tradición muy extendida, la palabra designa una unidad gramatical, o más concretamente, una unidad gramatical mínima; en su utilización praguense y americana, se trata de la unidad significativa mínima, sin hacer distinción entre gramática y léxico; según Hjelmslev, el término se aplica al significado del signo gramatical mínimo. Esto quiere decir que, cuando un lector encuentra el término m o r f e m a, no podrá comprender lo que está leyendo, a menos que conozca la pertenencia del autor a una determinada escuela y que esté perfectamente enterado de las teorías y los métodos que allí se siguen.

En el caso del término f u n c i ó n, notamos, por un lado, empleos polisémicos carentes de peligro, por otro, desviaciones semánticas muy lamentables en el sentido de que la expresión l i n g ü í s t i c a f u n c i o n a l puede evocar procedimientos muy dispares. A ciertos censores de los E l e m e n t o s d e l i n g ü í s t i c a g e n e r a l les ha resultado fácil extraer los diferentes sentidos que allí se da al término f u n c i ó n. Pero no parece que haya que temer confusiones, ya que el contexto siempre permite saber si se trata de las funciones del lenguaje, de las funciones de las unidades fónicas o de las funciones de los monemas o funciones gramaticales. Se trata, por tanto, en este caso, de una polisemía sin ambigüedad, lo que no ocurre cuando la glosemática hjelmsleviana se proclama lingüística funcional con el mismo título que la practicada de modo muy diferente por el autor de estas líneas.

Quizá no carezca de interés estudiar el campo polisémico del término f u n c i ó n en lingüística estructural y precisar las relaciones entre los diferentes valores en cuestión.

En sus utilizaciones gramaticales tradicionales, la palabra f u n c i ó n se opone a n a t u r a l e z a. En la frase e l h o m b r e a n d a, h o m b r e es, por su naturaleza, un sustantivo, y por su función, un sujeto. Aisladamente, h o m b r e conserva su naturaleza sustantiva, pero ya no tiene función; la función es lo que le ata al contexto en el que figura; es lo que distingue la palabra en el contexto de la palabra aislada. Se ve claramente cómo este empleo de la palabra función deriva de su valor más ordinario: en e l h o m b r e a n d a, h o m b r e hace las veces de sujeto, tiene el papel de sujeto, sirve de sujeto. En los métodos de análisis que preconizamos, este empleo se conserva. Siempre nos hemos preocupado de apartarnos lo menos posible de los hábitos terminológicos tradicionales. Hablamos, por tanto, de función sujeto, de función objeto, pero no distinguimos aquí fundamentalmente entre unas funciones expresadas por la posición respectiva de los elementos en la cadena hablada y unas funciones denotadas por un monema especial, preposición o «conjunción de subordinación», como tampoco estableceríamos distinción, en una «lengua con declinaciones», entre las funciones indicadas solamente por casos (al. d e m P l a t z) y las que combinan caso y preposición (a u f d e m P l a t z). El modo como se designan las unidades lingüísticas es convencional[1], y esto vale para las funciones. Podremos, por tanto, hacer uso, para este fin, bien de un término que se refiera al significado, como «sujeto», bien del significante que sirva para indicar la función, tal por ejemplo, en francés, s a n s (sin) o a v e c (con). En caso de funciones homónimas, habrá de recurrirse necesariamente al significado para toda o parte de la designación: en i l p r o m è n e s o n c h i e n l e s o i r (él pasea a su perro por la noche), reconoceremos en l e s o i r una función temporal, basándonos en el sentido de s o i r, que lo hace parecer poco lógico como objeto de p r o m è n e; la existencia de sintagmas como à s a f i l l e (a su hija) y à P a r i s (en París) que podríamos encontrar en la misma oración sin marca alguna de coordinación, obliga a distinguir entre una función *à* dativa de una función *à* locativa.

La aceptación de la noción de función en el sentido tradicional de «función gramatical» no implica en absoluto la conservación del término «naturaleza» para designar la unidad significativa cuando ésta se presenta fuera de contexto. La razón de ello es que un monema como h o m b r e, cuando se presenta fuera de contexto, tiene, ciertamente, una identidad semántica, pero igualmente, una identidad gramatical derivada de los

---

1 André Martinet, «Substance phonique et traits distinctifs», *BSL*, 53, págs. 72-85, reproducido parcialmente en *La linguistique synchronique*, París, 1965, cap. 5.

contextos gramaticales en los que puede figurar, comprendidos los que llevan en sí las funciones que puede asumir. Son estos contextos los que le confieren la calidad de «sustantivo», y no la naturaleza de lo que designa, como lo muestran muchos casos, tales como (la) c a r r e r a y (él) c o r r e, (la) l l u v i a y (-) l l u e v e, donde el referente es el mismo y donde sólo las compatibilidades gramaticales indican que el primer término es un sustantivo, y el segundo, un verbo. Por tanto, si hemos de designar como naturaleza del monema lo que queda de él al situarlo fuera de contexto, y esta naturaleza ha de depender, de hecho, de los contextos en los que puede figurar, se acabó la oposición categórica entre naturaleza y función.

Notemos, por otra parte, que, en el caso de una preposición como a v e c, que no es sino un indicador de función, la naturaleza parece confundirse con la función. En el caso de los monemas verbales, como (él) c o m e o (él) d a, está claro que la única función que puede corresponderles es la de predicado, y podemos, en el plano de la lingüística general, es decir, sin hacer referencia a ninguna lengua particular, caracterizar un tipo de monema llamado «verbo» por el hecho de no ser susceptible de asumir otra función que la predicativa.

Los monemas autónomos, como a y e r o d e p r i s a, ilustran mejor aún de qué modo la naturaleza y la función pueden confundirse: a y e r, fuera de contexto, no pierde nada de lo que constituiría su valor comunicativo en é l l l e g ó a y e r; sigue siendo un complemento de tiempo en potencia; nunca significa «el día que precede a éste», sino siempre, «el día que precede a éste como duración en el transcurso de la cual puede desarrollarse un acontecimiento». Si los adverbios monomonemáticos del tipo de a y e r, en los que el sentido implica la función, son poco frecuentes en las lenguas, es porque, en la mayoría de los casos, es más económico analizar la experiencia de tal modo que cada elemento de esta experiencia se conciba independientemente de sus relaciones con el conjunto. La visión de un perro comiendo sopa en una escudilla podría, con fines a la comunicación lingüística, analizarse en cuatro elementos: 1) un animal de una especie particular que manifiesta una actividad,

2) la acción de comer, 3) una materia alimenticia percibida como algo pasivo, 4) un recipiente concebido en su función de recipiente. A cada uno de estos elementos correspondería, en la lengua, una unidad específica, semánticamente inanalizable, como lo es a y e r en español. Esto significa, naturalmente, que a la noción de perro como objeto de malos tratos, por ejemplo, correspondería una unidad lingüística totalmente diferente de la que utilizamos aquí. Si una organización lingüística así no parece verosímil, es porque sería, a esta escala, muy poco económica. Es preferible que perro, sea cual sea su función, ya sea agente, paciente, beneficiario, instrumento, acompañante o lugar de la acción, tenga una misma y única designación, expresándose la naturaleza de la función bien por un monema suplementario, bien por la posición respectiva de los monemas en la cadena hablada.

Para comprender lo que sería una lengua sin indicación de funciones, pensemos en una cantidad en numeración romana. Sea DCLXXV. D vale quinientos, sea cual sea el contexto; C vale cien, L cincuenta, X diez y V cinco, cualquiera que sea su posición con relación a sus vecinos; hay buenas razones para respetar el orden adoptado aquí, pero CXLXDV, menos conforme con la forma hablada correspondiente, expresaría la misma cantidad. El equivalente en numeración arábiga, 675, es de naturaleza muy diferente. El orden de las cifras es aquí pertinente: 576 no equivale a 675. La realidad numérica básica que corresponde, por ejemplo, a un número determinado de manzanas, se analiza de tal forma que algunos de sus elementos, centena, decena, unidad, se encuentran expresados por la posición respectiva de las cifras, y los otros, por la elección de una cifra particular para cada posición. Podemos compararlo a lo que ocurre en una lengua como el francés, en la que determinados elementos de la experiencia llamados funciones se expresan por la posición respectiva de las unidades en la cadena, y los demás, por la elección de un monema particular en cada posición: del mismo modo que 576 es diferente de 675, l ' o u r s t u e l ' - h o m m e (el oso mata al hombre) es diferente de l ' h o m m e t u e l ' o u r s (el hombre mata al oso).

De una lengua a otra, el análisis de una misma experiencia difiere ampliamente, y lo que, en un caso, se expresa como un elemento dotado de función aparecerá, en otro, como marca de una función. Compárense el francés i l g r a v i t l a p e n t e (él subió la cuesta) y el inglés h e w e n t u p t h e h i l l (id.). Esto puede ilustrarse igualmente haciendo referencia las grafías numéricas. Tomemos de nuevo la cantidad expresada por 675 en grafía decimal. Si inventamos una grafía duodecimal en la que la primera cifra de la derecha correspondiera a las unidades, la precedente a las docenas y la tercera de la izquierda a las gruesas, la misma cantidad quedaría expresada por 483 [2]. Ciertos elementos de la realidad numérica que antes se expresaban por la elección de las cifras vienen aquí dados por la posición respectiva, y viceversa. Si seguimos el paralelismo entre posición respectiva y cifra por un lado, función y elemento dotado de función por otro, cabría decir que ambos tipos comparten diferentemente, según los sistemas y según las lenguas, la realidad a expresar.

El resultado de todo esto es que no podríamos oponer a la función de un monema su naturaleza, sino, más bien, su pertenencia a una clase caracterizada por ciertas compatibilidades, en la medida, por supuesto, en que la clase no esté de por sí caracterizada por la unicidad de su función, lo que hemos comprobado en el caso de la de los verbos.

La función, en el sentido que le hemos dado más arriba, es, por tanto, lo que enlaza las unidades lingüísticas correspondientes a los elementos en los que ha sido necesario analizar la totalidad de la experiencia para poderla comunicar.

Si, de conformidad con lo que casi todos los lingüistas tienen efectivamente por costumbre, no nos negamos a hacer intervenir a la sustancia, fónica o semántica, en las operaciones de análisis, la función puede concebirse como un vínculo. Por el contrario, para los que se esfuerzan en excluir esta substancia, al menos en un primer momento, la función se reduce a

---

[2] Hemos elegido 675 mirando que la misma cantidad numérica se exprese, en sistema duodecimal, sin que sea necesario inventar cifras correspondientes a diez y a once.

una relación entre dos términos, los funtivos, a los que, por lo demás, no se les reconoce otra existencia que la derivada del hecho de su participación en las funciones. Esto desemboca en una definición y un empleo del término f u n c i ó n que parecen no tener ya ninguna relación con su sentido más ordinario, aquel del que se deriva de forma inmediata su utilización en la gramática tradicional. De ahí que se haya llegado frecuentemente a la conclusión de que la utilización, por parte de Hjelmslev, del término función se derivaba de la que se le daba en matemáticas. Hjelmslev, sin embargo, interrogado al respecto, nunca ha reconocido que esto fuera así, y en realidad, el análisis semántico que venimos haciendo demuestra, según creo, que el empleo de la palabra función en glosemática se relaciona con los usos de la gramática tradicional.

La diversidad de usos del término abre paso a la confusión cuando Hjelmslev, dando como argumento la importancia de la noción de función como relación entre dos funtivos en su teoría, la presenta como una teoría funcional. De hecho, mucho antes de que Hjelmslev elaborase y publicase su teoría del lenguaje, los fonólogos de Praga se habían erigido en heraldos de una lingüística funcional en la que los hechos se identificaban y clasificaban, no ya en base a su naturaleza física, sino en base al papel que adoptan en la comunicación lingüística. En este sentido es en el que la fonología ha podido ser presentada como un estudio funcional y estructural en que la estructura se revela por medio del examen de la función de los elementos. Está claro que al remontarnos, en último análisis, al sentido ordinario del término función *, los empleos de «funcional», por un lado, como calificativo de la lingüística hjelmsleviana, y por otro, para designar los métodos lingüísticos que se basan en la pertinencia, representan un caso de polisemia bastante lamentable.

El principio de pertinencia, que los primeros fonólogos tomaron de Karl Bühler, se funda en la observación que la realidad física de la palabra comporta, en cada punto, de los elementos de información de naturaleza diferente que el receptor que conozca la lengua utilizada selecciona inconscientemente e interpreta correctamente. Sólo son pertinentes para el estudio fonológico los rasgos del habla correspondientes a elecciones hechas por el emisor para conferir su identidad formal a las unidades significativas básicas, los monemas. El principio de pertinencia puede interpretarse como un caso particular de aquel, de alcance más general, según el cual un tratamiento científico sólo podría retener un aspecto bien determinado del objeto estudiado. Si bien, dentro de las ciencias de la naturaleza, son los rasgos del objeto mismo los que parecen imponer al investigador la elección de ciertos puntos de vista, la cuestión se plantea de otro modo dentro de las ciencias humanas, donde el objeto examinado es el comportamiento del hombre. En este caso, conviene examinar el objeto no ya en su realidad inmediatamente perceptible, sino como la manifestación de ciertas intenciones del sujeto: la descripción, materialmente exacta, de la realización de un rito proviene del folklore y solamente se integra en el marco de la investigación etnológica cuando se investigan, más allá de la materialidad de los hechos observables, los valores que les atribuye la comunidad. En lo concerniente a las lenguas, su descripción no adquirió, efectivamente, carácter científico hasta el momento en que, mediante la operación de la conmutación, pudieron aislarse los hechos pertinentes.

El distanciamiento con respecto a la realidad física del mensaje que parece implicar el principio de pertinencia se manifiesta, más o menos, en todas partes, pero en grados y bajo formas que varían de una escuela a otra, de un investigador a otro. Para unos, es definitivo. Es el punto de vista de la glosemática, sobre todo en sus principios. Pero lo encontramos en la práctica de los bloomfieldianos que, sin embargo, tienen, por ejemplo, de un fonema una concepción mucho más material que la de los fonólogos de Praga. Es especialmente claro en los que parten de la noción saussureana de valor: si las unidades lingüísticas son valores, como lo son los billetes de banco, hay que ser ingenuo para interesarse por las realidades físicas correspondientes. Cuando se hace economía política, uno no se ocupa de la numismática. Es, sin duda alguna, indispensable que sean materialmente diferentes los billetes de cinco, de cincuenta y de quinientos francos, pero importa poco que la diferenciación se deba a las efigies de Victor Hugo, de Racine o de Molière, o a cualquier otra cosa.

La experiencia, sin embargo, ha demostrado que este modo de abordar los hechos no da idea alguna del funcionamiento real de una lengua y abre la puerta a las arbitrariedades del que la describe. El desinterés por cómo se diferencian las unidades que se oponen podría parecer legítimo tratándose de un código en el que las unidades, establecidas con anterioridad, reciban un nuevo significado, por convención explícita. Pero una lengua, en su forma hablada, no es un código, ya que los signos que incluye, cada uno de ellos con un significado y un significante indisociables, corresponden a un análisis s u i g e - n e r i s de la experiencia. El deber del lingüista consiste en estudiar estos signos, como significantes y como significados, así como la forma en que se combinan para comunicar la experiencia. Separar deliberadamente la sustancia fonética y la sustancia semántica es hacer abstracción voluntaria de gran parte de lo que forma lo específico de cada lengua. Despreocuparse del significante supone, de hecho, no comprender que la lingüística es el estudio de los medios de comunicación a través del lenguaje, y en absoluto, el de los contenidos de esta comunicación. Aquellos que, cuando se les habla de fonología, piensan en la sintaxis, y que, cuando se trata la sintaxis, se preocupan del estilo, no son lingüistas, sino gentes que, para hacer una concesión a la moda, han creído necesario tocar de pasada la lingüística.

Conviene atenerse al principio de pertinencia según el cual sólo se retienen los elementos de la realidad que asumen una función, y que permite fundar una jerarquía de hechos lingüísticos de acuerdo con su contribución a los fines reales del ejercicio del lenguaje humano. Es el lingüista, comprobando la realidad, pero, finalmente, por decisión personal, el que ha de delimitar la pertinencia de su ciencia, precisando cuál es la función o las funciones del lenguaje humano que deben ser retenidas como fundamento de la observación lingüística.

Hoy en día se está, generalmente, de acuerdo en colocar en cabeza la función de comunicación. Las resistencias al respecto vendrían de aquellos que, muy sensibles a la tradición idealista, subrayan la importancia de la lengua para el individuo al elaborar el cuadro de sus conocimientos que presentan como su pensamiento. Todo, en realidad, parece indicar que el pensamiento necesita, para progresar de forma coherente y constructiva, del marco de la lengua, marco formado en el transcurso de los siglos bajo la presión de las necesidades de la comunicación. Es la necesidad o el hábito de la comunicación lo que fuerza al hombre a ordenar sus pensamientos. La linealidad del habla, impuesta al hombre por su elección de la forma vocal de comunicación, ha representado, probablemente, un papel decisivo a la hora de forzar al hombre a analizar su experiencia con una cierta precisión.

La mayoría de las otras funciones reconocidas a menudo en el lenguaje son, de hecho, diferentes modalidades de la de comunicación: las funciones del lenguaje llamadas estéticas no existen más allá del deseo de comunicar de manera más intensa y más directa. La función expresiva, concebida como perfectamente distinta del deseo de hacer participar al prójimo en la propia experiencia y que, por este hecho, no implica interlocutor alguno, es la única que no se integra, de un modo u otro, en la comunicación. Pero su carácter, en el fondo, antisocial hace que los hablantes se vean obligados a camuflar su empleo, dándole apariencia de comunicación. Así, el funcionamiento de la lengua se modela constantemente sobre sus utilizaciones comunicativas, lo que se desprende con la máxima claridad del estudio funcional de la evolución de las lenguas. Es lo que justifica el hecho de que únicamente la función comunicativa contribuya al establecimiento de la pertinencia lingüística.

Ciertas mentes, ávidas de sincretismo o deseosas de asumir las enseñanzas divergentes a las que habían estado expuestos, han podido pensar que la diferencia entre la realidad física, directamente observable, de la palabra y lo que se había retenido de ésta tras la aplicación del principio de pertinencia se identificaba o, al menos, podría acercarse a la distinción establecida por los generativistas entre una estructura superficial y una estructura profunda. Puede haber, en ciertos casos, coincidencia en el resultado de los dos tipos de dicotomía. Sin embargo, esto no debería engañarnos. De hecho, la búsqueda de las estructuras profundas parece tender hacia la identificación de las estructuras de todas las lenguas y tener como resultado el convertir a la lingüística en un lugar de paso que parte de la lógica y desemboca en la lógica. Por el contrario, la aplicación del principio de pertinencia conduce a diferenciar las lenguas, a desentrañar la estructura específica de cada una y a fundar, de este modo, definitivamente, la lingüística general como disciplina independiente.

No puede existir una colaboración interdisciplinaria, por lo demás absolutamente indispensable, si, al menor contacto con otros campos de la investigación, la lingüística se transforma en otra cosa y pierde su identidad. Incluso para el éxito de estas investigaciones interdisciplinarias, es necesario que exista una lingüística plenamente autónoma, y sólo el punto de vista funcional me parece asegurar esta indispensable autonomía.

8. ELEMENTOS DE SINTAXIS FUNCIONAL

Todo el que se interese por la buena marcha de la investigación lingüística en general y trate de trascender la tan frecuente estrechez de miras, se habrá preguntado si la etiqueta de «lingüística estructural» implica algo más que el rechazo de los enfoques tradicionales en el estudio del lenguaje. Si no nos dejamos embaucar por el uso general de ciertos términos, podremos llegar a la conclusión de que las diferentes escuelas «estructuralistas» tienen poco en común, excepto el intento de reducción de la materia fónica del lenguaje a unidades discretas, los fonemas: una «estructura lingüística» no puede representar el mismo objeto para un distribucionalista, para quien solamente es decisiva la posición respectiva de los elementos en la oración, que para un paradigmático, que concentra su atención en el tipo de relación que prevalece entre las unidades conmutables. No puede decirse que «estructuralismo», en lingüística, sea un nombre inapropiado, ya que todos los estructuralistas operan con algún tipo de estructura. Pero la utilización de este término por gente con puntos de vista muy divergentes estorba, ciertamente, más que promueve, el entendimiento mutuo y la cooperación.

Sin embargo, discusiones con especialistas de otras ramas del conocimiento y también con lingüistas de ideología «no estructuralista» nos dan idea de que los que podríamos llamar lingüistas progresistas comparten una afirmación básica, a saber, que nada puede llamarse lingüístico si no está manifiesto —o es manifestado—, de una manera u otra, en el segmento del circuito de comunicación que se sitúa entre los labios del emisor y los oídos del receptor. Esta circunstancia hace que los contactos entre miembros de las diferentes escuelas estructuralistas valgan la pena y sean provechosos siempre que exista buena voluntad, al tiempo que puede prevenir una cooperación duradera entre lingüistas progresistas y tradicionalistas.

Contrariamente a lo que parecen sentir algunos, esta afirmación no significa que los lingüistas deban limitar su campo de investigación a la parte audible del proceso de comunicación y dejar de lado lo que en éste no es observable: el discurso sólo puede ser interpretado como tal, y no como un ruido, ya que entonces representaría otra cosa que no sería discurso. Pocos lingüistas mantendrían que un análisis aceptable de enunciados pudiera llevarse a cabo, sin dar por sentado que las variaciones lingüísticamente pertinentes en el discurso correspondan a variaciones en el significado. Sin embargo, el ideal de la mayoría de los estructuralistas ha sido concentrarse en el análisis de los enunciados con las mínimas referencias a lo que representaban y, en consecuencia, identificar y clasificar las unidades lingüísticas en base a su distribución en los segmentos registrados del discurso.

Esta concentración en el análisis representa, en mi opinión, una reacción total contra los métodos introspectivos, favorecidos por los estudiosos tradicionalistas. Sin embargo, ha sido perjudicial cuando no se ha visto ampliada por una consideración del proceso comunicativo en su totalidad. El fin principal del lenguaje es transmitir información, y si —como pienso— el fin de la lingüística general es entender qué es el lenguaje, cómo funciona una lengua, cómo se adapta a nuevas necesidades y, de este modo, cambia, ninguna ciencia lingüística verdadera puede pasar por alto este hecho.

Llegados a este punto, un ejemplo puede ser de agradecer: si no hacemos caso de la naturaleza comunicativa del lenguaje, es decir, del hecho de que algo que se ha de transmitir se manifieste por medio de algo diferente, es bastante posible que se nos escapen algunas diferencias básicas entre el comportamiento de las unidades distintivas y el de las unidades significativas: si consideramos dos segmentos como *mañana* y *con·los papeles*, sabremos que son diferentes, porque uno puede ser reemplazado por el otro con una diferencia en el referente, así, en *él vendrá mañana* y *él vendrá con los papales;* pero también pueden coexistir en un enunciado como *él vendrá mañana con los papeles* o *él vendrá con los papeles mañana*. Son mutuamente exclusivos en un determinado punto del enunciado, pero los encontraremos coexistiendo en sucesión. Esto está atestiguado en el caso de los fonemas: *pass* (pasar) y *pat* (acariciar) muestran que /s/ y /t/ son fonemas diferentes, mutuamente exclusivos en determinados puntos del enunciado; *past* (pasado) y *pats* (caricias) muestran que también pueden coexistir en sucesión.

Existe, sin embargo, una diferencia básica entre los dos tipos de unidad: el hecho de usar *pats* en lugar de *past*, es decir, la sucesión /t + s/ en lugar de la sucesión /s + t/, revierte, bien en cambiar la naturaleza del mensaje, bien en destruirla. Por el contrario, el hecho de usar *con los papeles* delante o detrás de *mañana* no tiene como consecuencia ningún efecto sobre la naturaleza del mensaje. Esto nos lleva a afirmar que, en el caso de los fonemas, son igualmente distintivas su constitución fonética y su posición respectiva en el enunciado, mientras que en el caso de las unidades significativas o segmentos, la posición respectiva de los elementos en el enunciado no es pertinente en gran número de casos. Desde luego, lo es en muchos otros: *the man kills the bear* (el hombre mata al oso) es, indudablemente, un mensaje distinto de *the bear kills the man* (el oso mata al hombre). La cuestión que ha de plantearse el estudioso de la sintaxis es: ¿por qué lo que puede aplicarse a *mañana* y *con los papeles* en su relación mutua o con el resto del enunciado no puede aplicarse a *the man* y *the bear*? En otros términos, ¿por qué la distribución es pertinente en un caso y no lo es en el otro?

Téngase en cuenta que no nos referimos aquí a lo que ha sido llamado significado referencial, cuidadosamente evitado por la mayoría de los estructuralistas. Pero, para formular el problema, fundamental en sintaxis, ha sido necesario tener presente la función comunicativa básica del lenguaje. Hemos tenido que recordar que la naturaleza vocal de nuestras lenguas impone una articulación lineal de una experiencia no lineal: una experiencia —desagradable experiencia— del tipo de un dolor de cabeza no tiene nada de lineal; pero el hecho de informar al doctor sobre éste implica la sucesión lineal *me-duele-la-cabeza.* Hablar implica especificar; es el resultado de un análisis de la experiencia en un cierto número de elementos, cada uno de los cuales corresponde a un signo lingüístico. Los signos correspondientes a un mensaje, con algunas excepciones, se ordenan en sucesión. La forma fonética de cada signo se articula, a su vez, en una sucesión de unidades distintivas. Todas las lenguas estudiadas hasta el momento por los lingüistas presentan esta doble articulación, y en mi opinión, deberíamos ponernos de acuerdo en reservar el término «lenguaje» para los instrumentos de comunicación que la posean.

Volviendo a la primera articulación de la lengua, aquella según la cual la experiencia se analiza en una sucesión de unidades significativas, es importante recordar que el logro efectivo de la comunicación no sólo requiere que se incluya el número necesario de signos lingüísticos correspondientes a los diferentes elementos de experiencia, sino también que la relación obtenida entre éstos encuentre algún tipo de expresión lingüística: una experiencia tal como la de alguien presentando una persona a otra puede transmitirse resumida, por medio de una sucesión de unidades significativas correspondientes a unos elementos de experiencia que representen a tres personas diferentes (ej.: *John, James* y *Peter),* una situación (la presentación), un momento determinado (la noche pasada), siempre que las relaciones entre estos elementos se indiquen de algún modo: ha de darse información, no sólo de la participación de *John,* por ejemplo, en el proceso, sino también de la naturaleza de esta participación. Si la participación de *John* consistió en que *James* le dijera quién era *Peter,* la naturaleza de esta participación deberá indicarse en inglés usando *to* ante el elemento formal que designe a la persona, por ejemplo *John,* de aquí *to John.*

Cuando este tipo de relación se expresa por medio de un segmento especial de la oración, como *to*, en el caso de *to John*, podríamos vernos tentados a interpretar *to* como expresión de un elemento más de experiencia, y es difícil saber cómo se podría objetar esta interpretación. Pero, lingüísticamente, el *status* de *to* es, como veremos, básicamente diferente del de *John*, ya que combina la información con el poder de conferir autonomía sintáctica al segmento que le sigue.

Lo que, en la lengua, corresponde a las relaciones entre los diferentes elementos de experiencia es lo que ha sido llamado tradicionalmente «función», cuando decimos, por ejemplo, que tal o cual palabra funciona como sujeto o como objeto. La función es, desde luego, un concepto puramente lingüístico. En otros términos, la función existe solamente en tanto que está expresada de algún modo en el enunciado. Como sabemos, nada debería ser llamado «lingüístico», a menos que se manifestara de algún modo en ese trecho del proceso comunicativo que se sitúa entre los labios del hablante y los oídos del oyente. Pero no debemos pensar que la expresión formal de la función va a ser siempre claramente identificable como una determinada sucesión de monemas. La función, como ya sabemos, va frecuentemente indicada por la posición respectiva de los elementos del enunciado. Pero, incluso cuando su indicación lleva consigo una diferencia fonemática, puede ser imposible de localizar o de limitar exactamente en la oración: en una forma como el lat. *homini* nos sería muy difícil decir dónde acaba la expresión del dativo y empieza la del singular; sabemos que *homini* es un dativo, pero también sabemos que es un singular, porque si siguiera siendo dativo, no siendo ya singular sino plural, tendríamos *hominibus*, con una elección diferente de fonemas. En tal caso, la indicación de la función corresponde a una unidad significativa con forma y significado, aunque nos sea difícil formular cuál es la forma. Las dificultades que nosotros, los lingüistas, podamos experimentar al formular algo no indican que este algo no exista y que no podamos identificarlo y operar científicamente con él.

Las unidades significativas mínimas, tanto las que indican una función como las correspondientes a los diferentes elementos de experiencia, han sido llamadas, a veces, «morfemas». Pero, ya que muchos lingüistas se resistirían a aplicar este término a una unidad cuya forma no siempre puede ser fijada, usaré preferentemente otra palabra, m o n e m a , que ha sido usada en este sentido por algunos lingüistas de la escuela de Ginebra.

El estudio de la función, tal y como ha sido definido previamente, es, en mi opinión, el problema central de la sintaxis, y la tarea principal del estudioso de la sintaxis general consiste en descubrir y confeccionar el inventario de todas las posibles formas de expresar la función de un segmento lingüístico. Parecen existir tres tipos diferentes, todos, atestiguados en el enunciado *Yesterday the President spoke in the auditorium* (ayer el Presidente habló en el auditorio). Encontramos el primer tipo en *yesterday* (ayer); por afán de simplicidad, daremos por sentado que *yesterday* es un monema simple como sus equivalentes en francés, español y alemán; este monema corresponde a un elemento de experiencia determinado que está siendo comunicado, el que podría definirse como «el día anterior a este día», pero también implica que es en este segmento de tiempo en el que está ocurriendo el acontecimiento. En otros términos, *yesterday* es totalmente paralelo e intercambiable con una frase como *in 1950*, donde la función de *1950* se expresa mediante el monema específico *in;* tenemos en *yesterday* un monema simple cuyo significado, lingüísticamente inanalizable, implica una función determinada; al poder colocarse *yesterday* en otras posiciones aparte la inicial, detrás de *spoke* (habló) por ejemplo, no puede afirmarse que su función esté implícita en la posición que ocupa en la frase. Sugiero que se designen las unidades de este tipo como m o n e m a s a u t ó n o m o s .

El segundo tipo de indicación de función se encuentra en *the President spoke* (el Presidente habló). Aquí, la función de *the President* es la bien conocida función sujeto; el mismo término podría usarse con otras funciones, como en *I saw the*

President (yo vi al Presidente) o *I spoke with the President* (yo hablé con el Presidente), y en consecuencia, no podemos afirmar que *President*, con o sin *the*, contenga, al mismo tiempo, su significado y la indicación de su función, que era lo que ocurría en el caso de *yesterday; the* no indica función, ya que si lo sustituimos por *a* (un), como en *a President spoke* (un Presidente habló), la función de *President* no cambiará. La única circunstancia que nos permite identificarlo como sujeto es su posición delante de *spoke; the President*, por tanto, ha de ser designado negativamente como s i n t a g m a   n o   a u t ó - n o m o .

El tercer tipo de indicación de función es el más evidente, lo encontramos en *in the auditorium* (en el auditorio), donde *in* puede ser definido como m o n e m a   f u n c i o n a l ; *in the auditorium* es un sintagma autónomo con el mismo tipo de posibilidades distribucionales que *yesterday*. Los monemas funcionales pueden ser «palabras» como *in*, i.e., formas que pueden encontrarse separadas de aquellas cuya función indican, por otras formas, tales como *the* en *in the auditorium*, o pueden encontrarse integradas en flexiones, como es el caso del monema «dativo» del latín.

Únicamente queda *spoke* (habló), que es el núcleo de un s i n t a g m a   p r e d i c a t i v o que incluye, además, el sujeto no autónomo *the President*. El sintagma predicativo se definirá como aquello que no puede ser eliminado sin destruir el enunciado como tal. Hay lenguas en las que el núcleo del sintagma predicativo, el m o n e m a   p r e d i c a t i v o , mantiene siempre la misma relación con respecto a los otros monemas del mismo enunciado. Si este monema predicativo indica una acción, los participantes de la acción (el agente, el paciente, el beneficiario) se expresarán como tales, de acuerdo con un patrón que no deja posibilidad de elección al hablante. Son las lenguas que no distinguen entre voz activa y pasiva. En tales casos, podríamos hablar de una función predicativa caracterizada por la carencia de una indicación positiva: el predicado es el monema con respecto al cual indican sus funciones otros monemas. En una lengua como el inglés, el monema predicativo puede mantener diferentes relaciones con los demás elementos del enunciado, como se muestra en *the man speaks the language* (el hombre habla la lengua) y *the language is spoken by the man* (la lengua es hablada por el hombre), indicándose la función, en este último caso, de acuerdo con el tercer tipo *(in the auditorium)*, mediante algún monema funcional. Los dos monemas funcionales son formalmente muy complejos en los presentes ejemplos. Son mucho más sencillos en sus equivalentes daneses: *manden taler sproget* y *sproget tales af manden,* oclusiva glotal y *r-* en un caso, *-s* en el otro.

Varias circunstancias han contribuido a retrasar la identificación de los monemas funcionales como tales: primero, tal como hemos visto al tratar de analizar el lat. *homini,* la expresión formal del monema funcional se presenta frecuentemente amalgamada con la de algún monema, de forma que quien insista en identificar las unidades lingüísticas por su forma habrá de tener en cuenta que sólo hay una unidad por amalgama; la *-i* de *homini* se considerará como un solo morfema, que impedirá la identificación de sus dos componentes en el plano de los contenidos. Pero, incluso cuando este primer obstáculo pudiera, finalmente, ser superado, la naturaleza gramatical de estos dos monemas induciría, probablemente, al lingüista a no separarlas. Al decir «gramatical» quiero decir, por supuesto, «perteneciente a inventarios cerrados», lo que encontramos en los casos y números latinos.

Esto puede ser suficiente para confundir las soluciones: pocos lingüistas han sido conscientes de la diferencia fundamental entre monemas funcionales que sirven para conectar un segmento con el resto del enunciado *(a* en *a Juan,* «dativo» en *homini)* y cuyo carácter es, como si dijéramos, centrífugo, y otros elementos «gramaticales», tales como singular o plural, definido o indefinido, que ayudan a definir el valor del segmento al que van unidos: *presidentes,* no *presidente,* el plural en *hominibus,* no el singular como en *homini; el hombre,* no *un hombre* u *hombre.* Estos últimos son m o d i f i c a d o r e s, con carácter centrípeto, cuya relación con las unidades vecinas es de la misma naturaleza que la de un monema no gramatical, como puede ser un adjetivo; un monema funcional no es un modificador, sino un nexo.

Pero lo que ha impedido comprender la diferencia básica entre monemas funcionales y modificadores gramaticales, incluso a un estudioso de la categoría de Sapir, es la existencia, en ambos casos, de la concordancia.

La concordancia conduce al uso de formas discontinuas y redundantes para la expresión de un cierto significado: en la expresión latina *fortes et acerbos hostes,* la pluralidad de los enemigos se expresa tres veces, haciendo suponer que en tres sitios diferentes se nos informa de la naturaleza de la participación de estos enemigos en la acción implicada por un predicado; en *discipulus venit,* la *t* de *venit,* que indica un sujeto diferente del hablante y del interlocutor, no añade nada a lo que previamente implicaba *discipulus* [1]; lo mismo podría decirse de la -*s* del inglés *the man comes* (el hombre viene). Tradicionalmente se supone y a menudo se afirma que la concordancia tiene una función de nexo: deberá, como si dijéramos, ayudar al oyente a poner junto lo que debe ir junto. Esta visión se ve fomentada, principalmente, por una larga familiaridad con la poesía clásica, en la que vemos que los poetas han aprovechado la concordancia, permitiendo que las necesidades métricas determinen la posición respectiva de las palabras en el texto, de tal modo que sólo la concordancia mostrará, por ejemplo, qué nombres y adjetivos van juntos: en *incurvo terram dimovit aratro,* la concordancia, más que el sentido común, nos dice que *incurvo* va con *aratro.* Aunque se descubra que *incurvo aratro* o *aratro incurvo* son construcciones mucho más normales, es un hecho que la concordancia prevalece sobre la proximidad, ya que ni la mayor ingenuidad en materia sintáctica uniría nunca dos formas como *incurvum* y *aratro,* que no concuerdan.

---

[1] Desde luego, *discipulus venio* no es imposible; cf. el famoso *qualis artifex pereo.* Pero un sustantivo sujeto hace esperar normalmente una tercera persona.

En el caso de *discipulus venit,* la situación es, en cierto modo, diferente *: aquí la naturaleza de la conexión entre *discipulus* y *venit* permanecerá perfectamente clara sin ninguna desinencia personal. Sin embargo existe un gran número de contextos de este tipo en los que la concordancia proporciona el único medio para una interpretación correcta del mensaje: en un enunciado como *venatores animal occidunt* dependemos del *-nt* de *occidunt* para comprender que son los cazadores los que matan a la bestia, y no la bestia la que mata a los cazadores. Es cierto que en cuanto hablemos de «bestias» en lugar de «bestia», la concordancia no nos servirá de ayuda: *venatores animalia occidunt* no nos da ninguna pista sobre quién efectúa la matanza, y deberemos guiarnos por el contexto o, si el contexto es ambiguo, reconocer un fallo en la recepción del mensaje en su totalidad. En un contexto ambiguo, *venatores animal occidunt* se entendería igual, de ahí que debamos estar de acuerdo en que *-nt* puede actuar como un indicador de función. Esto no significa, sin embargo, que debamos considerarlo como la cara formal de un único «morfema» con una función «gramatical» compleja y no correctamente analizada, sino más bien como la amalgama correspondiente a diferentes monemas: unos permanentes y, frecuentemente, redundantes como «tercera persona» y «plural», y otro casual, a saber, el indicador de la función sujeto de unos sujetos nominales plurales tales como *venatores,* cuya desinencia indica sin ambigüedad la función. En cualquier caso, *-nt* es el significante de varios monemas diferentes, como también lo son las desinencias nominales del latín, y ya hemos visto que una misma desinencia de éstas representa normalmente, de forma conjunta, a un monema funcional llamado caso, y a un modificador nominal. La desinencia de ablativo de *incurvo* representa redundantemente el caso ablativo y el número singular, concurriendo ambos al expresarse por la misma desinencia en *aratro;* pero es, por sí mismo, un indicador de función adjetival en conexión con un sustantivo de género no femenino «en dativo singular», i.e., acompañado por un modificador singular y un indicador funcional de «dativo». Para la gente acostumbrada a la expresión de la función

adjetival mediante el simple truco sintáctico de la preposición **, el funcionamiento de la concordancia para idénticos
propósitos parece enormemente intrincado y desesperantemen-
te enmarañado con otros procesos gramaticales. Pero si nos
concentramos en la función más que en la forma, la autonomía
mutua de los diferentes monemas formalmente amalgamados
se hará patente a partir de un cierto momento.

Una vez establecida, la concordancia puede ser usada por
extensión para propósitos funcionales, pero no debemos pensar que se establece en una lengua para ayudar a los oyentes a
poner junto lo que deba ir junto. Siempre que tengamos la
oportunidad de presenciar la aparición de una nueva concordancia, veremos que no surge de una necesidad de clarificar las
conexiones entre los diferentes segmentos de una oración, sino
por el funcionamiento de lo que normalmente se llama mínimo
esfuerzo, y que yo prefiero designar como economía del lenguaje. La economía del lenguaje es, desde luego, prodigiosamente
compleja, y a primera vista podría parecer que la concordancia,
que requiere la adición de elementos redundantes, contradice a
la economía. Pero la observación demuestra que, siempre que
no interfieren la escuela y el prestigio, los hablantes que se
enfrenten con la elección entre una oración más breve, que implique la adaptación a una situación específica, y una más larga, que no la implique, normalmente preferirán la última: el
francés, que dice, hoy en día, *il ne croyait pas qu'il puisse...*
(él no creía que pudiera...), en lugar del antiguo *il ne croyait
pas qu'il pût...*, hace uso, en la oración subordinada, de siete
fonemas sucesivos (/kilpyis/) en lugar de cinco (/kilpy/) para
una misma cantidad de información, pero se ahorran el trabajo de decidir cuál de los tiempos han de usar. La concordancia
resulta, normalmente, del hecho de aferrarse a la misma forma
completa, sea cual sea el contexto, ya sea repetitivo o no, porque evita al hablante la molestia de adaptar la forma al contexto: cuando varias personas leían, los romanos decían *legunt*,
independientemente de si el sujeto se especificaba o no. La expresión francesa substandard *les gens ils lisent le journal*

(/...iliz/), en lugar de *les gens lisent...* (/...liz.../), que viene a ser lo mismo, es claramente un producto del mínimo esfuerzo. Todo esto quiere decir que la concordancia puede hacer que un segmento se muestre como la expresión de un monema funcional, y el simple hecho de que podamos distinguir fácilmente, en los contextos latinos relativamente complejos que hemos analizado, entre valor relacional y papel modificador es una clara indicación de que debemos dejar a un lado lo que, por una preocupación unilateral por las formas, había impedido a muchos de nuestros predecesores, tradicionalistas y estructuralistas, hacer la separación.

Algunas de las afirmaciones anteriores pueden, quizá, interpretarse como si la distinción establecida entre funcionales y modificadores se basara en una evaluación subjetiva de sus contenidos semánticos. Sin embargo, no es éste el caso: el monema funcional puede identificarse como aquello que confiere autonomía sintáctica a un monema o sintagma que no sean, en sí mismos, autónomos: el sintagma *el auditorio* no es sintácticamente autónomo, en el sentido de que, a menos que vaya acompañado de un monema funcional como *en, a, por encima de,* su posición en la oración se verá determinada por la función que queramos atribuirle: si es la función sujeto, como en *el auditorio está lleno,* habrá de preceder al predicado; si es la función objeto, como en *atravesaron el auditorio,* habrá de seguir al predicado. En ambos casos, el sintagma se combina con el predicado en un sintagma predicativo con total autonomía sintáctica: no importa que *atravesaron el auditorio* preceda o siga a un complemento sintácticamente autónomo como *la noche pasada.* Está claro que el hecho de usar el modificador *el* o el modificador *un* delante de *auditorio* no le confiere ninguna autonomía sintáctica. Pero si añadimos *en* delante de este sintagma, lo hacemos independiente de su posición en la oración: podemos colocarlo en un lugar u otro sin que haya una diferencia apreciable en el mensaje: *en el auditorio hay muchos asientos* o *hay muchos asientos en el auditorio.* En otros términos, la autonomía sintáctica, que es un rasgo distribucional, es el criterio que nos permite distinguir entre monemas funcionales, que son nexos, y las especificaciones, llamadas aquí «modificadores», que por su estatuto gramatical y su comportamiento formal han sido, en general, confundidos con los anteriores.

La adopción del punto de vista que acabamos de mostrar lleva consigo importantes consecuencias, especialmente en cuestión de tipología. Dentro de este marco, es en gran parte irrelevante que un monema funcional presente siempre la misma forma, como es el caso del ing. *in;* o que tenga diferentes alomorfos, como el it. *in,* que también aparece como *n-* en *nella,* por ejemplo; o que se presente, ocasionalmente, amalgamado con algún otro monema, como es el caso del fr. *à,* que se combina con los artículos masculino y plural en «portmanteau» *au(x);* o que se presente constantemente amalgamado con algún otro monema, como ocurre con los casos latinos. Lo que aquí se dice de los funcionales puede aplicarse también a otros monemas, ya sean predicativos, modificadores, autónomos o no autónomos.

Pues bien, el estudio de las diferentes tipologías morfosintácticas *** presentadas hasta el momento demuestra que, incluso, la de Sapir, que yo describiría como la más elaborada y refinada, se basa, en último análisis, sobre dos rasgos formales en gran parte interdependientes: en primer lugar, la cantidad de variaciones alomórficas; en segundo lugar, el grado de inseparabilidad de ciertos grupos de unidades. No pretendo que estos rasgos no hayan de tenerse en cuenta en un trabajo tipológico. Pero esto es sólo parte de la cuestión. Es importante considerar la manera en que las lenguas consiguen expresar diversas relaciones, pero, probablemente, es más básico tratar de determinar cuáles son estas relaciones, y es altamente deseable que se establezcan tipos lingüísticos basados en la existencia o no existencia de ciertas relaciones: merece la pena señalar que, para distinguir entre activa y pasiva, algunas lenguas hacen uso de inflexiones especiales, otras de sufijos distintivos, otras de auxiliares especiales. Pero, ciertamente, es más importante subrayar que algunas lenguas distinguen entre voz pasiva y voz activa, mientras que otras no lo hacen.

Resumiendo, no debemos suponer que lo que diferencia a una lengua de otra es, esencial y básicamente, una elección diferente de los medios formales de expresión, sino, más bien, el tipo de análisis de experiencia que representa y el tipo de relación que prevalece dentro de las correspondientes normas lingüísticas. En otros términos, todo lo que deba retenerse de la hipótesis whorfiana puede aplicarse a la sintaxis, tanto como a otros aspectos de la estructura lingüística.

9. FUNDAMENTOS DE UNA SINTAXIS FUNCIONAL

Si todos los interesados estuvieran de acuerdo en cuanto al significado e implicaciones de los términos «función» y «sintaxis», no sería necesario explicar lo que se entiende por sintaxis funcional ni discutir cuáles podrían ser los fundamentos de ésta. Hasta el momento, los lingüistas han sido conscientes de la necesidad de redefinir los términos técnicos que utilizan, cada vez que se enfrentan con una nueva audiencia. Todos recordamos usos completamente divergentes de la palabra «función» dentro del campo de nuestra ciencia, y hasta ahora no se ha alcanzado un acuerdo general en cuanto a los campos respectivos de la sintaxis y la morfología.

Mi particular concepción de la función en la lengua es muy semejante a la que está en la base del uso diario del término, es decir, el «papel representado por una persona u objeto», y si, de la función de los elementos lingüísticos, pasamos a la función de la propia lengua, describiría esta función, en términos un tanto ingenuos, como lo que hacemos con la lengua, para qué la usamos. Parecería que la principal, si no la única finalidad de la lengua es la comunicación de la propia experiencia a otros. Sin embargo, esto no quiere decir que sea, necesaria y exclusivamente, un intento de hacer participar al interlocutor en esta experiencia. Si uno experimenta un deseo, la manera más económica de hacer que los demás se den cuenta de ello será, probablemente, manifestarlo en forma de requerimiento o demanda. Pero si de lo que se trata es de asegurar la satisfacción de nuestra necesidad, puede bastar el señalar y hacer un gesto con la cabeza. Más allá de esta forma inarticulada de comunicación está la realización típicamente lingüística, que consiste en comunicar un amplio margen de experiencia tal como se siente.

No es tarea del lingüista el determinar y describir los procesos a través de los cuales el hombre experimenta el mundo que le rodea y el suyo interno. Pero, ¿a quién corresponde sino al lingüista la tarea de observar y describir el comportamiento de las personas bilingües, cuando éstas tratan de comunicar la misma experiencia en lenguas diferentes a dos audiencias sucesivas? Este tipo de observación indica que, según para qué se use la lengua, una misma experiencia se analiza diferentemente en sus elementos correspondientes a las unidades sucesivas de cada enunciado. Esto implica que, previamente al esfuerzo de comunicarla lingüísticamente, la experiencia es un todo amorfo que el sujeto quisiera comunicar en su totalidad y estado amorfo. Pero esto es probablemente imposible: gruñidos, gemidos o gestos transmitirían su amorfidad, pero difícilmente su integridad y su especificidad. Al recurrir a la lengua, el hombre nunca podrá comunicar la totalidad de su experiencia, pero se acercará más a ésta que con la ayuda de gruñidos, gemidos y gestos. En el proceso de transmisión, la experiencia, en cierto modo nebulosa, se transformará en una sucesión de segmentos de habla claramente identificables, cada uno correspondiente a un aspecto particular de la experiencia total. El número de los aspectos así favorecidos será variable, según que el hablante esté siendo más o menos descuidado, o que trate de comunicar su experiencia de un modo más o menos específico. Al pasar de una lengua a otra, el número podrá variar para conseguir el mismo grado de especificidad.

Los oyentes que pertenezcan a la misma comunidad lingüística que el hablante registrarán esa sucesión de segmentos del discurso como una experiencia. Su comportamiento, lingüístico o no lingüístico, puede mostrar que esa experiencia es lo suficientemente cercana a la original como para que los participantes queden satisfechos en cuanto al éxito de la transmisión.

Cualquier comunicación lingüística implica el uso de una tal sucesión de segmentos del discurso, cada uno de los cuales corresponde a un aspecto de la experiencia total, y el problema lingüístico básico es el de determinar cómo el oyente puede reunir todas las piezas. Se encuentra ante una sucesión lineal a partir de la cual tendrá que reconstruir una experiencia en términos de un mundo tridimensional. Aquellos lingüistas que concentran su atención en los enunciados como tales y no están dispuestos a considerar qué representan, han inventado la teoría de los constituyentes inmediatos, que es un enfoque binario del problema y que, como todos los enfoques binarios, establece como modelo descriptivo lo que no es sino la necesidad del investigador de comparar dos y sólo dos cosas al mismo tiempo. Lo que el análisis en constituyentes inmediatos y los llamados árboles que se derivan de él parecen pasar por alto es el hecho de que, dentro de la sucesión lineal del discurso, han de encontrarse todos los indicios que harán que el receptor pueda reorganizar la comunicación en un todo coherente no lineal, y que este todo no es concebible ni presentable como pura sucesión. Cuando escuchamos un enunciado como *Pedro dio un beso a Juana bajo el muérdago*, lo captamos como totalidad, y la jerarquía que nosotros, como lingüistas, podríamos establecer entre los diferentes segmentos o frases implicados (*Pedro* como sujeto, *Juana* y *beso* como elementos centrales, *bajo el muérdago* como circunstancial y periférico) se basaría en la naturaleza de los mismos trucos empleados para trascender la linealidad del discurso.

Estos artificios son de tres tipos, cada uno de los cuales se considerará seguidamente por separado.

Cada uno de los segmentos correspondientes a algún aspecto de la experiencia a comunicar puede sugerir no sólo este aspecto, sino también la relación de este aspecto con el resto. En muchas lenguas africanas, la palabra que se refiere a un bosque puede usarse, por sí misma, no sólo para indicar que un bosque forma parte de la experiencia, sino también para indicar que es en un bosque donde se sitúa (se situó o se situará) el acontecimiento experimentado por el hablante. En términos más simples, «bosque», en estas lenguas, puede significar (y a menudo lo hace) por sí mismo «en el bosque». Lingüísticamente, este segmento se refiere a la oración en su totalidad o al elemento que constituya su núcleo (el llamado predicado). Su posición relativa dentro de la sucesión puede estar totalmente regulada por la tradición. Pero la posición no siempre es suficiente. Además, aunque algún hablante se desviara con respecto a ésta, la contribución del segmento al conjunto sería la misma, de igual modo que la función de *la noche pasada* es la misma, esté situada al principio o al final de la oración.

Se podría imaginar una lengua en la que todas las relaciones se indicaran de este modo. Pero sería tan poco económica que no hay probabilidad de que esta lengua exista, haya existido o exista jamás. Si una determinada unidad siempre significa «en el bosque» necesitaríamos una unidad diferente para «bosque como objeto de alguna acción», otra para «a través del bosque», otra más para «sobre el bosque», etc. En las lenguas existentes, relativamente pocas unidades se usan de este modo, tanto para expresar lo que representan como su relación con el resto del enunciado. Además, éstas se encuentran, asimismo, en contextos en los que su relación con el resto se expresa por algún otro medio, de tal modo que la unidad en sí misma no implica sino lo que representa, y no ya una relación preferencial: *bosque*, en una lengua en la que signifique p o r s í m i s m o «en (el) bosque», puede utilizarse, simplemente, con el significado de «bosque», indicándose en este caso su relación, por ejemplo su uso como sujeto, mediante algún otro artificio.

Estos usos se llaman generalmente adverbiales *. En la mayoría de las lenguas europeas existe un puñado de adverbios primarios, que indican, generalmente, tiempo o modo y llevan su función en sí mismos: en francés, *hier* (ayer) *demain* (mañana), *vite* (de prisa). Los adverbios ingleses de movimiento, tales como *up* (arriba), *down* (abajo), *out* (fuera). Frases como *last night* (la noche pasada), *next summer* (el próximo verano), *the day before* (el día anterior), funcionan de idéntica manera: cada uno de sus componentes se refiere a algún aspecto de la experiencia, pero ninguno de ellos implica, por sí mismo, su relación con el contexto; sin embargo, la frase completa evoca el tiempo con la suficiente precisión como para no necesitar recurrir a ninguna indicación explícita, como *en*, v.c., *en invierno*.

Se ha demostrado que lo que tradicionalmente se llama adjetivo se usa a menudo como atributo o predicado mediante su posición en el contexto. Pero en muchas lenguas, en francés por ejemplo, su identificación, cuando funciona como atributo, se basa en su significación «adjetival», por lo que puede decirse que, en sí mismo, lleva cierta indicación de su relación con el resto del enunciado: en francés, *une élégante personne* y *une personne élégante* pueden tener diferentes implicaciones estilísticas, pero gramaticalmente son idénticos; *élégante* ha de estar junto a *personne* para poder interpretarse como su determinante, pero el hecho de que *élégante* sea el determinante y *personne* el elemento central sólo se evidencia por el significado «adjetival» de *élégante* (y la significación «sustantival» de *personne*).

El significado de una unidad también puede ser indicativo de su función cuando, p. ej., una lengua con declinaciones carece, para algunas palabras, de una diferenciación entre los llamados casos nominativo y acusativo, y confía, para distinguir entre las funciones de sujeto y de objeto, en el contraste entre las connotaciones activas de la palabra usada como sujeto, y las pasivas de la usada como objeto, además de las implicaciones semánticas del predicado. Éste sería el caso, en latín, de las palabras neutras *animal* y *gramen* en combinación con el verbo *pascitur*, donde, sin lugar a dudas, sería la bestia la que pastaría la hierba y no al contrario.

Otro modo de hacer explícita la relación entre un aspecto de una experiencia, representado por una unidad lingüística en la cadena hablada, y el resto, manifestado en las otras unidades del enunciado, consiste en colocar estas unidades en un orden tal que sugiera la naturaleza de sus relaciones mutuas. Teniendo en cuenta que las unidades segmentales únicamente pueden aparecer una tras otra, el número de relaciones diferentes que se expresen de este modo puede parecer muy limitado. Partiendo de la experiencia que se desea comunicar, podría parecer que el procedimiento más evidente sería el de elegir uno de sus rasgos centrales. Esto respondería lingüísticamente a un elemento que se convertiría en núcleo de la oración. Otro aspecto de la experiencia proporcionaría otro elemento lingüístico que se añadiría al núcleo, bien delante, bien detrás, dependiendo de que, en esa lengua, los elementos determinados se coloquen antes o después del núcleo. Llamaremos d e t e r - m i n a c i ó n al tipo de relación lingüística que existe entre el núcleo y este segundo elemento, siendo el elemento que se añade al núcleo el d e t e r m i n a n t e. Si un tercer elemento, que, según las reglas de la lengua, estuviera situado delante o detrás del grupo anteriormente formado, determina a este grupo en su totalidad, o solamente al núcleo, o sólo a su vecino más próximo, el primer determinante, no se explicaría por las posiciones respectivas de las tres unidades comprometidas. Si designamos al núcleo como N, a los dos determinantes como D_1 y D_2, y a la determinación como →, el hablante podría querer implicar:

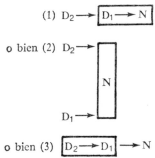

(1) $D_2 \longrightarrow \boxed{D_1 \longrightarrow N}$

o bien (2) $D_2 \longrightarrow$

$D_1 \longrightarrow$ N

o bien (3) $\boxed{D_2 \longrightarrow D_1} \longrightarrow N$

Si N equivaliera a *building* (edificio, construcción), D_1 a *house* (casa), y D_2 a *village* (pueblo), (1) equivaldría a *village house-building* (construcción de casas en pueblos), (2) a *village* [*and*] *house building* (construcción de casas [y] pueblos), y (3) a *village-house building* (construcción de casa de pueblo).

Las soluciones suprasegmentales al problema así surgido son totalmente evidentes: en (1) D_2 y D_1 recibirían mayor prominencia que N, en (2) los tres elementos recibirían igual prominencia, en (3) D_2 y N tendrían mayor prominencia que D_1. O, si utilizáramos pausas, en (1) habría una pausa detrás de D_2, en (2) dos pausas: una después de D_2 y otra después de D_1, en (3) una pausa detrás de D_1. Pero desde luego, estos rasgos suprasegmentales contarían como unidades lingüísticas por derecho propio, y de hecho pertenecen al tercer tipo de indicación de función, que consideraremos más abajo, en la que se usa un segmento específico para tal propósito.

Está claro que ambas posiciones, anterior y posterior al núcleo, no pueden usarse con diferentes implicaciones en una misma lengua, a menos que el núcleo esté señalado como tal independientemente de su posición entre los determinantes, posibilidad que aún no hemos considerado. En lo anteriormente visto, el núcleo se identificaba como tal sólo por su posición en relación con los determinantes: N, en los esquemas, es reconocido como tal por ser final. Si el núcleo se identificara como tal por su significado, más o menos de la misma manera que *la noche pasada*, que vimos anteriormente, se identificaba como complemento temporal, o *abajo*, como adverbio de movimiento, sería posible atribuir diferentes funciones a las posiciones anterior y posterior a él. En francés, y sabiendo que *tue* (mata) es verbo, i.e., un elemento cuya única función es la de predicado o núcleo de una oración, el elemento que le preceda se identificará como sujeto, y el que le siga, como objeto, así, p. ej., en *l'homme tue la bête*.

La determinación pura y simple, expresada mediante preposición o post-posición, según sea el caso, contribuye en alto grado a indicar las relaciones concretas más diversas, al combinarse con lo que indiquen, a este respecto, los significados de los elementos en cuestión. No hay nada tan diferente como la relación entre *gold* (oro) y *smith* (herrero), en *goldsmith* (orfebre), y la de *gold* y *fish* (pez), en *goldfish* (carpa dorada), refiriéndose la primera a un «orfebre que trata el oro», y la segunda, a un «pez con aspecto de oro».

Esto indica los servicios que puede rendir el simple artificio de la posición respectiva para la reconstrucción, por el oyente, de la experiencia que está siendo comunicada. Sin embargo, es difícil imaginar que una lengua desarrollada pueda funcionar sin recurrir a un modo más sofisticado de indicar las relaciones sintácticas.

Este modo consiste en el uso de ciertas unidades para especificar la naturaleza de la relación entre un elemento determinado y el resto del enunciado. Siempre que puede seguirse su historia retrospectivamente, se descubre que estas unidades, en la mayoría de los casos, fueron adverbiales en su origen, llevando en sí mismas la indicación de su conexión con el contexto. Añadidas a los segmentos cuya relación con el resto ha de indicarse, aseguran una expresión inequívoca de esta relación, que resulta totalmente independiente de la posición de la frase en el contexto. Estos indicadores funcionales corresponden, tanto a los casos, como a las preposiciones y conjunciones de la gramática tradicional. Los sintagmas resultantes de la combinación de un indicador funcional y del elemento cuya función está en juego, con o sin determinantes, pueden denominarse a u t ó - n o m o s . La autonomía sintáctica queda establecida, sin lugar a dudas, cuando un sintagma autónomo puede llevarse de un lugar a otro dentro de la oración, sin que cambie su relación con el contexto: *he went down the hill* (él bajó por la colina), *down the hill he went* (por la colina él bajó). Pero la autonomía sintáctica existe con anterioridad a esta prueba de permutación. En algunas lenguas, el orden de los elementos sucesivos de la oración puede regularse estrictamente, de modo que no se admitan permutaciones. Pero sigue existiendo autonomía, mientras la naturaleza de la relación de un segmento con el resto se señale inequívocamente por medio de algún indicador específico.

Una vez que tenemos a nuestra disposición este medio más ágil y variado de indicar las relaciones sintácticas, podemos concebir un análisis de la experiencia en diferentes aspectos, cada uno de los cuales corresponderá, en el habla, a un sintagma autónomo, de modo que la oración consistirá en una libre sucesión de tales sintagmas en idéntico pie de igualdad. Empecemos por una versión aumentada de la famosa frase de Sapir: *El lunes pasado, el granjero mató al patito con un hacha.* Si alar-

gamos nuestro sistema preposicional por medio de especificaciones funcionales, una versión analítica completa de ésta sería
la siguiente: *fecha lunes pasado, agente el granjero, acción matar* (N. B. no como predicado), *paciente el patito, con* (o, más
específicamente, *instrumento) un hacha.*

Por supuesto, ningún modelo sintáctico de este tipo ha sido
registrado. Es mucho más económico eliminar una, dos, tres o
más de las especificaciones propuestas. Uno de los elementos
se convierte en núcleo, con referencia al cual se organizarán
todos los demás. El núcleo es lo que se llama predicado. El
predicado se identificará como tal al ser reconocido por todos
los miembros de la comunidad como ajeno a cualquier otra
función que no sea la predicativa (ej. fr. *tue* «mata»), en cuyo
caso lo llamamos verbo. En caso de homonimia o polisemia
verbo-nombre *(a table, to table* «una mesa, poner sobre la mesa»), el verbo puede identificarse en base a su posición relativa
y a la presencia a su alrededor de determinantes (gramaticales)
específicos, tales como *-ed*, en *tabled* (puso sobre la mesa). En
otros casos, el predicado demuestra ser el núcleo al comportarse los otros elementos como sus satélites.

En algunas lenguas, existen formas de modificar el predicado verbal por las que los otros elementos se ven obligados
a cambiar la naturaleza de sus relaciones con respecto a él:
así, en inglés, la voz activa normal puede sustituirse por la voz
pasiva, con lo cual el elemento normalmente caracterizado por
su posición detrás del predicado (objeto) asume la función y la
posición del elemento antepuesto (sujeto).

Debe señalarse que la suposición de una existencia universal de predicados es la primera que aquí realizamos por inducción. Todo lo dicho anteriormente con respecto a los tres tipos
de indicación de función ha sido ilustrado, desde luego, con
referencia a lenguas existentes, pero se ha llegado por deducción al punto de partida de la definición de una lengua como
conjunto doblemente articulado de hábitos vocales utilizados
para la comunicación de la experiencia.

Puede ser útil insistir en que el hecho de suponer la existencia universal de un núcleo predicativo en la lengua no im plica, en última instancia, que los predicados sean siempre verbos o que la dicotomía verbo-nombre sea universal. Tampoco «predicado» implica siempre «sujeto». Tradicional y semánticamente, el sujeto es considerado como el tema sobre el cual se predica algo, y consecuentemente, la conservación del término «predicado» como designación de un rasgo universal de la lengua parece, quizá, implicar que el sujeto también es universal. De hecho, cuando consideramos lo que se llama «sujeto» en las lenguas para las cuales se inventó el término, notamos que su única característica permanente, en contraste con los llamados complementos, es que, en el habla normal, no elíptica y no injuntiva, el predicado debe ir acompañado, necesariamente, de un elemento con todas las marcas de una determinada función (ya sea un tipo determinado de sufijo o una posición concreta); todos los demás elementos son complementarios, de ahí su designación como «complementos». En algunos contextos pueden ser inevitables, pero muchos enunciados completos existen sin complementos de ningún tipo. En estas lenguas, el sujeto puede asumir formas muy diferentes y, a veces, difíciles de captar: puede ser un nombre, una frase, un pronombre, una desinencia verbal o, como en las terceras personas de singular del italiano o el español, una «desinencia cero» que se revela como sujeto por alguna referencia ulterior *(su,* en el esp. *quiere a su madre,* que implica un sujeto en *quiere)* o alguna transformación. Pero siempre está presente. En *the child is drinking a glass of water* (el niño está bebiendo un vaso de agua), *a glass of water* puede suprimirse sin que se destruya la oración como tal, pero *...is drinking a glass of water* no es sino un enunciado mutilado. Se registran muchas lenguas en que los predicados verbales necesitan un sujeto, pero donde los predicados no verbales pueden pasarse sin él. Al investigar si una lengua tiene sujeto o no, hay que tener cuidado de no interpretar la ausencia de un indicador funcional como prueba de que nos encontramos ante un caso «sujeto».

Un enfoque funcional concienzudo de la fonología obliga, normalmente, a denominar y agrupar los hechos en base al papel que representan en el proceso de comunicación, más que en base a su naturaleza física: la curva melódica, desde el punto de vista fisiológico, es un fenómeno claramente circunscrito; el acento es más difícil de fijar, pero, en el plano de la observación fonética, acento y curva melódica se distinguen perfectamente entre sí. Sin embargo, desde un punto de vista puramente lingüístico, la curva melódica puede funcionar distintivamente en las palabras, a modo de tonos (o tonemas), como ingrediente del acento, i.e., como contribución a la estructuración sintagmática, o a modo de entonación, i.e., a un nivel en el que los rasgos sonoros contribuyen directamente al significado. En su función acentual, la curva melódica se combina, normalmente, con algún acento.

Del mismo modo, un enfoque funcional concienzudo de la sintaxis obligará a subordinar las semejanzas formales a la identidad funcional. Lo realmente esencial no es que la indicación de la función de un nombre esté asegurada o no mediante un sufijo de declinación o una preposición; en ambos casos obtenemos un monema autónomo, p. ej., el lat. *homini* o el ing. *to the man.* La única diferencia fundamental entre estos dos sintagmas radica en la existencia, en inglés, de la especificación correspondiente al artículo determinado. El hecho de que algunas unidades significativas lingüísticas no estén representadas en la cadena por un segmento claramente delimitado, como es el caso del dativo en *homini,* de ningún modo debería resultar más inquietante que el hecho aceptado de que una misma unidad significativa («morfema») pueda estar representada, en posiciones diferentes, por segmentos totalmente diferentes («morfos»). Si aceptamos operar con la ficción de un «morfo» cero del «morfema» pretérito en *he cut* (él cortó), no se comprende bien por qué nos resistimos a suponer un «morfo» amalgamado del «morfema» dativo en el lat. *homini* y *hominibus.* Todos, sin duda, estamos de acuerdo en que no puede establecerse una unidad lingüística, a menos que su presencia corresponda a alguna diferencia fonológica en el enunciado, pero sabemos que *he cut* es un pretérito y *he cuts* un presente, sin ser capaces de indicar un segmento que corresponda a la expresión del pretérito.

El hecho de operar con el concepto de amalgama nos libera de la tarea autoimpuesta de encontrar un segmento bien delimitado para cada una de nuestras unidades lingüísticas. Una de las principales razones por las que decidí usar el término m o n e m a para designar la unidad significativa mínima dentro de la lengua, en lugar del ya establecido m o r f e m a , fue que, en la mente de la mayoría de los estructuralistas, esta palabra sugería automáticamente un segmento de discurso, cuando puede ocurrir que un monema no se localice de modo preciso en la oración. El punto de vista funcional nos independiza así de las vaguedades de las formas lingüísticas. Nos mostramos menos reticentes a operar con unidades discontinuas de cualquier tipo. Modelos de concordancia como los que encontramos, por ejemplo, en el fr. *les grands animaux dorment* /legrãzanimodorm/ (los grandes animales duermen), donde la elección del plural en lugar del singular aparece en cuatro lugares diferentes (/...e...z...o...m/), son solamente un aspecto de la posibilidad de predicción formal de los monemas. Hay tantos monemas en un enunciado como elecciones significativas, sea cual sea el número de accidentes formales diferentes que cada elección pueda llevar consigo.

Otra implicación del enfoque funcional consiste en que, cuando una distinción que rinde en ciertos contextos no funciona en otros, ninguna identidad formal deberá llevarnos a establecer la distinción como algo universalmente válido en el lenguaje. En otros términos, el concepto de neutralización se basa en una visión funcional del lenguaje. Del mismo modo que la diferencia formal entre [t] y [d] es pertinente en el ruso *tom*, *dom*, pero se neutraliza en [pat 'komǝm] *pod komom*, [pad 'gorǝdǝm] *pod gorodom*, la diferencia significativa entre el indicativo y el subjuntivo, pertinente en francés en ciertos contextos, se neutraliza en aquellos en los que sólo puede encontrarse, bien la forma subjuntiva, bien la indicativa, y en los que, en consecuencia, no se permite elección posible al hablante.

En nuestro actual enfoque, los indicadores funcionales han sido apartados, desde el primer momento, por constituir un tipo de monema muy especial. Figuran, desde luego, en las categorías tradicionales de las preposiciones, las desinencias de caso y las conjunciones. Todos éstos, pertenecen más a la gramática que al léxico, lo que no significa que algunos de ellos no aparezcan como artículos específicos en los diccionarios, p. ej., el ing. *for* (para), *with* (con), *as* (como). La inclusión en la gramática se reserva, a menudo, para los que aparecen, desde un punto de vista formal, como los niños difíciles dentro de los monemas: aquellos que no pueden delimitarse claramente dentro del contexto, y por tanto, ordenarse alfabéticamente. Aunque las preposiciones y las conjunciones a veces se incluyen en listas dentro de las gramáticas, pocas personas se molestan siquiera en buscarlas allí, a menos que la elección de una de ellas determine alguna modificación posterior del contexto. Es útil, en una gramática como la latina, tener una lista de preposiciones que, como *sine*, requieren en la amalgama que sigue el accidente característico del ablativo. Cuando no existen tales complicaciones, en inglés por ejemplo, el confeccionar una lista con *without* y sus congéneres en la gramática no sirve a ningún propósito útil. Sin embargo, los lingüistas contemporáneos han retenido la distinción tradicional entre elementos gramaticales y elementos no gramaticales, tratando, desde luego, de dar a la distinción una base formal no semántica. En general, el designar los inventarios limitados como «gramaticales» es considerado satisfactorio y, sin duda, concuerda con la concepción de la gramática como una parte de la descripción del lenguaje en la que todos los elementos pertinentes se presentan sin ningún *etc.* y que se reserva a los aspectos realmente estructurados del lenguaje. Aunque la confección de un inventario completo de todos los monemas y sintagmas funcionales de una lengua (cf. ing. *onto* «sobre», *up to* «hasta», *in view of* «en vista de», etc.) tal vez no sea tarea fácil, si queremos evitar decisiones arbitrarias con respecto a qué debe incluirse en él, no podemos dejar de incluir los funcionales en la gramática. ¿Qué aspecto tendría una gramática latina que no incluyera los casos? Pero, por supuesto, no todos los elementos gramaticales, los que pertenecen a inventarios cerrados, son funcionales: el singular **, el dual y el plural, los artículos determinados e indeterminados, los tiempos y los modos, las «personas» de los verbos, los llamados adjetivos posesivos no sirven para indicar en qué sentido el elemento no gramatical al que van unidos conecta con el resto del enunciado. Pueden implicar una referencia a lo que se ha dicho anteriormente, como en el caso del artículo definido, que recuerda a la audiencia que el elemento siguiente es uno que ya había sido mencionado antes, o cuando *his* (su, de él) evoca un ser masculino anteriormente citado. Pero ni *the book* (el libro) ni *his book* (su libro) indican la relación existente entre el elemento *book* y el resto del enunciado; o, trasladando esto a un plano no lingüístico, no indican de qué modo enlaza el aspecto de la experiencia correspondiente al libro, con la experiencia en su totalidad. En otros términos, *the book, his book,* así como *a book* (un libro), *her book* (su libro, de ella), pueden desempeñar el papel de sujeto, de objeto o de cualquier complemento, pero antes de poder decir cuál es éste, necesitaremos una información que derive de la posición del sintagma o de la adición a ella de un funcional. Unidades, tales como *the* o *his,* el monema plural o el pretérito, no son sino especificaciones adicionales a lo transmitido por los elementos vecinos. Son especificaciones inferiores, más rutinarias, a menudo menos informativas que a lo que contribuiría un adjetivo como *red* (rojo) o un sintagma como *John's* (de Juan), pero corresponden al mismo tipo general de determinantes, ya pertenezcan a la misma clase, como *the, his* y *John's,* o a una clase diferente como *red;* de hecho, *the, his* y *John's* se excluyen mutuamente, mientras que *red* puede combinar con cualquiera de ellos.

La razón por la que generalmente no se ha señalado hasta el momento la diferencia básica entre los funcionales y los determinantes gramaticales, que propongo llamar m o d i f i c a -d o r e s , radica en que los lingüistas, tanto tradicionalistas como estructuralistas, se han dejado llevar fundamentalmente por los caprichos formales de las unidades. Ambos, funcionales y modificadores, pertenecen a la gramática. Ambos son, por término medio, considerablemente más frecuentes y, en consecuencia, más breves que los elementos léxicos; ambos van sólidamente ligados a algún elemento léxico o a un grupo de éstos, y de este modo, tienen posibilidades de amalgamarse con él; ambos pueden destacar conjuntamente en casos de concordancia. Así pues, tienen demasiado en común, desde un punto de vista formal, para que quienes se concentran en la forma se den cuenta de su diferencia funcional fundamental.

Una importante consecuencia de la subordinación de la forma a la función y del uso del concepto operacional de amalgama para cubrir casos donde la segmentación supone un problema, es que la palabra, como unidad intermedia entre el monema y la oración (i.e., la cláusula principal y sus apéndices), cubre ya pocas necesidades: si decidimos que *homini* y *to the man* son fundamentalmente sintagmas autónomos y que las diferencias formales entre ellos quedan cubiertas por referencia a la amalgama, no es necesario añadir que *homini* es una palabra y *to the man*, tres. Al describir una lengua como el latín en la que los sintagmas autónomos amalgamados constituyen rasgos normales, sería una pedantería insistir en llamarlos de este modo, en lugar de usar el término, más breve y manejable, de «palabra». Por tanto, no pretendo excluir el término «palabra» del vocabulario técnico de la lingüística funcional. Pero es importante insistir en que no existe obligación de segmentar todos los enunciados de cualquier lengua, sea la que sea, en una sucesión exhaustiva de palabras. Esto implica la necesidad de reconsiderar el estatuto de la morfología. La morfología era el estudio de las variaciones formales de las palabras: al decir que *homini* era «la misma palabra» que *homo* y *hominibus*, era necesario explicar bajo qué condiciones y para qué propósitos había de sufrir la palabra cambios tan drásticos; de aquí la morfología. Si consideramos ahora a *homini*, no como el avatar de un término, sino como la amalgama de tres unidades, surge la necesidad de investigar la forma bajo la que aparecerá el monema de dativo en combinación con el de singular o el de plural, y con el de «hombre» o cualquier otro nombre de la lengua latina. No existe razón para llamar a esto «morfología». Tendremos que definir, entonces, la morfología como el estudio de las variaciones formales de los monemas. Con respecto a una lengua como el latín, esta morfología diferiría poco de lo que encontramos en las gramáticas tradicionales: los modelos declinacionales y conjugacionales constituyen, probablemente, el modo más económico de presentar las variaciones formales de los monemas latinos. Lo que excluiremos de la morfología será cualquier referencia a los usos de las diferentes categorías gramaticales, ya que la función de un monema no tiene conexión directa con sus variaciones formales. La derivación y la composición, que a menudo se incluyen en la morfología, deberían tratarse, preferentemente, en otro capítulo, que incluiría una sección morfológica en la que se daría cuenta de cualquier desviación formal en que incurriera el monema, en el proceso de composición o derivación; p. ej. *deep* (profundo) que se convierte en *dep-*, en *depth* (profundidad).

Aparte de esto, la sintaxis surge como el estudio de las latitudes combinatorias de los monemas, empezando por las combinaciones de los modificadores con sus soportes léxicos y terminando con la construcción de las oraciones. Por c o m b i - n a c i o n e s , entendemos la capacidad de coexistir a diferentes niveles, en algunos casos independientemente de la posición real de los elementos en la cadena, y con absoluta despreocupación de su variación formal. De nuevo, y a pesar de las formulaciones diferentes, nos encontramos aquí bastante cerca de la práctica tradicional: en el momento en que entramos en la sintaxis, se supone que nadie ha de preocuparse de que *tulit* sea el perfecto de *fero*, y *went*, el pretérito de *go*.

10. LA AUTONOMÍA SINTÁCTICA

Lo que corrientemente se designa, entre los lingüistas, como estructuralismo y que es, en el fondo, un esfuerzo colectivo por reconsiderar de un modo más científico los hechos de lengua, ha traído consigo desde el principio el establecimiento de unas unidades mínimas en los dos planos de la expresión y del contenido: frente al fonema —unidad distintiva mínima que permite que cualquier enunciado pueda segmentarse sin salvedad alguna en fonemas sucesivos— se estableció el morfema, unidad significativa mínima que hace posible el que cualquier enunciado, sin excepción, pueda segmentarse en morfemas sucesivos. Esta utilización de «morfema», común a los lingüistas de Praga y a los bloomfieldianos, chocaba con otra, más antigua, según la cual un morfema era una unidad gramatical que se oponía a la unidad léxica llamada «semantema». Este conflicto no se resolvió al sustituir por «lexema» el ingenuo «semantema» (¡como si sólo las unidades léxicas tuvieran un sentido!), y el término «monema», utilizado primeramente por los lingüistas de Ginebra, parece preferible, por muchos conceptos, para designar la unidad significativa mínima, ya pertenezca ésta al léxico o a la gramática.

El análisis del enunciado en unidades significativas mínimas no es operación fácil: en *les animaux* /lezanimo/ se reconocen sin duda tres de estas unidades: el artículo definido, el plural, y el sustantivo «animal»; pero, mientras se localiza perfectamente en /l-/ el significante del artículo, el del plural puede delimitarse de dos formas: 1) declarando que el plural está indicado por /-ez-/ + el /-o/ final de /animo/ que sustituye el /-al/ del singular, o 2) reconociendo en /-ez-/ el verdadero significante, y entendiendo /-animo/ como la variante de /animal/ en contacto con el monema de plural. La segunda solución parecerá, sin duda, más simple; pero, como puede ocurrir que la sustitución de *-al* por *-aux* sea la única marca del plural *(Caporaux, je vous ordonne...* «Cabos, les ordeno...» ≈ *Caporal, je vous ordonne...* «Cabo, le ordeno...»), habrá que ver en ello un significante posible del monema plural. No podemos, por tanto, escapar a la necesidad de prever significantes discontinuos (/...-ez-...-o/) y amalgamas de significantes (/animo/) en que nos resultaría imposible decir dónde termina el significante de «animal» y dónde empieza el de plural. La decisión de reconocer la existencia de significantes discontinuos y amalgamados bastaría, por sí sola, para justificar el empleo del término «monema»; en efecto, entre los estructuralistas, «morfema» se entiende, generalmente, como una unidad representada por un segmento único y bien delimitado. Sabemos que el deseo de analizar cualquier enunciado en una sucesión de segmentos de este tipo ha conducido, con frecuencia, a los analistas a despieces arbitrarios: para encontrar en el lat. *-ibus* dos morfemas sucesivos de dativo (o de ablativo) por un lado, de plural por el otro, se segmentará, a elección, en *-i* y *-bus*, *-ib* y *-us*, *-ibu* y *-s;* lo histórico de las formas no debe intervenir, evidentemente, en un análisis sincrónico y nada impide establecer, para un significante, tantos alomorfos como combinaciones distintas existan.

El análisis en monemas, que requiere para ser llevado a buen término la aceptación sin reservas de los conceptos operacionales de amalgama y de significante discontinuo, remite las unidades que representan cada elección del hablante en el marco de la primera articulación del lenguaje. Esta elección es identificada inmediatamente por el oyente que conoce la lengua y que sería capaz de hacer, él mismo, en calidad de hablante, la misma elección. La referencia a la elección del hablante no implica, de ningún modo, que el análisis se base en la introspección. El método, bien conocido, es el que ha recibido el nombre de conmutación. Las posibles dificultades a la hora de

fijar el final del análisis son las inherentes a toda operación
que implique el sentido de los elementos: ¿es el inglés *unders-
tand* (comprender) un sintagma, como lo indican las identidades formales de *under* (debajo de...) y *stand* (estar parado), o
un monema único, como lo sugiere el sentido, que no resulta
sincrónicamente de la combinación de las significaciones de los
componentes?

Los primeros estructuralistas lograron superar la dicotomía,
que se tenía por fundamental, entre unidades gramaticales y
unidades semánticas llegando al «morfema», concebido como
constituyente único de la cadena de los signos, y no intentaron,
realmente, replantear desde un principio, en el plano de la lingüística general, la existencia de diferentes tipos de «morfemas». Parecía más científico y más racional dejar al análisis el
trabajo de poner de relieve cómo, en cada lengua considerada
individualmente, se agrupaban los morfemas en clases caracterizadas por sus posibilidades combinatorias. De hecho, el análisis lingüístico realizado sobre estas bases llevaba en seguida
a distinguir entre los inventarios ilimitados de los morfemas
llamados léxicos y los inventarios limitados de los morfemas
gramaticales. Por tanto, se encontraban de nuevo, bajo designaciones menos ingenuas, ante los «semantemas» y los «morfemas» de la generación precedente, y se preparaban a inducir de
esta coincidencia de las lenguas descritas la universalidad de
esta distinción.

Parece, sin embargo, que puede y debe establecerse desde
el principio, en el plano de la lingüística general y como coro-
lario de la definición que damos de lengua, una distinción entre
diferentes tipos de monemas más fundamental que la que se
establecía entre monemas gramaticales y monemas léxicos y
que retendremos, por supuesto, en la práctica. Esta distinción
se basa en la ineluctable linealidad del lenguaje vocal. Para comunicar lingüísticamente su experiencia al prójimo, el hombre
debe seleccionar, dentro de ésta experiencia, los aspectos que
le parezcan dignos de ser transmitidos. No es seguro, por ejemplo, que ciertas circunstancias de lo vivido, como la hora del
día, el tiempo que hacía, la localización exacta, la intervención

de un factor u otro, merezcan necesariamente ser puestas en conocimiento del interlocutor. La elección de estos aspectos se ve, además, condicionada por la estructura gramatical y léxica de la lengua que el hablante va a utilizar; una lengua, como sabemos, no es una nomenclatura, sino una forma de organizar el mundo sensible. A cada uno de los aspectos que se retienen de la experiencia corresponde, en la lengua, una unidad que debe ordenarse en la línea del discurso. Lo increíble del lenguaje humano es que, a partir de la sucesión lineal de los monemas, el oyente consiga reconstruir el conjunto de la experiencia transmitida, es decir, no solamente sus diferentes aspectos, sino sus relaciones mutuas, que hacen de ella un todo.

Para alcanzar este objetivo, el procedimiento que podríamos considerar como menos refinado es el que consistiría en emplear únicamente unidades que evocasen, al mismo tiempo, uno de los elementos de la experiencia a transmitir y las relaciones de este elemento con el resto de la experiencia. Imaginemos a un explorador encargado de observar el comportamiento de una tropa enemiga. Se da cuenta de que esta tropa está instalándose en un bosque y que procede allí a trabajos de protección. Para comunicar a los suyos el resultado de sus observaciones, cabría imaginar que emplea un monema evocador no sólo del enemigo, sino del enemigo como agente, un segundo monema evocador no sólo de un atrincheramiento, sino de un atrincheramiento como resultado de una acción, y un tercer monema evocador no sólo del bosque, sino del bosque como lugar en el que se desarrolla un acontecimiento. Esto querría decir que la lengua presentaría otros monemas, claramente distintos de los precedentes, para designar al enemigo como paciente, como beneficiario de una acción, como acompañante, el atrincheramiento como lugar en el que se desarrolla la acción, como objeto de una destrucción, el bosque como un dominio conseguido por comercio o por las armas. En comparación con lo que observamos efectivamente en las lenguas conocidas, ésta sería una situación muy poco económica. Lo que encontramos, de hecho, es algo muy distinto: en muchas lenguas, el monema que designa el bosque tiene, *la mayoría de las veces*, el valor de «en el bosque», es decir, que evoca, a la vez, uno de los elementos de la experiencia y sus relaciones con el resto; pero el mismo monema podrá, en contextos específicos, designar el bosque, no como el lugar en el que se desarrolla una acción, sino como un objeto. Ocurre, simplemente, que el bosque se presenta tan a menudo al hombre como el lugar en el que ocurre algo, que es más económico conformarse con una especificación cuando éste no es el caso.

En las lenguas más conocidas y hasta el momento mejor descritas, un monema que designe un lugar rara vez implica, sin especificación suplementaria, que este lugar es aquel en el que se produce el acontecimiento descrito. Los monemas que indican un período determinado, por el contrario, se emplean frecuentemente solos para indicar el segmento del tiempo en el que hay que situar lo que indica el contexto: *il est venu* HIER (él vino ayer), *il partira* MARDI (él partirá el martes). Las unidades que indican un modo de hacer implican frecuentemente sus relaciones con el resto de los elementos del enunciado: *il court* VITE (él corre deprisa). Se trata, en todos los casos, de nociones cuya función está sugerida de modo tan directo por el sentido, que es económico reservar las complicaciones formales para los casos en que, utilizando la terminología tradicional, estos monemas no funcionen como complementos de tiempo o de modo: *il a fait beau* HIER (hizo buen tiempo ayer), pero LA JOURNÉE D'HIER *était belle* (el día de ayer fue bueno).

Lo que se designa tradicionalmente como adjetivo calificativo es, en principio, un monema que no sólo denota una cualidad, sino que también indica la relación de ésta con el contexto: en el ruso *dom nov* «la casa es nueva», *nov* expresa por sí solo la novedad y el hecho de que la novedad sea la cualidad del otro elemento de la experiencia, representado por *dom*.

La forma que parece más económica para indicar las relaciones mutuas de los diferentes segmentos de la cadena es la que consiste en situarlos en un orden tal que la naturaleza de su relación quede sugerida por este mismo orden. Sin embargo, como una unidad ha de ir necesariamente delante o detrás de otra, parece que el número de relaciones específicas que pudieran distinguirse así sería muy limitado. La forma más simple de sacar provecho del orden de los monemas consiste, según parece, en elegir desde el principio uno de los elementos de la experiencia considerado como central. El monema que responda a este elemento estará, de algún modo, en la base del enunciado. Podemos designarlo como el monema predicativo. Otro elemento de la experiencia, considerado como anejo, proporcionará otra unidad lingüística que, según la lengua, se situará delante o detrás de la base. El orden en el que se presenten los dos elementos indicará la existencia entre ellos de una determinada relación, la que existe, por ejemplo, entre *gold-* (oro) y *-fish* (pez) en el inglés *goldfish* (carpa dorada), relación bastante vaga en sí misma, pero que el sentido de los elementos en cuestión precisa en cada caso. Tomemos, en el caso de la experiencia del explorador que observa los movimientos del enemigo, la base «atrincheramiento» que podemos imaginar representada por un monema, en cierto modo, más simple que *atrincheramiento;* supongamos que el segundo elemento, anejo, o si se quiere, determinante del primero se caracterice en la lengua por su posición detrás de la base; la sucesión «atrincheramiento-enemigo» habrá de interpretarse como «(existencia de un) atrincheramiento hecho por el enemigo» y no «contra el enemigo» simplemente porque, sin indicación complementaria, será el sentido el que se imponga de modo más natural (cf. la relación indicada por *de* en el «atrincheramiento *del* enemigo»). La adjunción de un tercer elemento plantea la cuestión de saber si éste determina a la base, de la que está separada por el segundo elemento, o a este mismo elemento: «bosque» en «atrincheramiento-enemigo-bosque» podrá precisar la identidad del enemigo («el que vive en el bosque») o precisar el lugar en el que el enemigo se atrinchera. Se podrá salir de apuros en este caso utilizando pausas o curvas de entonación particulares: una pausa entre «enemigo» y «bosque» sería, probablemente, una indicación de que «bosque» no determina a «enemigo» sino al conjunto de lo que precede. Pero, por supuesto, pausas y curvas de entonación tendrían, en este caso, el *status* de unidades lingüísticas particulares, lo que nos lleva al tercer tipo de indicación de relación, tipo que examinaremos más abajo.

Existe la posibilidad de utilizar, en una misma lengua, la posición precedente y la posición siguiente para indicar diferentes tipos de relación. Se da en los casos en que el monema básico del enunciado no se identifica como tal por su posición con respecto a los otros monemas (en el ejemplo utilizado más arriba, la posición inicial), sino por el hecho de ser conocido como elemento que sólo funciona como monema básico (monema predicativo). Existe un término tradicional para designar los monemas de este tipo, el término «verbo». En francés, por ejemplo, el monema *jette* /žet/ se identifica como verbo, aunque no vaya acompañado de ninguno de los determinantes específicos (de persona, de tiempo o de modo) que señalan la presencia de un verbo. Las lenguas que cuentan con monemas verbales pueden permitirse la utilización del elemento que precede al monema verbal y del que le sigue para la expresión de relaciones diferentes, por ejemplo, las existentes entre el «sujeto» y la base y entre el «objeto» y la base. Es la situación que se advierte en francés en *(l')enfant jette (une) pierre* /(l) ãfã žet (yn) pier/ ([el] niño tira [una] piedra).

La jerarquía que puede establecerse en el enunciado mediante el orden de los monemas puede, tal como hemos visto, llegar a expresar relaciones reales muy variadas cuando se combina con las indicaciones semánticas proporcionadas por los dos elementos yuxtapuestos: en inglés la sucesión determinante-determinado debe entenderse como «el que trabaja» en *goldsmith* (orfebre, artesano que trabaja el oro), pero como «que tiene aspecto de» en *goldfish* (carpa dorada). En francés, donde una construcción con *de* o *à* equivale normalmente a los sintagmas ingleses del tipo *goldsmith, windmill* (molino de viento), el *de* indica la naturaleza del contenido en *tasse de thé* (taza de té), la naturaleza del continente en *tasse de porcelaine* (taza de porcelana). Pero, sean cuales sean los servicios que pueda rendir el orden de los monemas, malamente imaginamos una lengua que se conformara con éste para expresar las relaciones existentes entre las unidades sucesivas del enunciado.

De hecho, todas las lenguas conocidas utilizan, en mayor o menor grado, una tercera forma de indicar las relaciones entre los elementos del enunciado, relaciones a las que daremos, de ahora en adelante, el nombre de «funciones» que es con el que se las designa en general. Esta forma consiste en especializar ciertos monemas en el papel de indicadores de la función de sus vecinos inmediatos. Los monemas provistos de tal indicador ven expresada, de este modo, su relación con el resto del enunciado sin ninguna ambigüedad, independientemente de su sentido propio y de la posición que ocupen en el enunciado. Los indicadores de función corresponden a las preposiciones y a los casos de la gramática tradicional y a las conjunciones de subordinación cuando indican la función de una oración. Se dirá que los sintagmas provistos de un indicador de función son sintagmas autónomos. La autonomía sintáctica de un sintagma se hace evidente cuando puede cambiar de lugar en el enunciado sin que cambie la naturaleza de sus relaciones con el resto de éste: *sin vacilar, avanzó — avanzó sin vacilar; sólo conozco las iglesias de Roma — de Roma, sólo conozco las iglesias* *. Pero la posibilidad de realizar una permutación, aunque aporte una prueba definitiva de la autonomía sintáctica, no constituye en absoluto una condición *sine qua non*. Existen lenguas en las que el orden de los diversos elementos del enunciado está estrictamente determinado, de tal modo que las permutaciones resultarían tan extrañas y poco idiomáticas como lo sería en francés *de mon père le chapeau*. Esto no impide que haya, entre los elementos del enunciado, monemas o sintagmas que sólo cuentan con su posición para indicar su función, mientras que otros están debidamente provistos de un indicador que no deja dudas sobre la naturaleza precisa de las relaciones que mantienen con sus vecinos. La autonomía sintáctica, por tanto, existe por la presencia de un indicador específico, y la prueba de la permutabilidad no hace sino ilustrar las posibilidades que dicha presencia puede en ciertos casos permitir.

La existencia de los indicadores funcionales permite, naturalmente, una gran agilidad sintáctica, la que encontramos y admiramos en las lenguas clásicas con declinaciones, y que reencontramos en alto grado allí donde las preposiciones han sustituido a los casos. Sin embargo, las ventajas que suponen los indicadores de función no alcanzan a sustituir de modo económico, en todos los casos, a los otros dos tipos. Nada, sin duda, nos impide imaginar una lengua en la que todo monema fuera automáticamente acompañado de su indicador. Veámoslo en la frase *el martes, la granjera vende sus huevos en el mercado*, que se convertiría, en ese caso, en: *tiempo martes, agente granjera, acción venta, objeto huevos, lugar mercado*, donde *tiempo, agente, acción, objeto* y *lugar* equivaldrían a nuestras preposiciones. Pero, desde luego, no tenemos conciencia de que haya existido nunca una lengua de este tipo. Es mucho más económico hacer lo que hacen precisamente, entre otros, el francés y el español: 1) operar con un verbo, es decir, con un monema que se identifica inmediatamente como base del enunciado, lo que permite evitar la «preposición» *acción;* 2) hacer preceder a este verbo de un elemento llamado «sujeto» *(granjera)* que resulta aquí ser el agente, lo que nos dispensa de expresar *agente;* 3) hacer seguir a dicho verbo de un elemento llamado «objeto» (directo), aquí *huevos,* y 4) evitar, en el caso de *martes,* la indicación *tiempo,* ya que *martes* designa siempre una unidad de tiempo. Ya no queda, por tanto, sino el funcional *lugar* que, en francés, se dice *à* (esp. «a»), y cuando va amalgamado con el artículo, *au,* esp. «al». Vemos, por tanto, que, incluso en lenguas como el francés y el español, que disponen de un juego de preposiciones bastante rico, se recurre, muy generalmente, a la indicación de función que resulta del orden de los monemas y de su especialización semántica, es decir, a nuestros dos primeros tipos.

Las anteriores consideraciones nos llevan a distinguir, entre las unidades significativas mínimas de cualquier enunciado, tres tipos de monemas: monemas autónomos, monemas funcionales y aquellos que no son ni autónomos ni funcionales. Los *monemas autónomos* son aquellos que se encargan por sí mismos de indicar su función y que no dependen, por tanto, en este sentido, ni de otro monema, ni de su posición con relación a los demás elementos del enunciado. Una vez identificados, en principio tomando como base los rasgos distintivos (fonemáticos o prosódicos) de su significante, sabemos, no solamente a qué aspecto particular de la experiencia vivida se refieren, sino también en qué relación se encuentra este aspecto con el resto de la experiencia: *ayer*, no es solamente el día que precede a éste, sino el día como segmento de tiempo en el que se sitúa la experiencia que constituye el objeto de la comunicación. Entre estos monemas sintácticamente autónomos, los monemas verbales ocupan un lugar particular en el sentido de que, al estar especializados en la función predicativa, representan la base del enunciado con referencia a la cual se ordenan, en último análisis, directa o indirectamente, todos los demás elementos. Podríamos distinguirlos a través no ya de su autonomía, sino de su independencia. Naturalmente, hay que comprender que la autonomía sintáctica de los monemas en cuestión es válida dentro de ciertos límites: en la frase *él dijo que ella había llegado,* no es indiferente que *ayer* se sitúe delante de *él dijo* o detrás de *llegado;* en el caso de los usos calificativos del adjetivo, si bien la posición de *elegante,* en *una persona elegante* y *una elegante persona,* no afecta a la naturaleza de las relaciones entre los términos del enunciado, será, naturalmente, decisiva para la comunicación según que *elegante* se diga de la dama que renueva su guardarropa o del traje que compra.

La autonomía sintáctica vale para un monema *en un determinado enunciado,* pero no caracteriza necesariamente todos los empleos que se hacen de un monema, identificado por su sentido y su forma: *(el) domingo* es un monema autónomo en *Los niños se aburren el domingo, El domingo, los niños se aburren,* pero ya no lo sería en *el domingo es el día en el que uno se aburre.*

Los *monemas funcionales* son aquellos que sirven para indicar la función de sus vecinos y les confieren una autonomía sintáctica idéntica a la que poseen los monemas autónomos. Recordemos que esta autonomía sintáctica existe independientemente de las permutaciones que se puedan o no permitir los hablantes. Exactamente lo mismo que los monemas autónomos, los monemas funcionales son identificables como tales en un enunciado determinado, pero no *a priori*. En muchas lenguas, el monema que indica la atribución es, evidentemente, el mismo que el que funciona, además, como monema predicativo con el sentido de «dar»; es, evidentemente, el contexto (presencia de un monema predicativo de gran especificidad como «escribir», «presentar», «explicar») el que permite interpretar la «palabra» con sentido de «dar» como un monema funcional. En inglés, *down* (abajo) es, la mayoría de las veces, un monema autónomo: *he went down* (él bajó) — *down he went* (id.), pero en *down the hill he went* (él bajó la colina), es sin duda alguna un funcional.

Los monemas autónomos y los funcionales tienen en común el hecho de llevar en sí mismos la indicación de una función, la suya propia o la de sus vecinos. Es frecuente, como acabamos de ver, que el mismo monema se emplee como autónomo y como funcional en un mismo estado de lengua, y diacrónicamente, los funcionales son normalmente antiguos autónomos. Pero sería un error confundirlos con todo el conjunto de los que pueden caracterizarse negativamente como monemas dependientes.

Los *monemas dependientes* son, por supuesto, aquellos cuya función se indica, bien mediante su posición con relación a sus vecinos, bien mediante un funcional adjunto. Entre estos monemas dependientes, encontramos tanto elementos léxicos, p. ej. *camino*, como monemas gramaticales, p. ej. el artículo *el*, el pronombre personal *nosotros*, o incluso, los números, los tiempos y los modos. En el sintagma *en el camino*, hay dos elementos que podemos calificar como gramaticales: por un lado, el funcional *en*, por otro, el dependiente *el*. Sin el funcional *en* (y sin estar en una posición bien determinada en el enunciado) *el camino* no tendría ninguna función en el sintagma en que figura y no quedaría más ligado a la cadena del discurso de lo que podría estarlo una interjección como *ay;* la presencia del artículo *el* no tiene ningún efecto en lo que concierne a la integración de *camino* en el enunciado; este artículo precisa uno de los aspectos de la experiencia que se une al aspecto expresado por *camino;* del mismo modo que el camino en cuestión podría presentarse como umbrío, empinado, utilizado de primeras por el hablante, aquí se presenta como un camino particular mencionado anteriormente o inmediatamente después *(el camino* oponiéndose a *un camino).* La relación que puede implicar la utilización del artículo determinado con ciertos datos anteriormente enunciados es un rasgo puramente semántico que nada tiene que ver con la integración en la estructura gramatical del sintagma resultante de la utilización del funcional *en.* Si la gramática tradicional ha confundido tan constantemente funcionales y dependientes gramaticales, es seguramente porque en las lenguas clásicas sus significantes se encuentran muy frecuentemente amalgamados: en *dominorum* el dependiente plural y el funcional genitivo, en *amamini* los dependientes personales, temporales y modales por un lado, por otro, el funcional pasivo que implica relaciones particulares con los otros elementos del enunciado. Estas amalgamas han traído como consecuencia la presentación de los hechos en forma de paradigmas a los que debemos el sentimiento de la unidad de la palabra en su diversidad y el —tan engañoso— de la unidad de las formas gramaticales. Cuando comprobamos que los hechos de concordancia, simple resultado del mínimo esfuerzo, afectan por igual y simultáneamente a los dependientes gramaticales y a los funcionales, cuando comprobamos de qué modo los accidentes de la flexión pueden inopinadamente confiar la expresión de una función a lo que en principio era una modalidad dependiente, comprendemos cómo ha podido perpetuarse la confusión.

La comprensión de los fenómenos lingüísticos exige el establecimiento, previo a toda dicotomía entre léxico y gramática, de la distinción en tres clases que implica el criterio de la autonomía sintáctica. Esto, por otra parte, es sólo el primer paso de una lingüística consciente y resueltamente funcional hacia una apreciación de los fenómenos que ya no se verá oscurecida por una excesiva atención hacia los accidentes formales. Éstos reclaman un tratamiento bien delimitado que ha recibido y recibirá el título de morfología. Pero habrá que prescindir, cuidadosamente, de ellos para apreciar correctamente la estructura sincrónica de cualquier lengua.

11. ANÁLISIS Y PRESENTACIÓN, DOS TIEMPOS DEL TRABAJO DEL LINGÜISTA

En un momento de la historia de la lingüística en que todos se asoman a ella para supeditarla inmediatamente a sus fines particulares, y tras haber hojeado algún manual, alguna colección de artículos o algunas páginas de semanarios de moda, se jactan de haber integrado la lingüística a su propia interdisciplina, es necesario insistir en algunos hechos que hoy por hoy hay tendencia a olvidar: si la lingüística tiene, actualmente, algún derecho a ser considerada como ciencia piloto por los especialistas consagrados al estudio del comportamiento humano, no es porque filósofos como Merleau-Ponty o Henri Lefèvre le hayan otorgado un lugar importante en sus enseñanzas o en sus escritos, sino porque existe, desde hace cerca de cuarenta años, un pensamiento lingüístico que ha sabido liberarse de las servidumbres filosóficas del lenguaje. Lo mejor y lo más definitivo dentro del pensamiento de Trubetzkoy no es lo que debe a Bühler, sino aquello en lo que le supera; se hacen investigaciones para saber en qué doctrina filosófica se inspiró Saussure, pero está claro que no hubiera existido como lingüista, si se hubiera encerrado en una de las doctrinas filosóficas profesadas en su época; el mismo Leonard Bloomfield desarrolló su pensamiento paralelamente al de los filósofos behavioristas, y no a remolque suyo. Si los filósofos se inspiran en el pensamiento lingüístico, allá ellos. Pero hay que tener claro que los intercambios fértiles, si los ha habido, han sido, hasta el momento, en sentido único, de la lingüística a la filo-

sofía. La actividad de los lingüistas funcionalistas y estructuralistas es la que permite sentar las bases de una semiología, y
los investigadores que se internan por esta vía con alguna posibilidad de éxito, no son los que han flirteado con la lingüística,
sino los que la han practicado extensa y profundamente. La
epistemología, para su desgracia, se ha convertido en refugio de
pretendidos lingüistas, de inspiración algo corta, que creen poder convencer así al público de que dominan el tema que abor-
dan. La ofensiva de los logicistas, sostenida por el idealismo,
declarado o latente en todos los «humanistas», es causa de la
actual afirmación de que las estructuras lingüísticas son inna-
tas, y de la moda de los «universales». Pero puede comprobarse
ya una recesión que permite esperar el desarrollo de una lingüística que no esté viciada desde el principio por unos *a priori*
de todo tipo.

Para proteger a los lingüistas contra tentaciones centrífugas
y mantenerles en el centro de su propio campo, insistiremos
siempre en recomendar la práctica de la descripción de las
lenguas, donde es necesario que las técnicas existentes sean sa-
tisfactorias, y donde puede esperarse la realización de un trabajo útil, tanto en el plano de la reflexión teórica como en el de
la aplicación a los diversos idiomas de los métodos en vigor.

La práctica de la descripción ganará, ciertamente, cuando se
distingan mejor de lo que se ha hecho hasta ahora dos tiempos
en el trabajo, por un lado la operación de análisis y de clasificación de los datos, por otro la presentación de los resultados
del análisis.

Esta distinción se ha establecido, recientemente, como algo
adquirido en el campo fonológico. Se puede, incluso, apreciar
que ciertos descriptores van demasiado lejos en esta dirección,
cuando, en su presentación, se conforman con enumerar los fonemas que ha dado su análisis, sin ilustrar las oposiciones con
algunos «pares mínimos» que, bien elegidos y acompañados de
un comentario, especifican útilmente las posiciones en las que la
oposición existe realmente.

Ocurre de muy distinto modo en el campo de la primera articulación del lenguaje, en la que se opera con las unidades significativas mínimas, que se llamarán «morfemas», si se insiste en no identificar sino lo correspondiente a un segmento determinado del enunciado, o «monema», si, como recomendamos, nos conformamos con exigir, para cada unidad, que su aparición en un contexto corresponda a una modificación fónica cualquiera. En cuestión de unidades significativas, unidades de doble aspecto y de número ilimitado, las operaciones sucesivas son sensiblemente más complejas que en el caso de los fonemas, y los lingüistas no se ponen de acuerdo en cuanto a la naturaleza exacta de estas operaciones. El término, bastante utilizado por ellos, de «morfosintaxis» para designar lo que más sencillamente podría llamarse gramática, ilustra la incertidumbre en que se encuentran muchos investigadores a la hora de aislar y designar los diferentes tiempos del proceso descriptivo. Parece que el primer tiempo de la investigación debería consistir en identificar y clasificar los monemas en función de las combinaciones en que los encontramos. Sin embargo, es precisamente el establecimiento de las posibilidades combinatorias de los monemas lo que viene a ser la meta de la descripción gramatical. Parece, por tanto, que se esté girando en redondo, y no entrevemos, para escapar a esta «circularidad», sino un constante vaivén en el que se entremezclen necesariamente los diferentes pasos dados.

Es posible, no obstante, tener una visión más clara de la cuestión, si se practica conscientemente y con fidelidad la distinción entre una operación científica realizada a partir del *corpus*, y una operación didáctica en la que los resultados obtenidos con anterioridad se presenten con el máximo de claridad y de simplicidad, y al mismo tiempo, de modo exhaustivo. En cada una de las dos operaciones, se distinguirán tres tiempos, pero constituiría un grave error el hecho de identificar o comparar, de una operación a otra, los tiempos sucesivos. Por eso, en el cuadro que se muestra a continuación, la identidad de la numeración no implica ningún parentesco.

I ANALISIS	II PRESENTACIÓN
El lingüista trabaja con el corpus.	El lingüista presenta la gramática de la lengua.
1. Segmentación	1. Inventario
o, mejor dicho, localización de las unidades significativas en la cadena.	Lista de las clases existentes y, para las clases cerradas, enumeración de las unidades.
2. Identificación	2. Morfología
Comparación de las unidades antes extraídas para identificar aquellas que representen el mismo monema.	Presentación de las variantes de significante y de sus condicionamientos.
3. Clasificación	3. Sintaxis *
Establecimiento de las clases de monemas en base a sus funciones y a sus compatibilidades.	Cómo combinar los monemas para formar todos los enunciados posibles.

Este cuadro requiere, claro está, algunos comentarios.

Hemos conservado aquí el término tradicional de segmentación. Pero en la medida en que operamos con monemas, es decir, con unidades significativas que no corresponden necesariamente a segmentos identificables (el monema «locativo» en *au moulin* «en el molino», y el monema genitivo en *rosarum* no son exactamente delimitables), el término cubre de modo imperfecto lo que realmente hacemos. La operación de localización de los monemas en la cadena puede parecer bastante sencilla. Sin embargo, no tenemos posibilidades de realizarla correctamente a menos que tengamos siempre presente que un monema corresponde a una elección. Es así como reconocemos que el género femenino, en francés, no es un monema en *la grande table* (la gran mesa), ya que no ha sido «elegido» independientemente de *table*. Sin duda alguna, la utilización de este concepto de elección no carece de problemas: cuando utilizo el término *teléfono*, digo *-fono* donde hubiera podido decir *-grafo* si mi experiencia y lo que quería decir hubieran sido diferentes. No obstante, no he elegido, en realidad, independientemente *tele-* y *-fono*, sino *teléfono* en su totalidad. Hay, en los enunciados, elementos que se comportan como monemas únicos, aunque el lingüista o el mismo usuario puedan, si lo desean, analizarlos en unidades significativas diferentes. Se ha propuesto, para designar estos elementos, el término *sintema*[1]**. Los sintemas se tratarán, naturalmente, en la sintemática. El término de sintagma queda, pues, disponible para designar exclusivamente una combinación de monemas, cada uno elegido *hic et nunc*, aunque, como en *rosarum*, los diferentes significantes aparezcan amalgamados, es decir, no segmentables.

Si conviene esforzarse siempre en distinguir entre sintagma y sintema, es menos importante pronunciarse sobre la calidad de sintema o monema de un segmento de un determinado enunciado: muchos francófonos, que utilizan el término *percepteur* con un sentido claro de su valor, nunca han tratado de buscar en él las tres unidades significativas que un analista profesional identificaría con toda seguridad, sin demasiado conocimiento, por lo demás, del valor que habría que atribuir a *per-*. El carácter ilimitado de determinadas clases de monemas designadas generalmente como léxicas, es debido, quizá, no tanto al hecho de poder crear en todo instante nuevos elementos, como a la incertidumbre en que nos encontramos con respecto

---

1 Sobre esta noción ver, del autor de estas líneas, «Syntagme et synthème», *La linguistique*, 2 (1967), págs. 1-14, «Mot et sinthème», *Lingua*, 21 (1968), págs. 294-302, «Composition, dérivation et monèmes», en *Wortbildung, Syntax und Morphologie, Festschrift Hans Marchand*, págs. 144-149.

al carácter monomonemático o bimonemático de elementos como el francés *fenaison* (siega del heno), *aigrefin* (estafador), o el inglés *blackmail* (chantaje).

En un segundo tiempo, tras haber localizado, en los enunciados sometidos a examen, los significantes segmentales o las modificaciones formales correspondientes a las elecciones significativas, conviene comparar e identificar los que correspondan a los mismos monemas. Nos tropezamos aquí con dificultades teóricas considerables. Si cada monema de la lengua presentara un significante perfectamente diferenciado de todos los demás y siempre con las mismas unidades distintivas discretas (el caso, en francés, de /žon/ que siempre quiere decir «jaune» (amarillo), y de «jaune» que siempre se dice /žon/), la naturaleza del significado no habría de intervenir en la identificación, ya que un determinado significante sólo podría corresponder a un monema. El análisis de las variaciones contextuales y situacionales del significado de este monema podría relegarse a un examen ulterior del léxico. Pero, evidentemente, toda lengua abunda en homonimias y en polisemias, entre las cuales no se sabría cómo trazar una frontera en sincronía. Considerando el problema a nivel del funcionamiento del lenguaje, puede decirse que, dentro del comportamiento del hablante medio, nada indica que el manejo satisfactorio de la lengua requiera la identificación como una misma unidad de las variantes de significado de un monema: la experiencia muestra que un sujeto puede utilizar los sintagmas *la casa de los vecinos*, *la Casa de Austria*, *vuelvo a casa*, sin haber tomado nunca conciencia de las relaciones semánticas entre los diferentes usos de *casa*, como si se tratase, por tanto, de tres homónimos. En consecuencia, habremos de remitirnos necesariamente, en este caso, al «sentido común», que, como se sabe, todos compartimos, pero que tiene el inconveniente de variar de una persona a otra. Sin embargo, cuando se trata de elementos pertenecientes a inventarios limitados, llamados gramaticales, no faltan criterios que permitan pronunciarse sobre la identificación de elementos que aparezcan en diferentes contextos.

Cuando el sentido, según los contextos, varíe poco o nada, cabe la posibilidad de identificar, mediante el recurso a la distribución complementaria, realizaciones fonológicamente distintas como los significantes de un mismo monema. Es así como localizamos un mismo monema funcional en *à l'hôpital* (en el hospital) y *au moulin* (en el molino), la misma modalidad «imperfecto» en *yo cantaba* y *nosotros cantábamos*, el mismo monema verbal en *él va* y *él irá*.

Una vez que los monemas recogidos en la cadena han sido identificados como unidades de la lengua, quedan por establecer las clases a las que pertenecen estas unidades según sus posibilidades combinatorias, o mejor dicho, según sus compatibilidades. Los sintemas que tengan, por definición, las mismas compatibilidades que los monemas se clasificarán aquí con ellos. El término «compatibilidad» implica que lo importante, en este caso, no es realmente la posibilidad de que un elemento A figure en un grupo AB, y con este orden, sino el hecho de que este elemento A pueda coexistir en un contexto con B. Se sobreentiende que si AB no se confunde con BA o con A...B, será necesario poner de manifiesto la pertinencia de las posiciones respectivas.

Las tres operaciones de análisis: segmentación, identificación y clasificación, se realizan con fines heurísticos. Cada una de ellas nos revela cosas que ignorábamos o, si practicábamos la lengua antes de analizarla, que apenas habíamos notado. La presentación, por su parte, tiene una finalidad estrictamente didáctica. Se trata, simplemente, de encontrar la forma más adecuada de transmitir a los demás los conocimientos adquiridos en el curso de la investigación precedente.

El inventario es el de las clases establecidas en el tercer tiempo de la investigación. Las clases que consten de un número determinado de unidades se presentarán naturalmente *in extenso*. Se trata de clases llamadas gramaticales. En cuanto a las clases léxicas, cuya lista no sabríamos cómo cerrar, sólo podrán representarse mediante un título más o menos descriptivo y algunos ejemplos. Los monemas individuales figurarán bajo la forma de su significante, siempre que éste sea único, seguidos de indicaciones relativas al significado, generalmente, en forma de traducción a la lengua utilizada para la presentación (/in/ «en»). El grado de precisión, en materia semántica, dependerá de la existencia y la naturaleza de las presentaciones lexicográficas paralelas. Podremos, por ejemplo, dejar al diccionario la tarea de precisar el campo exacto de la extensión de uso del monema. Cuando el significante tenga formas variables sin que ninguna de ellas pueda considerarse como normal (en este caso el monema suele designarse como «categoría»), nos conformaremos con una identificación no ambigua por alusión al significado (tipo: «dativo»). Es muy importante no incluir todo esto en la morfología: no se trata, por el momento, de la forma en el sentido tradicional del término, sino simplemente de una toma de contacto y del establecimiento de identidades que permitirán saber de qué se habla en los capítulos que seguirán.

La morfología gana al ser definida estrictamente como la presentación de las variantes de significante de los monemas. Si la lengua, para felicidad de todos los usuarios, permanentes o episódicos, presenta únicamente monemas de significante invariable, el presentador se ahorrará el capítulo 2. La presentación de las variantes de significante será incompleta, a menos que se aclare perfectamente el condicionamiento de las variaciones establecidas. Este condicionamiento puede ser parcialmente definible en términos fónicos sin que debamos considerarlo como un aspecto de la fonología de la lengua: en francés, el sufijo que permite formar el nombre del árbol a partir del fruto es en /e/ (en lugar de en /ie/) después de una prepalatal fricativa, así, p. ej., en *pêcher* (melocotonero), *oranger* (naranjo); pero esto no resulta de una imposibilidad característica del sistema fonológico, pues los francófonos contemporáneos no tienen ninguna dificultad en pronunciar *lâchiez* o *rangiez*.

A veces, se ha dado en llamar «morfofonología» o «morfonología» al estudio de los tipos de variación que no se limitan a determinados monemas o clases de monemas. El hecho de que pueda resultar indicado tratar estas variaciones independientemente de las particulares condiciones gramaticales de su aparición, no significa que no provengan de la morfología pura y simple. Interesará entrar en la morfología del alemán con una presentación de las alternancias conocidas con el nombre de *Umlaut*. Esto simplificará mucho la exposición de las morfologías nominal, adjetival y verbal que seguirán. Pero es evidente que desde hace más de un milenio, el *Umlaut* ha dejado de ser un caso de condicionamiento fónico. La dificultad que experimentan muchos descriptores a la hora de distinguir entre condicionamiento fónico y alternancia sugiere que la confusión entre diacronía y sincronía está tan extendida entre los descriptivistas contemporáneos como lo estaba entre los tradicionalistas pre-saussureanos.

La sintaxis *** es el capítulo donde se muestra qué monemas pueden coexistir en un contexto determinado. Para delimitar bien el campo propio de la sintaxis, podemos intentar determinar lo que ocurriría con un sintagma como el latín *rosarum* dentro del tipo de presentación que preconizamos aquí. En primer lugar, en el inventario localizaríamos, entre sus componentes, un monema «genitivo» y un monema «plural», a los que nos sería prácticamente imposible dar significantes determinados; el monema componente «rosa», al que nos arriesgaríamos a dar un significante /rosa/ (a pesar del *rosis* sin *a* del dativo y del ablativo plural), estaría implícitamente representado en la clase de los sustantivos. En la morfología, recurriríamos seguramente a las declinaciones tradicionales para dar cuenta de lo que ocurre, a nivel formal, cuando se combinan en latín los monemas «rosa», «genitivo» y «plural» en una amalgama que hace arbitrario el trazado de una frontera entre el elemento léxico y los anexos gramaticales, sin ocultar, a pesar de todo, la sucesividad de estas dos partes del sintagma. Lo que pertenecerá, sin embargo, a la sintaxis, será el enunciado de la compatibilidad de los monemas de la clase de «rosa», los de la clase de indicadores de función («genitivo», «dativo», etc.) y los de la clase de los números («singular» y «plural») ****. Las gramáticas clásicas pasan por alto todo esto, porque creen inútil volver sobre algo que la presentación morfológica ya ha indicado: la posibilidad de tales combinaciones. Esta omisión, sin embargo, es de lamentar, pues afecta a la nitidez de los sucesivos pasos y hace arraigar más la convicción de la existencia de una oposición fundamental entre las construcciones analíticas y las construcciones sintéticas: existen relaciones sintácticas en *rosarum*, del mismo modo que existen en *sobre el banco*.

Quizá no sea inútil recordar, finalmente, que, en la medida en que se pretende describir, no ya la lengua de un *corpus*, sino la de una comunidad entera, una descripción no será completa a menos que pueda aplicarse a todos los posibles enunciados dentro de esa lengua. Si lo que efectivamente se obtiene no está conforme con este ideal, no es porque las técnicas sean deficientes, sino porque quizás sea la vida de un hombre demasiado corta como para permitirle presentar un cuadro completo de los comportamientos lingüísticos de una comunidad que agrupe a millones y millones de sus congéneres.

12. LA SINTAXIS FUNCIONAL [1]

La lingüística funcional, en la línea de la tradición saussureana, se opone en bloque al distribucionalismo bloomfieldiano y al generativismo chomskyano que únicamente pueden entenderse como una tesis y una antítesis dentro de un marco totalmente extraño al punto de vista funcional.

En su forma contemporánea, con respecto a las dos escuelas que han hecho profesión de fe funcional, la de Praga y la glosemática hjelmsleviana, enlaza más con la primera que con la segunda, por el interés hacia los rasgos que consagran lo específico del lenguaje humano: el carácter vocal que impone la linealidad del habla y sus consecuencias sintácticas; la jerarquía de la doble articulación, con preferencia sobre el isomorfismo de los dos planos hjelmslevianos.

De todas las formas de la lingüística contemporánea, es, ciertamente, la que se sacrifica menos a las modas, la más consciente de la originalidad de su objeto, la menos dependiente, en su fundamento epistemológico, de otras disciplinas y la que, por esto, sienta mejor las bases para una interdisciplinaridad fructífera, en cuanto que presenta el hecho lingüístico no teñido de antemano por presupuestos lógico-matemáticos o psicológicos.

---

[1] Ponencia presentada durante la sesión de la Comisión Lingüística de la Academia de las Ciencias y las Letras de Cravovia, el 28 de noviembre de 1972.

La sintaxis funcional se basa en la comprobación de que el hombre utiliza el lenguaje —que existe en forma de lenguas diversas— para comunicarse. Lo que desea comunicar forma parte de lo que puede llamarse su experiencia. Pero el deseo de comunicar esta experiencia implicará un análisis que habrá de hacerse en función de los recursos en signos de la lengua que vaya a utilizarse. Sabemos que, para un bilingüe, una misma experiencia puede ser objeto de análisis diferentes según la lengua utilizada: el francés *j'ai mal à la tête* corresponde al español *me duele la cabeza; il a traversé la rivière à la nage,* al inglés *he swam across the river.*

Un análisis tal conduce, naturalmente, a disociar, dentro de la expresión lingüística, elementos que no lo están en la realidad de los hechos: *j'ai mal à la tête* presenta seis signos para una misma y única realidad; *cet homme marche vite* (este hombre anda deprisa) presenta cuatro. Según la lengua, se hará abstracción de ciertos aspectos de la realidad percibida.

Si tuviéramos tres dimensiones o, incluso, solamente dos dimensiones para comunicarnos, y por ejemplo, dibujáramos nuestros mensajes, podríamos evitar a menudo el análisis: el hombre que anda deprisa correspondería a un único dibujo. Pero la dimensión única que nos ofrece la linealidad del discurso nos obliga a llevar muy lejos el análisis. Por tanto, produciremos enunciados lineales compuestos de unidades correspondientes a elementos de experiencia. Uno de los problemas fundamentales de la comunicación lingüística será el de sugerir o indicar, en el enunciado, las relaciones que existen, en nuestra experiencia, entre estos diferentes elementos. Es precisamente el examen de los medios que emplean las lenguas para indicar estas relaciones, lo que llamamos sintaxis.

Por reflexión, es decir, deductivamente, comprobamos la existencia de tres procedimientos sintácticos:

1. Se deja a las unidades del enunciado la tarea de indicar sus relaciones con el resto.

2. Se sitúan juntos en el enunciado, los elementos que van juntos en la experiencia.

3. Se utilizan unidades especiales para indicar las relaciones.

Por análisis, es decir, inductivamente, se verifica que las lenguas utilizan, en mayor o menor grado, cada uno de los tres procedimientos, combinándolos, a veces, de forma redundante.

Veámoslo en la experiencia de una vaca que pasta en un prado. Puede ser suficiente presentar cuatro unidades léxicas en un orden cualquiera, sin hacer explícitas las relaciones. De ahí, por ejemplo, *comer vaca hierba prado*, ya que *comer* sólo puede ser acción, *vaca* sólo puede ser agente, *hierba* sólo paciente y *prado* sólo lugar. Esto vale, igualmente, para la experiencia de un hombre que anda deprisa, que podrá presentarse, sin inconveniente, como *andar hombre rapidez*. Muchas lenguas confían, en tales casos, en el sentido de las unidades. Pero la experiencia puede ser de tal tipo que, no recurriendo a la posición respectiva de las unidades o al empleo de indicadores de función, existiría ambigüedad. ¿Qué querría decir, por ejemplo, *matar tigre hombre?* En este caso, estas mismas lenguas hacen uso de indicadores facultativos, indicador de paciente (representado aquí por *p)* o de agente (representado aquí por *a)*. Si es el hombre el que mata al tigre, tendremos *matar—tigre-p—hombre*, o bien *matar—tigre—hombre-a*, pero *andar—hombre—rapidez*, claro está, sin indicador.

Puede llegar un día en que la utilización de indicadores se haga automáticamente, en el caso de los dos participantes, exista ambigüedad o no. Si es la indicación del paciente la que se hace obligatoria, tendremos:

> *matar—tigre-p—hombre* (construcción acusativa),
> pero *andar—*   *hombre (—rápidamente)* (sin marca)

Si la indicación de agente es la que se impone, tendremos:

> *matar—tigre—hombre-a* (construcción ergativa)
> pero *andar—*   *hombre (—rápidamente)* (sin marca)

En la construcción acusativa, decimos que hombre es «sujeto» en los dos casos. En la construcción ergativa, *hombre* y *tigre* tienen una misma expresión cero de su función, e interesa designarlos a ambos como primer determinante del predicado. Por supuesto, podríamos utilizar la posición respectiva de las unidades en lugar de los indicadores. Si *matar* y *andar* se identifican como predicados, podrá identificarse al sujeto o al primer determinante como el monema que sigue inmediatamente al predicado. Por tanto, en una lengua que tenga construcción acusativa y sujeto:

> matar—hombre—tigre
> andar—hombre (—rápidamente)

y, en una lengua de construcción ergativa y con primer determinante:

> matar—tigre—hombre
> andar—hombre (—rápidamente)

La sintaxis estudia, por supuesto, todas las relaciones, ya sean de determinación (por ejemplo, relación del monema de plural con el sustantivo), o de coordinación, ya se establezcan entre «palabras» diferentes, o entre elementos de una misma «palabra».

La morfología se concebirá como el examen de las variaciones formales de los significantes de monemas, ya se trate de variaciones fonemáticas, prosódicas, o posicionales, todas ellas no pertinentes, es decir, al margen de la elección del hablante.

La distinción fundamental se plantea entre los *hechos de sintaxis*, que juegan un papel positivo por lo que respecta al éxito de la comunicación, y los *hechos de morfología*, que son residuos impuestos por la tradición que no hacen sino complicar el intercambio lingüístico.

13. ¿QUÉ ES LA MORFOLOGÍA?

Rara vez encontramos el término morfología en los escritos lingüísticos contemporáneos, y quizá sea interesante tratar de localizar las causas de esta evidente desafición. Tradicionalmente y en la mente de cualquiera que se haya sumergido en una gramática, la morfología se opone a la sintaxis. La sintaxis es, evidentemente, el modo como se combinan las palabras para formar frases, y la morfología, que la precede en los manuales, es, naturalmente, la forma en que están constituidas las palabras. Parece como si muchos lingüistas profesionales no fueran más allá de estas ingenuas concepciones, aun percibiendo sus insuficiencias. De grado o por fuerza, esta articulación simplista de los hechos gramaticales se sigue imponiendo a todo el que no se haya replanteado el problema de la naturaleza de la palabra y de su papel en el análisis del lenguaje.

Las primeras críticas surgidas en contra de esta bipartición no provienen de gentes que busquen una delimitación más satisfactoria de los campos respectivos de la morfología y de la sintaxis. Provienen de aquellos que entrevén el carácter inaceptable de una división tajante entre, por un lado, las combinaciones de signos en el interior de la palabra, que corresponderían a la morfología, y por otro, las que hacen intervenir varias palabras, que pertenecerían a la sintaxis. Es seguramente en este sentido en el que hay que interpretar las reticencias saussureanas [1], y es lo que encontramos en el origen del com-

---

[1] *Cours de linguistique générale*, París, 1967, págs. 185-187.

puesto «morfosintaxis», aunque este término no haga, hoy en día, sino camuflar una actitud contraria a llevar hasta sus últimas consecuencias el análisis lingüístico. El primer paso ha consistido, por tanto, no en denunciar el contenido de los dos términos y en reclamar precisiones suplementarias, sino en rechazar una distinción cuya inadecuación se intuía bajo su forma tradicional.

Este mismo rechazo se refleja, en general, en las reacciones a la cuestión planteada a los participantes del VI Congreso de Lingüistas, celebrado en París en 1948, relativa a la naturaleza de los campos respectivos de la morfología y de la sintaxis [2]. Por otro lado, no hay que pensar que los organizadores del Congreso pretendieran, con esta cuestión, superar el escepticismo general de los estructuralistas de entonces. Según parece, se trataba, para ellos, de poner de manifiesto la oposición entre la concepción tradicional de la morfología como el estudio de la constitución de las palabras, y otra, bastante extendida en Francia en aquella época, según la cual la morfología era el estudio de los morfemas, es decir, de los elementos gramaticales «desprovistos de sentido», oponiéndose de este modo, en planos diferentes, tanto al examen de los semantemas, unidades «dotadas de sentido», como a la combinatoria sintáctica [3]. Desembarazada de sus oropeles idealistas, esta última visión hubiera podido conducir a una verdadera vuelta a discutir el concepto de palabra: las preposiciones francesas *de* (de), *pour* (para), *avec* (con) eran «morfemas», igual que las desinencias casuales del latín, pero también eran palabras; por tanto, ya no se trataba de la oposición entre la palabra y las combinaciones más amplias que la palabra, lo que hubiera podido conducir a la concepción del sintagma gramatical que designara tanto palabras del tipo del latín *rosarum* o del francés *donnerions* (diéramos), como combinaciones de palabras, del tipo del francés *par les champs* (por los campos) o del inglés *I don't get* (no consigo). De hecho,

---

[2] *Actes du VIᵉ Congrès des linguistes*, París, 1949, págs. 19-30, 261-302.
[3] Ver, por ejemplo, J. Vendryes, *Le langage*, París, 1921, págs. 85-105.

las bases semánticas de la oposición entre «morfema» y «semantema» eran muy poco convincentes: podía no tenerse demasiados escrúpulos en considerar que las preposiciones francesas *à* y *de* estaban tan desprovistas de sentido como los casos latinos, pero era difícil hacer lo mismo con las preposiciones *avec* (con) o *sans* (sin), o con locuciones preposicionales como *à l'aide de* (con ayuda de) o *en l'absence de* (en ausencia de). Desde la perspectiva decididamente antimentalista del estructuralismo de los años cuarenta, esta forma de plantearse los fenómenos no podía mantenerse, ni siquiera ser objeto de un examen simpatizante. Esto explica el olvido en el que ha caído.

El rechazo de la distinción entre morfología y sintaxis no podía sino reforzarse con la aparición, paralela a la fonología de Praga, de una morfofonología, llamada haplológicamente «morfonología». El programa de esta rama de investigación resultaba, sin duda, bastante impreciso, pero su aparición indicaba claramente que, para sus promotores, la razón de ser de la morfología radicaba, no tanto en el examen de las variaciones formales, ya que algunas de ellas estaban ligadas a la nueva disciplina, como en la exposición de las «categorías gramaticales» de la lengua. Pero como, por otro lado, las «categorías gramaticales» tendían ya a constituir únicamente, ciertas clases, entre muchas otras, de unidades significativas mutuamente exclusivas, se comprende que la necesidad de una disciplina morfológica clara no se haya impuesto y que, por timidez o por pereza, se la haya dejado perderse en lo que se designaba como morfosintaxis, por no emplear el término, sospechoso durante mucho tiempo, de gramática.

Si es imposible quedar satisfecho con un plan de análisis lingüístico cuyos tres capítulos iniciales fueran la fonología, la morfonología y la morfosintaxis, ello se debe, en primer lugar, a que los dos últimos términos están lo suficientemente motivados como para no alimentar en las mentes ese estado de confusión permanente que siempre ha impedido una delimitación de los campos correspondientes precisa y admitida de modo general. Para tener una visión clara de la cuestión, hay que plantear la necesidad de una disciplina absolutamente diferenciada, la fonología, cuya meta, en último análisis, sería la de poner de manifiesto los hábitos acústico-articulatorios característicos de una lengua determinada y clasificarlos según su función. La fonología establece unidades distintivas que van a permitirnos identificar los significantes, ya permanezcan éstos idénticos a sí mismos de un contexto a otro (/žon/, significante que corresponde a «jaune», tanto en *jaunet, jaunir, jaunâtre* como en *jaune*), ya varíe su forma según los contextos (a «vert» corresponde /ver/ en *vert, vert-de-gris*, pero /vert/ en *verte* y /verd/ en *verdure, verdir, verdâtre*). A partir del momento en que se habla de significantes, se abandona el plano de las unidades distintivas para acceder al de las unidades significativas. Por tanto, no sería tarea de la fonología poner de relieve las variaciones de la forma de los significantes según las combinaciones en las que entren, ya fueran estas variaciones privativas de un significante, como la de /-ɛ/ e /-i-/ para el significante del imperfecto francés, en *donnait, donnions*, por ejemplo, o muy extendidas en la lengua, como, en alemán, la de /-u-/ e /-y-/ en tanto que caso particular del juego de alternancias llamado *Umlaut*. El análisis y la presentación de estas variaciones formales es un tiempo perfectamente caracterizado del estudio de una lengua y merece una designación particular. Este tiempo, sin embargo, no sucedería inmediatamente a la fonología, como podría dar la impresión lo que acaba de decirse: no basta con decir que la unidad significativa, el monema, *vert* es susceptible de adoptar las formas /ver/, /vert/, /verd/ según los contextos; es necesario poder identificar estos contextos. Pero solamente podrán ser identificados en base a un inventario de las unidades significativas de la lengua donde se agruparan las pertenecientes a unas mismas clases, es decir, las que entraran en las mismas combinaciones. Sin agobiarnos con términos demasiado técnicos, digamos que este inventario incluirá, entre otras, una lista de los sufijos de derivación susceptibles de aparecer a continuación de los monemas de una clase a la que pertenece *vert*. Esto nos permitirá, cuando tratemos de las variantes de significante de este último, señalar que es la variante /verd/ la que encontramos delante de los sufijos de derivación.

Las presentaciones de lengua más tradicionales, las que podemos encontrar, por ejemplo, en una gramática clásica del latín, sólo cubren con el término morfología parte de aquello de lo que tratan nuestros dos tiempos de inventario y de establecimiento de las variantes de significante. La morfología tradicional no se ocupa, en efecto, de las combinaciones resultantes de la composición y de la derivación. Utilizando una terminología al caso, se limita a la sintagmática y deja de lado la sintemática. El primer tiempo, que hemos designado como inventario, puede, en cada sección, reducirse a un corto párrafo, incluyendo en la sección nominal, por ejemplo, la lista de los casos y recordando los dos números. Lo que sigue, y forma el cuerpo mismo del capítulo, es lo que se ha dado en llamar flexiones de la lengua, presentadas en forma de declinaciones o conjugaciones diversas. Esto no es otra cosa que lo que hemos designado como presentación de las variantes de significante: se trata, por ejemplo, de indicar la forma que va a adoptar el dativo según se combine con el singular o el plural y según la clase del substantivo al que se aplica; también encontramos indicaciones sobre la forma que debe adoptar tal o cual significante de substantivo, según se combine con el nominativo o el genitivo: *homo* en un caso, *homin-* en el otro. Dada la complejidad de las formas latinas, la presentación de las variantes en forma de paradigmas, que pueden enumerarse y a los que puede dirigirse el estudiante, es ciertamente preferible a cualquier otra. Pero esto no impide que la morfología de una gramática latina sólo sea, en realidad, la presentación más adecuada de las variaciones de los significantes de la lengua. Lo que en ella hay de inventario es el mínimo estricto para poder orientarse, y lo que necesita saberse de la naturaleza real de los casos, por ejemplo, se remite juiciosamente a la sintaxis.

En estas condiciones y de total acuerdo con una tradición venerable, no dudamos en recomendar el empleo del término morfología para designar únicamente la presentación de las variantes de los significantes, sea cual sea la forma que se adopte para llegar a este fin[4]. Ciertamente, esta presentación no podría concebirse sin un inventario previo. Pero este inventario puede figurar perfectamente en la gramática de una lengua como el chino, donde los significantes son invariables y donde, por tanto, se ignora la morfología. Se recomienda, pues, distinguir terminológicamente entre los dos tiempos.

Nos apartamos de la tradición donde y cuando, al definir la morfología como la presentación de las variantes de significante, rehusamos a prescindir de las variantes sintemáticas, las que resultan de operaciones de composición o de derivación. No se nos escapa que las combinaciones sintagmáticas son libres y las sintemáticas, limitadas en diversos grados: todo verbo francés conjugable puede «ponerse» en futuro; pero si *vert* (verde) y *rouge* (rojo) pueden combinarse con el sufijo -*eur*, **jauneur* y **bleueur* no están atestiguados, y por tanto, no se aconsejan a los que quieran comunicarse en francés. Evidentemente, es indispensable distinguir entre una morfología sintagmática y una morfología sintemática, pero esto puede hacerse muy bien en forma de dos capítulos perfectamente diferenciados, sea considerando cada unidad individualmente: *vert* /ver/, /vert/ en combinación con un sustantivo «femenino», /ver/ en composición, /verd/ como base de derivación.

Si nos proponemos retener el término morfología para designar el segundo tiempo de la exposición gramatical, no nos parece indicado utilizar la misma palabra para designar uno de los tiempos del análisis al que el lingüista debe someter la lengua antes de realizar la presentación. Cada una de las dos operaciones de análisis y de presentación se lleva a cabo en tres tiempos que no hay que identificar de una operación a otra. En el análisis se trata, primero, de una segmentación de la cadena que revela una serie de unidades significativas sucesivas; luego, de un proceso de identificación que permite considerar diferentes unidades de la cadena como constituyentes de un mismo monema; y por último, de una clasificación de los mo-

---

[4] Una primera proposición en este sentido apareció en *Omagiu lui Alexandru Rosetti*, Bucarest, 1965, págs. 534-538.

nemas así localizados, en base a sus funciones y sus compatibilidades. En cuanto a la presentación, se empezará por el inventario, es decir, la lista de las clases de monemas, y en cuanto
a las clases de inventario limitado, por una enumeración de las
unidades de cada clase; seguirá la morfología en el sentido en
que la hemos definido anteriormente, y por fin, la sintaxis que
indicará las formas de combinar los monemas * para formar
todos los posibles enunciados [5]**. Es evidente un parentesco entre el segundo tiempo de las dos operaciones: la identificación
que permite decir que /ver/ y /verd/ representan al mismo
monema *vert*, y la morfología que indica que al significado
«vert» corresponde un significante variable que comprende, sobre todo, las formas /ver/ y /verd/. Pero sólo distinguiendo
bien ambas operaciones, una científica y otra didáctica, se podrá llegar a ver claro los diversos pasos que llegarán a ofrecer
una descripción condensada, exhaustiva y fiel, por lo específica,
de la lengua estudiada.

---

[5] Se encontrará una exposición detallada de los diferentes tiempos
del análisis y de la presentación en *Annali 1969*, Palermo, págs. 143-158,
y en *Mélanges Buyssens*, 1970, págs. 133-140.

14. MORFOLOGÍA Y SINTAXIS

Si tratásemos de definir la «sintaxis» y la «morfología» atendiendo a su base etimológica, podríamos decir que la sintaxis es el estudio de cómo se ordenan las unidades significativas en la cadena hablada, y que la morfología es el estudio de las formas de estas unidades significativas. Ésta es una definición etimológica, y sabemos que las definiciones etimológicas no son necesariamente correctas. La morfología, que en Inglaterra ha sido frecuentemente designada como *accidence*, es, por tradición, el estudio de las variaciones de las *palabras*. El verbo *sing* (cantar), por ejemplo, aparece bajo las diferentes formas *sing, sang, sung, sings*, etc., y se supone que la finalidad de la morfología es el estudio de tales variaciones. La sintaxis será, entonces, el estudio de las combinaciones de las *palabras*. Insistimos aquí en el término «palabras», porque, según la tradición, la morfología y la sintaxis han de entenderse en términos de palabras.

Esto, evidentemente, es lo que encontramos en las gramáticas clásicas del latín y del griego. Sin embargo, en una gramática latina, por ejemplo, encontraremos un capítulo titulado «La sintaxis de los casos», que implica un estudio de las combinaciones de ciertas palabras, no con otras palabras, tales como las preposiciones, sino con partes de palabras, concretamente casos representados por desinencias. Por tanto, no es totalmente correcto decir que, tradicionalmente, la sintaxis estudia las combinaciones de palabras, ya que, en ciertos casos, estudia las combinaciones de palabras con partículas que son elementos de otras palabras, pero no palabras en sí mismas.

Más recientemente, a principios de siglo, o quizá, a finales del diecinueve, algunos lingüistas europeos, especialmente franceses, concibieron y definieron la morfología como el estudio de los morfemas gramaticales. Joseph Vendryes, por ejemplo, presentaría la morfología como el estudio de los morfemas, teniendo el término «morfema», en aquel momento, una aplicación limitada a las unidades gramaticales mínimas. Distinguió entre morfemas y semantemas. Los semantemas eran unidades con significado. Éste no era el caso de los morfemas: se les suponía formas sin significado, lo cual suena muy extraño. Esta forma de definir la morfología implicaría la inclusión en ella de morfemas gramaticales excluidas las desinencias de caso. Aplicada a una lengua moderna como el inglés, implicaría, sin duda, la obligación de incluir en la morfología una lista de preposiciones y de conjunciones, y de todos los demás elementos gramaticales que pudieran considerarse como palabras por ir, en la escritura, separados entre sí mediante espacios. Y por supuesto, esto implicaría que cualquier modificación de los elementos léxicos en el curso de la inflexión habría de relegarse al lexicón. Este concepto de la morfología, claramente inspirado en el estudio de las lenguas clásicas, nunca arraigó, pues era difícilmente aceptable para las lenguas modernas, débilmente flexivas.

Es evidente que, en los albores de la era estructural, la concepción de los dos capítulos principales de la gramática, morfología y sintaxis, dependía enteramente de la noción de «palabra».

Uno de los problemas principales de la lingüística contemporánea, problema fundamental, en mi opinión, es el de la conservación o no conservación del concepto de palabra. Bloomfield consiguió hacerlo al hablar de «formas libres mínimas», lo cual es escasamente satisfactorio. Si una forma libre mínima es algo que puede aparecer aislado (correspondiendo, como si dijéramos, a un enunciado), es difícil entender la posible relación de esta definición de «palabra» con aquellos elementos considerados tradicionalmente como palabras, i.e., elementos separados por espacios en un texto. Sapir también conservó «palabra», por ejemplo, cuando afirmó que, al tratar las lenguas indias, descubrió que sus informantes reaccionaban ante sus preguntas de tal modo, que era evidente que estaban operando inconscientemente con el concepto de palabra.

Algunos estudiosos —el autor era uno de ellos— trataron de salvar el concepto de palabra fundamentalmente, quizá, por no enemistarse con los tradicionalistas. Ésta también pudo ser la razón por la que Bloomfield lo conservó. Entre los funcionalistas, ha habido repetidos intentos de presentar la palabra como equivalente del fonema en el plano de las unidades significativas.

Admitamos que, en inglés, los segmentos inicial y final de la palabra *church* (iglesia) constituyan un fonema único. Si /č/ es un fonema único, tendremos que reconocer la posibilidad de que un fonema se realice, de hecho, como una sucesión de dos productos fonéticos diferentes. Pero si éste es el caso, si no hay necesidad de que una unidad fonológicamente distintiva sea homogénea del principio al final, ¿no podríamos inferir, igualmente, la no necesidad de que una unidad significativa básica fuera homogénea del principio al final? En otros términos, ¿no podríamos mantener que una forma como el francés *donnerons* (daremos), claramente formada por una sucesión de un elemento que significa «dar», otro elemento que indica el futuro y un tercer elemento que indica la primera persona de plural, no es, lingüísticamente hablando, analizable en términos de sucesión? Sin embargo, ya que es evidente que estamos ante una sucesión de distintos elementos, ¿por qué no operar con ellos? No debemos olvidar, sin embargo, que no somos libres de ordenar estos elementos como queramos. Una vez que han sido elegidos, han de presentarse en ese orden. Lo mismo puede aplicarse a los elementos distintivos de un fonema. Si presentamos, por ejemplo, el fonema /b/ del inglés como combinación de un rasgo labial, un rasgo sonoro y un rasgo no nasal, podríamos decir que *donnerons* es la combinación de un rasgo «dar», de un rasgo «futuro», y de un rasgo «primera persona del plural», y que el hecho de que tengamos esta sucesión concreta no es pertinente, ya que no somos libres de elegir otra sucesión. Pienso que este tipo de análisis podría considerarse aceptable.

¿Pero sería esto una solución a nuestro problema? ¿Y cuál es nuestro problema con relación a las palabras? Nos gustaría poder dar una definición lingüística sólida de este término «palabra» que nos permitiera aislar aquellos elementos que se llaman palabras en el habla normal, y proceder a un análisis que sometiera aquellos elementos que, en un texto inglés, encontramos, de hecho, separados por espacios. Si esto no puede llevarse a cabo, ¿por qué íbamos a retener un término tan ambiguo?

Podríamos designar como «palabra» cualquier combinación de unidades significativas mínimas cuyo orden esté predeterminado, y por tanto, no sea pertinente. Pero, entonces, tendríamos que decir que una combinación como *on the road* (en la carretera) es una palabra, ya que no podemos decir *on road the* o *the on road*. No hay duda de que combinaciones como *donnerons* y *on the road* tienen mucho en común y pueden ser cubiertas perfectamente por el mismo término. Pero esto no sería solución a nuestro problema referente al término «palabra», ya que es bastante improbable que alguien esté dispuesto a usar este término para una combinación como *on the road*. Esto indica que el concepto de palabra no puede basarse en la no pertinencia del orden sucesivo de los elementos, sino, más bien, en la imposibilidad de introducir un elemento léxico en cualquier lugar dentro del complejo *(léxico,* ya que, en el caso de *donnerons,* puede insertarse un elemento *i,* dando así *donnerions* (diéramos), al cambiar el futuro por el condicional, y esta forma sigue considerándose como palabra). Si *on the road* no es sentida como palabra, parece ser esencialmente porque pueden insertarse adjetivos entre *the* y *road*.

Si consideramos el problema de la palabra desde este ángulo, notamos que los elementos gramaticales que siguen al elemento léxico son susceptibles de combinarse con él de tal modo que ningún otro elemento léxico pueda insertarse entre ellos. Sin embargo, aquellos elementos gramaticales que precedan al elemento léxico no tienen demasiadas posibilidades de combinarse con él del mismo modo. La razón de esto no entraña ningún misterio: si dos monemas están constantemente en contacto en la cadena hablada, tenderán a unirse, tal como las preposiciones *de* y *a (à)* se han unido, en las lenguas romances, con el artículo que las seguía, formando *du, del, au, al.* Si un elemento gramatical como el artículo no se separa nunca del nombre al que acompaña, al final se uniría parcialmente con él. Esto puede evitarse insertando, ocasionalmente, un adjetivo entre ambos. Tales inserciones son de agradecer si el artículo va situado delante del nombre, ya que los hablantes, en general, parecen sentirse ansiosos por conservar la identidad fonológica de la parte inicial de los elementos léxicos. Esta inclinación es mucho menor cuando lo que está en juego es la integridad fonológica de la parte final de estos elementos, ya que los usuarios del lenguaje identifican, realmente, sus monemas léxicos, ayudados por el contexto y la situación, un poco antes de percibir el último monema de la forma pronunciada.

Un buen ejemplo de esto es el diferente trato que se da al artículo en francés y en rumano. El francés *le nez* y su equivalente rumano *nasul* se remontan a la misma combinación latina —*illum nasum*— que se retuvo como *illum nasum* en francés y como *nasum illum* en rumano. Al colocarse en rumano el elemento léxico en primer lugar, y el gramatical en último, tenemos hoy en día la forma *nasul,* que constituye una palabra en el sentido de que nada puede insertarse entre el nombre y el artículo; en francés, la misma combinación, pero con el elemento gramatical en primer lugar, produjo *le nez,* donde pueden insertarse entre *le* y *nez* todos los modificadores que se deseen. Conservar el concepto de palabra supondría dar demasiada importancia a los rasgos puramente formales, a costa de lo que constituye el problema central del lenguaje, a saber, cómo consiguen las personas comunicarse lingüísticamente, a pesar de las complicaciones resultantes del peso de la tradición y de la utilización del canal vocal, que requiere enunciados lineales y un análisis de la experiencia en elementos que los oyentes habrán de reconstruir para que la comunicación resulte un éxito.

Ya que no nos inclinamos a salvar el concepto de palabra, debemos operar con «unidades significativas mínimas» y, por tanto, mi definición de morfología habrá de expresarse en términos que incluyan este concepto. Pero ¿qué tipo de unidades significativas deberemos retener? Tanto en Europa como en América, la unidad significativa mínima ha sido llamada «morfema». Por varias razones, me incliné a elegir otra designación para ella, concretamente «monema». La razón fundamental era que «morfema» se había usado para designar únicamente aquellas unidades significativas mínimas que coincidieran con un segmento bien delimitado de la cadena hablada, mientras que a mí me parecía esencial disponer de un término para designar las unidades significativas mínimas que correspondieran a una modificación formal en el enunciado, llevara esta modificación a la inserción de un segmento determinado, o no. Esto implica que algunos monemas no puedan identificarse como segmentos, aunque comporten siempre alguna diferencia fónica, positiva o negativa. El segmento latino *rosarum* (de las rosas) está formado claramente por tres monemas, i.e., tres elementos significativos que corresponden a diferencias formales: uno significa «rosa» (la forma cambiaría de *rosarum* a *puellarum*, si sustituyéramos el primer elemento significativo por *puella*, pero sería impreciso afirmar que corresponde a un segmento *ros-*, ya que lo que corresponde a «ros» es un determinado elemento radical, combinado con un determinado conjunto de desinencias), otro significa «genitivo», y un tercero, «plural»; si cambiamos el genitivo por el dativo, la forma pasaría de *rosarum* a *rosis*, y si cambiamos «plural» por «singular», obtendríamos *rosae*, pero no hay forma de decidir qué segmento de *rosarum* significa «genitivo» y qué segmento significa «plural». Por tanto, *rosarum* no puede segmentarse.

Hace varios años, en Ann Arbor, después de una reunión de la Linguistic Society, me dediqué a hacer a todos mis colegas preguntas específicas sobre la forma en que deberían segmentarse los enunciados, y obtuve tantas respuestas diferentes como personas había allí. Mi conclusión fue que la unidad mínima con la que habíamos de operar no podía ser el morfema, con sus implicaciones segmentales, sino algo diferente, un rasgo significativo que correspondiera a una modificación formal del texto.

¿Cuál es, entonces, el objeto de la morfología propiamente dicha? En una gramática latina tradicional, encontramos bajo el título «Morfología del sustantivo» una lista de los casos con sus traducciones aproximadas. Después vienen las declinaciones, que constituyen, de hecho, la única forma sensata de presentar el estudio de las variaciones formales de las unidades significativas mínimas; al estar estas últimas, en latín, amalgamadas con la raíz del sustantivo, se manifiesta la imposibilidad de estudiar, p. ej., la forma del caso genitivo como tal. Si el significado «genitivo» se expresara siempre mediante el mismo segmento del discurso, no sería necesario tratar de él en ningún sitio, excepto en la sintaxis, para explicar el tipo de relación que establece entre ciertas clases de monemas. Las preposiciones de las lenguas europeas modernas no necesitan aparecer en las morfologías respectivas, a menos que manifiesten variaciones formales. Tomemos como ejemplo la preposición italiana *con*. Al tener *con* diferentes formas en diferentes contextos (p. ej., *col*, en combinación con el artículo), esta preposición deberá aparecer en el capítulo «Morfología», pero su equivalente *with* no aparecerá en la morfología del inglés, pues sus variaciones formales (/wið/ o /wiθ/) constituyen idiolectos y no están determinadas por diferentes contextos gramaticales.

La morfología puede incluir los elementos léxicos sólo en caso de que sus formas varíen en combinación con ciertos elementos gramaticales: p. ej., *go* (ir) — *went* (fue), o su equivalente francés: *aller* (ir), *va* (va), *vont* (van), *aille* (vaya), *ira* (irá), etc. La formación de las palabras debería incluirse también en un capítulo morfológico que tratara de las variaciones formales que sufren los monemas en la composición o en la derivación.

Y también, por supuesto, la morfología deberá tratar lo que se ha dado en llamar concordancia, ya que ésta incluye las variaciones formales de significantes discontinuos de monemas. Mi ejemplo favorito es la frase francesa *le petit animal dort* (el pequeño animal duerme). En este contexto, el monema plural puede ser utilizado sólo una vez con relación a *animal*. Pero si queremos usarlo, el enunciado se verá modificado en cuatro lugares diferentes, convirtiéndose en *les petits animaux dorment*, donde he subrayado sólo aquellos elementos que difieren después de haber introducido el monema «plural». En el habla los dos enunciados serían /lptitanimaldor/ vs. /leptizanimodorm/, con cuatro modicaciones discontinuas. Si retenemos la forma hablada como básica, vemos que el cambio de /dɔr/ a /dɔrm/ representa la sustitución de un tema verbal por otro, que podría combinarse con el singular, si el verbo se usara en combinación con el monema «subjuntivo»; por tanto /-m/ no puede concebirse como parte del significante del monema «plural». Sólo puede actuar como su *relay* (relevo) en un contexto como /ildɔrm/, donde el pronombre afectado por el plural es ambiguo. Pero las otras modificaciones son cambios específicos del plural, cada uno de los cuales representaría por sí mismo el monema «plural». Todo esto forma parte de la morfología del francés, que es muy compleja, ya que la morfología del código escrito tiene, en muchos casos, poco en común con la del lenguaje hablado.

Todo lo que ha sido presentado siempre bajo el título de «Morfofonémica» pertenece a la morfología. No existe absolutamente ninguna razón para concebir un capítulo especial de la gramática que trate de las alternancias, aunque una alternancia determinada tenga una amplia aplicabilidad, así, p. ej., el *Umlaut* en alemán. El *Umlaut* alemán es pura morfología, ya que cubre las variaciones formales de las unidades significativas. Esto no significa que no deba recibir un trato especial dentro de la morfología, ya que constituye un conjunto de alternancias que afectan a gran número de clases de monemas de todo tipo: nos encontramos con el *Umlaut* al tratar del plural de los nombres, de la comparación adjetival y de la flexión verbal. Esto indica simplemente que el capítulo morfológico debería organizarse diferentemente en cada lengua, según que las alternancias tengan o no amplia aplicabilidad.

La delimitación de la morfología de los párrafos anteriores parecerá, al menos a algunos, excesivamente restrictiva, y ya que, generalmente, se piensa que la gramática es un díptico con dos paneles, la morfología y la sintaxis, puede parecer que hemos extendido el campo de la sintaxis sin razón. Los estructuralistas han descrito, frecuentemente, la sintaxis como el examen de las posibilidades combinatorias de las clases de morfemas. Pero desde luego, las clases de morfemas se establecen en base a sus posibilidades combinatorias. Esto significa que estamos encerrados en un círculo vicioso; no podemos empezar con la sintaxis sin haber establecido nuestras clases de morfemas, pero no podemos establecer nuestras clases de morfemas antes de haber completado nuestra sintaxis.

Para salir de este círculo, hemos de reconsiderar la totalidad de nuestra tarea como lingüistas. Es muy importante, en el caso de la lingüística, y probablemente también en el de otras disciplinas, distinguir entre dos etapas: una primera etapa, el análisis, y una segunda etapa consistente en la presentación de este análisis. En ambas etapas, análisis y presentación, habremos de distinguir tres diferentes tiempos. Pero es importante recordar que no existe una correspondencia entre los tiempos respectivos del análisis y los enumerados bajo el título «Presentación».

EL ANÁLISIS

1) *Segmentación.* — El primer paso del análisis será la segmentación del *corpus* en signos lingüísticos mínimos (combinaciones de significado y significante) o monemas. En este punto nos encontramos con dos tipos diferentes de monemas —monemas libres y monemas ligados. Al decir monemas libres, no me refiero a elementos que sean formalmente libres, sino a aquellos que correspondan, *hic et nunc,* a elecciones diferentes del hablante. De acuerdo con esta definición, *rosarum* consiste

en tres monemas libres. Los monemas ligados, por el contrario, son monemas que ya están combinados previamente a que el hablante use la forma. *Farmyard*, por ejemplo, consiste claramente en dos monemas, dos elementos significativos distintos, pero cuando decimos *farmyard*, no estamos eligiendo *farm* y luego *yard*, estamos eligiendo *farmyard* como totalidad. Debemos insistir aquí en que la elección no supone un criterio para el análisis. Lo que implica el término «elegir» es que, al usar *farmyard*, éste aparece exactamente en las mismas situaciones en las que podrían usarse monemas simples. Allí donde podamos encontrar *yard*, podríamos encontrar *farmyard* en su lugar, lo cual no se aplica, en absoluto, en el caso de las combinaciones de monemas libres. Si, por ejemplo, usamos un monema libre como el «futuro» -r- en la forma *donnerons*, muchas posibles combinaciones, por ejemplo con el monema de «pasado», que nos daría *donnâmes*, quedarían excluidas por el uso de esta *r; donnerons* no pertenece, ciertamente, a una clase en la que se encuentren monemas simples. No existe ningún monema simple que se combine exactamente igual que *donnerons*, mientras que existen monemas simples que entran en el mismo tipo de combinaciones que *farmyard*. Es cierto que pueden formarse, en cualquier momento, nuevos complejos de monemas ligadas, i.e., compuestos o derivados, al combinar el hablante monemas ligados sin reflexionar. Pero este tipo de actividad lingüística, tratada tradicionalmente bajo el título «Formación de las palabras», es totalmente diferente de la concatenación gramatical.

2) *Identificación.* — El segundo paso dentro del análisis es la identificación de los segmentos o rasgos formales correspondientes a un mismo significado. Aquí no se presenta ninguna metodología. Indiquemos simplemente que, mientras que antes habíamos separado todos los segmentos significativos de sus elementos vecinos, ahora tratamos de determinar qué segmentos, en las diferentes partes de la cadena, constituyen, de hecho, una misma unidad significativa, aunque formalmente no sean del todo idénticos.

3) *Clasificación.* — El tercer paso dentro del análisis es la clasificación, i.e., el establecimiento de clases, de acuerdo con las funciones y compatibilidades de las unidades identificadas en el segundo tiempo del análisis. No pretendo ocuparme extensamente de los detalles de todo esto. En el proceso de clasificación podríamos encontrarnos, en algunas lenguas, con una clase de verbos caracterizada por el hecho de que su única función sea la predicativa, es decir, una clase de monemas, no de «palabras». Por «verbo», entiendo el monema verbal propiamente dicho, y no las modalidades de tiempo, modo o persona que podemos encontrar aglutinadas formalmente con él; en un segmento como el fr. *donnerons,* el verbo, o monema verbal, es *donne-* y nada más, y este monema se caracteriza por ser la predicativa su única función posible. El verbo es un buen ejemplo de clase de monema que puede definirse en el plano de la lingüística general, i.e., previamente al examen de las lenguas específicas, lo que, desde luego, no quiere decir que tenga que haber verbos en todas las lenguas. Hemos esbozado así la primera tarea de la lingüística descriptiva y, como el lector habrá notado ya, no hemos mencionado, hasta el momento, ni la morfología ni la sintaxis.

LA PRESENTACIÓN

1) *Inventario.* — Llegamos ahora a la segunda parte de nuestra tarea, a saber, la presentación de los resultados de nuestro estudio. El primer capítulo será el del inventario de los monemas, que consistirá en listas de las clases existentes. Cuando estas clases se compongan de un número limitado de elementos (i.e., las llamadas clases gramaticales), nos veremos obligados a presentarlas en toda su extensión. Los monemas cuya forma no varíe según los contextos se presentarán como una sucesión de unidades distintivas; p. ej., /θru/ para *through* (a través de). Los monemas que aparezcan normalmente amalgamados con sus elementos vecinos, tales como los casos latinos, o cuya forma dependa de su contexto se presentarán en términos de significado; p. ej., «dativo», «subjuntivo», «artículo indefinido». Si

tratamos de una clase léxica, i.e., una clase de elementos que no pueden numerarse, una lista ilustrativa será la única posibilidad.

2) *Morfología.* — La morfología, tal como hemos dicho anteriormente, es la presentación de los monemas que tienen formas variables, y sólo de éstos. Esto implica que una determinada lengua pueda tener poca o ninguna morfología; tal es el caso del chino, por ejemplo, donde un monema determinado conserva su forma, prácticamente, en todas las situaciones. Puede haber algunas excepciones, a saber, diferencias formales de un hablante, o estilo, a otro. Tales hechos pertenecen también a la morfología, pero sólo de un modo marginal. Para ser completa, la morfología deberá dar no sólo las variaciones de las formas, sino también los condicionamientos de tales variaciones. Los condicionamientos —y éste es uno de los aspectos más intrincados del análisis lingüístico— pueden ser parcialmente fonéticos, sin ser propiamente fonológicos, y parcialmente gramaticales. El cambio morfológico puede encontrarse en tal o cual contexto fonético, aunque el contexto no sea sincrónicamente responsable de él. En inglés, por ejemplo, el plural o la tercera persona del singular del presente de indicativo, se indican, en ciertos casos, mediante el sonido [z], como en *sins* (pecados). Pero no podríamos afirmar que la aparición de esta [z] esté determinada fonológicamente, ya que existe también una forma como *since* (desde) con [s] final detrás de *n*. La formulación será que la forma [z] del monema plural se usa siempre a continuación de cualquier fonema sonoro, lo que la hace ser parcialmente gramatical (no todos los /z/s, sino únicamente /z/ como forma del monema plural) y parcialmente fonética («sonora»). Es interesante indicar que la sonoridad de la *n* de *sin* no es distintiva. La mayor parte de los condicionamientos serán, en gran número de casos, puramente gramaticales. Podríamos decir que, en combinación con el monema «pretérito», tal o cual monema adoptará tal o cual forma. Por supuesto, los condicionamientos también son léxicos, lo que complica aún más las cosas. En combinación con el monema

keep (guardar), por ejemplo, el monema pretérito se expresará mediante la adición de [t], implicando también una modificación del tema, de /kip/ a /kɛp/.

3) *Sintaxis.* — Volvamos ahora a la sintaxis. Supongo que la mayoría de los lingüistas conciben la sintaxis como la forma en que los monemas (o «morfemas») se combinan para formar todos los enunciados posibles dentro de la lengua. Si insisto aquí en un punto de vista que rechazaré finalmente, es porque deseo dejar claro que una gramática no necesita ser generativa para ser completa. Es evidente que una buena gramática debe ser completa y permitir a cualquiera que la haya estudiado formar todos los posibles enunciados de la lengua, siempre que el hablante, por supuesto, conozca cómo usar los elementos léxicos. Está claro que si queremos describir una lengua como tal, no nos conformaremos con un *corpus* limitado, ya que ese *corpus* seguramente no nos dará toda la información que necesitamos. La única forma de operar es partiendo de un *corpus* abierto, que pueda ampliarse a voluntad al observar el comportamiento de nuestros informantes y sin dejar nunca de hacer preguntas-guía, si éstas se hacen necesarias, para la elucidación de algún problema. En un *corpus* tal, teóricamente ilimitado, no hay razón para que no encontremos el equivalente pasivo de cualquier forma activa. No hay necesidad de operar con transformaciones, ya que en un *corpus* abierto encontraremos todas las posibles transformaciones ya hechas.

Pero, tal como he indicado antes, no creo que esta concepción de la sintaxis sea satisfactoria en absoluto. Todas las posiciones de los monemas no deben situarse a un mismo nivel: algunas son significativas y sintácticamente pertinentes; otras son opcionales y estilísticamente pertinentes; otras son obligatorias, nunca elegidas por el hablante, y consecuentemente, no pertinentes, y se adscriben a la morfología. Todo esto, nos lleva a una definición de la sintaxis como estudio y constatación de la forma en que los oyentes son capaces de reconstruir la experiencia que les está siendo comunicada, partiendo de su presentación lineal en la cadena hablada. La necesidad de la sintaxis se deriva del aspecto vocal del lenguaje humano, y por tanto, se realiza de modo lineal. Pero como nuestra experiencia, en general, no puede describirse como lineal, sino como multidimensional, antes de poder comunicarla lingüísticamente, hemos de analizarla en términos de las unidades significativas disponibles en la lengua que utilizamos. Durante este proceso, las relaciones existentes entre los elementos en los que se analiza la experiencia pueden hacerse confusas. En la sintaxis se examina la forma en que aquel a quien está siendo comunicada la experiencia puede reconstruir esas relaciones. Si, tal como acabo de indicar, las posiciones no pertinentes han de imputarse a la morfología, ésta puede definirse lógicamente como el examen y la presentación de las restricciones y complejidades no funcionales impuestas al hablante por la tradición, mientras que la sintaxis se concentra en las contribuciones a la reconstrucción de la experiencia. Desde nuestro punto de vista funcional, la morfología es puramente negativa; la sintaxis, totalmente positiva.

III. TERMINOLOGÍA

15. LA PALABRA

En una época, no tan lejana, en que la lingüística general se confundía, poco más o menos, con la filosofía del lenguaje, titular un artículo de varias páginas «La palabra» habría supuesto, por parte del lingüista, una insoportable presunción: tratar de la palabra, era, de hecho, abordar los problemas de las relaciones del pensamiento y de la lengua, es decir, penetrar en un terreno que el lingüista no osaba ni deseaba excluir de sus investigaciones, pero dentro del cual, sin embargo, se sentía demasiado indefenso para poder hacer nada por sí mismo; suponía, además, retomar todas las cuestiones que plantea la naturaleza del signo, es decir, el conjunto de la semiología; suponía, en fin, reconsiderar las relaciones entre «la palabra» y la frase por un lado, la palabra y los elementos «inferiores» de la cadena, sílabas y «fonemas» por otro. En todo caso, la cuestión que el lingüista no se planteaba en absoluto era la de saber si existían criterios que permitieran, para cualquier lengua y en todos los casos, identificar y delimitar un segmento de la cadena como una palabra determinada. Para hacer esto, hubiera sido necesario que el lingüista estuviera convencido de que su deber era definir exactamente los términos que utilizaba. Hubiera necesitado también bastante audacia para plantearse el apartar el término «palabra» en caso de que la investigación demostrara la imposibilidad de dar a este término una definición universalmente aplicable.

Alentado por los progresos realizados en su disciplina desde hace unos treinta años, el lingüista de hoy día estima que tiene el derecho y el deber de dejar de lado ciertos problemas, ya que no son de su incumbencia y la forma en que se plantea su investigación no depende en absoluto de las soluciones que puedan encontrarse. El esfuerzo realizado por la lingüística en los últimos decenios ha tendido a asegurar su propia autonomía, y el éxito ha coronado este esfuerzo con creces. Desde luego, algún día habrá que confrontar lengua y pensamiento, pero la operación no podrá dar fruto hasta que el estudio del pensamiento (¿acaso deberíamos decir la psicología?) logre desembarazarse completamente de ciertas hipotecas idealistas y proporcione datos comparables, en el plano de la observación, a los de la lingüística contemporánea.

El esfuerzo realizado en lingüística por definir exactamente el vocabulario técnico hace, naturalmente, que no podamos oponer «palabra» y «pensamiento», sino «lengua» y «pensamiento», y que las consideraciones semiológicas se basen en una unidad «signo», definida como algo de extensión variable (un signo puede estar formado de varios signos), pero que, bajo ningún criterio, puede identificarse con lo que, en el uso corriente no científico, se designa como palabra. La semiología, tal como permiten entrever los recientes estudios, no necesita de la palabra. Y no hay que imaginar que los semiologistas piensen, de hecho, en «palabra» cuando escriben «signo». Algunos pensarían más bien en «frase» o «enunciado», sin olvidar nunca, por otra parte, que la -r- de *payera* (pagará) también es un signo.

La única forma de plantear, dentro de la lingüística actual, el problema de la palabra parece ser la siguiente: existe, en el uso corriente de las lenguas cultas contemporáneas, un término *palabra* (inglés *word*, alemán *Wort*, italiano *parola*, francés *mot*, ruso *slovo*, etc.), que designa un segmento de la cadena hablada o del texto escrito de tal tipo que podamos separarlo de su contexto, pronunciándolo aisladamente o separándolo, mediante espacios, de los otros elementos del texto y atribuirle una significación o una función específica. Este amplio consenso dentro de las lenguas europeas ha podido hacer suponer que la noción era universal: todas las lenguas tendrían un término para designar tal segmento. Pero basta comprobar al respecto la divergencia entre el griego, que distingue *lexis* y *logos*, y el latín, que se conforma únicamente con *verbum*, para llegar a la conclusión de que este consenso resulta de una comunidad de cultura realizada a partir del latín y facilitada, quizá, por la identidad original de *verbum*, *word* y *Wort*, formas divergentes de un mismo vocablo más antiguo. Bien mirado, parece que sea necesario alcanzar un nivel cultural bastante elevado para sentir la necesidad de analizar el flujo del habla; el ejercicio del dictado, que implica por parte del hablante la división del texto en trozos bastante cortos para no sobrecargar la memoria del escribiente, ha podido hacer que se caiga en la cuenta de que existe, para segmentar un enunciado, una forma más adecuada que la que consistiría en cortar detrás de cualquier sílaba.

Es evidente, sin embargo, que lo que interesa al lingüista no es saber si todas las comunidades lingüísticas poseen un término para designar un segmento aislado del enunciado; ni siquiera se trata de investigar la existencia en todas las lenguas de tales segmentos aislables, lo que sería, después de todo, bastante verosímil, aunque ciertas lenguas, como el esquimal, permitan imaginar lo que sería un idioma en el que un enunciado no pudiera segmentarse sino en frases sucesivas. El verdadero problema es el de saber si los segmentos aislables que se designan como palabras corresponden a una realidad lingüística bien determinada y si no hay otro medio de analizar los enunciados que dé mejor cuenta del funcionamiento del lenguaje. Quizá fuera necesario plantearse el renunciar a aislar físicamente todos los elementos con los que se opera, si esto permitiera establecer mejor las analogías verdaderas y las diferencias profundas.

Hace ya tiempo que gramáticos y lingüistas se han apercibido de que el análisis del enunciado podía llevarse más allá de la palabra sin, por esto, entrar en la fonética, es decir, llevarse a segmentos del discurso, como la sílaba o el fonema, que ya no tienen nada que ver con el sentido. No hace falta ser muy audaz para descubrir o afirmar que, en la palabra *donnerons* (daremos), pueden identificarse tres unidades sucesivas:

una raíz *donn-*, un elemento *-(e)r-* que denota el futuro, un final *-ons*, que indica la primera persona del plural; cada uno de estos elementos puede reemplazarse por otro sin que los otros dos se vean afectados en su forma o en su sentido: en lugar de *donn-(e)r-ons*, podemos tener *chant-er-ons* (cantaremos), *donn-i-ons* (dábamos), *donn-er-ez* (daréis); en *chant-er-ons*, la forma y el sentido de *-er-* y de *-ons* no han cambiado; en *donn-i-ons*, la identidad de *donn-* y de *-ons* queda intacta; en *donn-er-ez*, *donn-er-* sigue siendo el «futuro de *donner*». Este análisis, mientras se realice a partir y dentro del marco de la palabra, sólo podrá llevarse a cabo respetando una jerarquía evidente: *donn(e)* es un elemento central que puede aparecer sin *-(e)r-* y sin *-ons*, por ejemplo en el imperativo *donne!*, *-(e)r-* y *-ons* no existen sin *donn(e)* u otra forma similar, como *chant(e)* o *mang(e)*, que pueda sustituirlo en todos los contextos gramaticales. La forma en que presentamos aquí los hechos es la normal en la lingüística actual. Hace unos cincuenta o sesenta años, se habrían buscado, para justificar la jerarquía, razones fundamentalmente semánticas: *donn(e)* se reconocía como el único elemento portador de sentido, el único que correspondía a una «representación», y era designado como *semantema; -(e)r-* y *-ons*, que difícilmente evocaban imágenes, parecían imponerse más por su forma que por su sentido, como parece indicar el término *morfema* que servía para designarlos.

Lo que exigía más audacia era la extensión de este análisis fuera del marco de la palabra. Sin embargo, en un conjunto de tres palabras, como *dans le château* (en el castillo), puede decirse de *château* lo que se ha dicho anteriormente de *donn(e)*, y de *dans* y de *le*, lo que se ha dicho de *-(e)r-* y de *-ons:* pueden identificarse aquí tres unidades sucesivas: *dans* que indica la interioridad, *le* que marca lo «determinado» y un elemento *château*. Cada uno de estos elementos puede ser sustituido por otro sin que ninguno de los otros dos se vea afectado en su forma o en su sentido: en lugar de *dans le château*, podemos tener *pour le château* (para el castillo), *dans un château* (en un castillo) o *dans le chemin* (en el camino), donde ni la forma ni el sentido de *dans*, *le* y *château* han sido modificados. Aquí, de nuevo, comprobamos una jerarquía: *château* puede emplearse sin *dans* y sin *le* como vocativo o en una enumeración, *dans* y *le* no se emplean sin *château* o alguna otra forma, como *chemin* o *jardin*, que pueda sustituirlo en todos los contextos gramaticales. La misma argumentación semántica que llevaba a designar a *donn(e)* como un semantema, a *-(e)r-* y *-ons* como morfemas, debería valer aquí y permitir clasificar a *château* entre los primeros, y a *dans* y *le* entre los segundos. Sin embargo, hasta que no se demuestre lo contrario, *dans* y *le* son palabras, ya que, dentro de un texto, van separados de sus vecinos por dos espacios, mientras que *-(e)r-* y *-ons* no son palabras. ¿Pueden ser los elementos *dans* y *le*, al mismo tiempo, palabras y morfemas, siendo muchos morfemas partes de palabras? ¿A qué análisis hay que dar prioridad: al que revela las palabras, o al que revela los semantemas y los morfemas? Si bien las razones que tenemos para designar con un mismo término a *dans* y a *le*, por un lado, a *-(e)r-* y a *-ons*, por otro, nos parecen decisivas, llegamos a preguntarnos hasta qué punto son válidas las que nos llevan a ver una palabra en *dans* y en *le*, y partes de palabras en *-(e)r-* y en *-ons*.

Los lingüistas que operaban con semantemas y morfemas entrevieron, seguramente, el problema que planteaba la doble posibilidad de análisis, pero no parece que intentaran resolverlo, ni siquiera plantearlo claramente. Se vieron llevados a definir la morfología como el estudio de los morfemas y no, igual que sus antecesores y muchos de sus contemporáneos, como el examen de la variación formal de las palabras. Pero no se atrevieron a sacar todas las consecuencias del punto de vista que habían adoptado y no propusieron, por ejemplo, el estudio, dentro de la morfología, del sistema preposicional del francés con igual derecho que las declinaciones latinas.

Más tarde surgieron otros lingüistas que, con buen sentido, dejaron de lado las consideraciones semánticas que habían hecho adoptar los términos de semantema y de morfema; hicieron hincapié en lo que tenían en común los «semantemas» *donn(e)* y *château* y los «morfemas» *-(e)r-*, *-ons*, *dans* y *le*, a saber, su carácter de signo mínimo, el hecho de ser elementos dotados de una forma y un sentido, no susceptibles de ser concebidos como resultado de la combinación de dos unidades o más dotadas de sentido. Designaron estos signos mínimos, poco afortunadamente, como «morfemas», lo que creaba en el uso lingüístico general una fuente permanente de confusión entre el morfema que se opone al semantema, y el morfema que engloba a éste. Sin embargo, no renunciaron a poner de manifiesto la jerarquía entre los elementos como *donn(e)* y *château*, que pueden existir sin los otros y se designan como «formas libres» *(free forms)*, y los del tipo de *-(e)r-*, *-ons*, *dans*, *le* designados como «formas limitadas» *(bound forms)*. Evidentemente, estas designaciones son preferibles con mucho a las utilizadas por los «mentalistas» de la generación precedente. Pero, si los que las emplean creen haber salvado así la noción tradicional de palabra, se equivocan: aún han de explicar por qué las formas limitadas *dans* y *le* son palabras, mientras que *-(e)r-* y *-ons* no lo son. Por otro lado, el principio de la jerarquía de las formas basada en la posibilidad de algunas de ellas de subsistir al eliminar a sus vecinas conduce, si se aplica de manera sistemática, a una clasificación de los elementos lingüísticos a un nivel mucho más alto que el que opone, de forma un tanto simplista, formas libres a formas limitadas: las condiciones en que, en francés, puede escucharse, fuera de todo contexto, una forma pretendidamente libre como *mémoire* (memoria) son casi tan excepcionales como aquellas en que las formas limitadas *pour* o *-âtre* pudieran constituir por sí solas un enunciado completo. Se dan grados en la jerarquía así obtenida: un sujeto es, justamente, el complemento del predicado sin el que este último no podría existir; en francés, apenas existe sustantivo, dejando aparte algunas formas estereotipadas, sin artículo, pero sí aparece, muy frecuentemente, el sustantivo sin ir precedido de una preposición; por tanto, no hay que poner *dans* y *le* en el mismo plano.

Seguimos, de hecho, frente a nuestro problema: ¿por qué *dans le château* son tres palabras, mientras que *donnerons* no es nada más que una? ¿Será quizá porque, en el primer caso, el núcleo, la forma libre o el semantema de nuestros predecesores, se sitúa *detrás* de sus satélites, mientras que, en el segundo, les precede? Por supuesto, esto no es una explicación, sino una simple comprobación de algo que se produce de una forma bastante normal en francés. Al extender la observación a otras lenguas, se comprueba que satélites con función análoga son tratados, en las grafías, como palabras independientes cuando preceden al núcleo, y se escriben inmediatamente a continuación de dicho núcleo cuando le suceden. Entre las lenguas europeas que poseen artículo determinado, algunas, la mayoría, lo sitúan delante de los sustantivos. En este caso no va ligado al sustantivo e, invariable como el inglés *the* o «flexionado» como el alemán *der, die, das,* representa lo que llamamos palabra. En las lenguas, minoritarias, que posponen el artículo, éste se aglutina con el sustantivo: danés *bord,* «mesa», *bordet,* «la mesa»; rumano *nas,* «nariz», *nasul,* «la nariz». Es interesante comparar el rumano y el francés, ya que el artículo tiene el mismo origen en las dos lenguas (lat. *illum,* tanto en *nasul* como en *le nez)* y, sin embargo, parece conservar su independencia en *le nez* y haberla perdido en *nasul.*

Es evidente que los hechos de grafía que acabamos de poner de manifiesto son sintomáticos de diferencias reales en el discurso: en las lenguas en las que se antepone el artículo, es posible hacer figurar un adjetivo entre éste y el sustantivo: *le long nez;* cosa que no ocurre cuando el artículo se pospone. En danés, si un adjetivo calificativo se añade al sustantivo que va acompañado del artículo determinado, éste ya no se pospone al sustantivo, sino que se antepone, de forma diferente e independiente, al conjunto del adjetivo y del sustantivo: *bordet,* «la mesa», pero *det store bord,* «la gran mesa»; en sueco y en noruego, se emplea corrientemente, en este caso, el artículo antepuesto independiente y el artículo pospuesto aglutinado: sueco *bordet,* pero *det stora bordet.* La grafía separada en el caso del artículo antepuesto da testimonio de la independencia real de este artículo, independencia que se ve asegurada por la posibilidad permanente de insertar uno o varios determinantes entre aquél y su sustantivo.

Se entienden bastante bien las razones por las que es posible la inserción de un elemento entre el artículo y el sustantivo, pero no está atestiguada entre el sustantivo y el artículo: cuando dos elementos de la cadena hablada están constantemente en contacto, la parte final del primero y la inicial del segundo tienden inevitablemente a asimilarse entre sí hasta el punto de que la identidad fónica de los dos elementos puede verse afectada. Este atentado a la integridad de la forma es menos peligroso, por regla general, en un satélite que en el núcleo. La razón de esto es que, en un contexto determinado, la posibilidad de elección entre diferentes satélites es bastante limitada: se hace una elección, por ejemplo, entre el artículo determinado y el indeterminado, o entre el singular y el plural, de tal modo que la comunicación lingüística no se verá en peligro mientras subsista la más mínima diferencia entre una y otra forma. Por el contrario, el núcleo, ya sea un sustantivo o un radical verbal, es una forma elegida entre cientos de otras y conviene que su identidad fónica permanezca bien marcada. Por otro lado, la identidad de cualquier elemento de la cadena está mejor asegurada por su parte inicial que por su final. La causa de esto radica en el hecho de que el interlocutor percibe antes y de modo totalmente natural el principio y de que las lenguas están hechas de forma que el oyente identifica muy a menudo la palabra antes de que sea emitida completamente. Como el que habla tiene también una experiencia de oyente y las reacciones de su interlocutor le indican frecuentemente que el mensaje ha sido comprendido antes de terminarse, las distinciones tienden a ser menos claras en posición final, e incluso, pueden desaparecer por completo: así el alemán, que distingue perfectamente entre *Torf* y *Dorf*, no hará ninguna diferencia de pronunciación entre *Rat* y *Rad*. Visto esto, se comprenderá que, siendo bastante natural unir dos elementos como el sustantivo y su artículo, los hablantes no estén tentados a separarlos cuando las deformaciones que puedan resultar de su contacto afecten a la parte final del sustantivo, menos importante para la identificación de éste que su parte inicial. Por el contrario, si el artículo precede, su presencia permanente en contacto con la parte inicial del sustantivo podría afectar peligrosamente a esta parte inicial, y en consecuencia, a la identificación del término. La inserción ocasional de un adjetivo entre el artículo y el sustantivo será bienvenida y favorecida, ya que contribuirá a una oportuna separación del artículo y su sustantivo.

El hecho de que la separabilidad de los elementos sucesivos del discurso sea, en el fondo, lo que genere, normalmente, la grafía en palabras separadas se verifica en los ejemplos con los que hemos operado anteriormente: las tres palabras de *dans le château* demuestran su independencia en una ampliación como *dans tout le grand château,* donde la inserción de *tout* y de *grand* justifica la grafía y la interpretación tradicional; en *donnerons,* por el contrario, sólo puede plantearse una única inserción, la de una *-i-* detrás de la *-r-,* lo que nos daría *donnerions;* pero se trata de un satélite, el mismo que hicimos alternar anteriormente con *-(e)r-* y que se revela aquí como combinable con él; se trata tan sólo de una unidad de la serie de los satélites que pueden combinarse con una raíz verbal como *donn(e),* cada uno de los cuales ocupa el lugar que le ha reservado la tradición.

Mientras la tendencia a asimilar los elementos en contacto permanente no llegue a borrar la frontera entre ellos, no habrá conflicto irresoluble entre la tradición, que analiza la cadena en palabras, y un método más refinado que opere con los signos mínimos: la inseparabilidad que caracteriza a un conjunto como el danés *bordet* es un rasgo que, sea cual sea el método adoptado, merece ser puesto de manifiesto, y hacerlo, declarando que *bordet* es una palabra, supone un procedimiento perfectamente admisible. Una grafía como *bord-et,* con espacios a cada lado de la palabra y un guión entre los dos signos mínimos que la componen, podría satisfacer a todo el mundo.

La cuestión se complica cuando ya no es posible analizar físicamente la palabra en sus elementos sucesivos, al no existir ninguna razón decisiva para trazar aquí o allá una frontera que pueda separar estos elementos, o también, al no aparecer el rasgo fónico portador de una significación allí donde el sentido lo reclame.

Sea el acusativo latino *rosam;* si lo comparamos con el nominativo *rosa* que parece ser la forma básica, podemos separar *rosa-m,* donde *rosa-* significa «rosa» y *-m* designa el complejo de funciones que designamos como acusativo; sin embargo, si consideramos el dativo plural de la misma palabra, *rosis,* ya no encontramos en él *rosa-;* el único elemento común es *ros-* e interpretaremos *-is* como marca del dativo plural. Pero, ¿acaso no deberíamos analizar entonces *rosam* como *ros-am* y *rosa* como *ros-a* con la misma raíz que *ros-is?* En tal caso, sería necesario analizar *clava,* «maza», como *clav-a.* Pero, según estos mismos principios, tendríamos que analizar *clavus,* «clavo», como *clav-us,* siendo el *-us* de *clavus* y el *-a* de *clava* marcas diferentes del nominativo; «maza» y «clavo» serían homónimos bajo la forma *clav-,* ya que lo que sigue a *clav-* en los dos casos correspondería a los diferentes satélites flexionales. Por supuesto, este punto de vista no es aceptable, ya que «maza» es, en latín, *clav-* seguido de ciertas desinencias, y «clavo», *clav-* seguido de otras desinencias. El núcleo y los satélites se superponen formalmente. Encontraríamos dificultades análogas, si intentáramos delimitar un segmento particular para cada uno de los satélites, tratando de buscar, por ejemplo, en el *-is* de *rosis* una sucesión *-i-s* en la que *-i-* indicaría el dativo y *s-* el plural.

En francés, tal como se le habla y se le oye, la diferencia entre el singular y el plural del sujeto en *il peut* e *ils peuvent* se ve indicada únicamente por la *-v-* de *peuvent,* con, accesoriamente, una diferencia de timbre en la vocal representada por *-eu-.* Se sale de apuros diciendo que el verbo está en plural. Sin embargo, no se trata de la pluralidad de la acción, sino de la pluralidad del sujeto que corresponde, en francés, bien a un núcleo diferenciado (un nombre), bien a un satélite (pronombre) que al ir antepuesto es tratado, en la grafía, como una palabra.

En inglés, la diferencia entre *he cuts,* «él corta», y *he cut,* «él cortaba», radica en la *-s* de la primera forma. Formalmente, se reconoce el pasado por la ausencia de esta -*s*. Pero, por supuesto, esta ausencia únicamente tiene valor de marca de pasado en la tercera persona del singular, y, de hecho, no funciona como tal sino para los verbos, bastante poco numerosos, en los que los azares de la evolución fonética han hecho que presente y pasado sean formalmente idénticos.

Frente a los problemas planteados por *rosam* y *rosis*, la primera reacción será conservadora: todo intento de analizar una forma flexionable resulta vano; el único análisis válido es el que conduce a la palabra, y no deberíamos ir más allá. Detrás de una forma como *rosis*, encontramos, ciertamente, además de la noción de «rosa», las de dativo (o de ablativo) y de plural designadas como «categorías». Ya que el análisis en segmentos sucesivos choca con dificultades que únicamente podrían superarse mediante decisiones arbitrarias, más vale abstraerse completamente de toda sucesividad y considerar la palabra como un conjunto de rasgos significativos, del mismo modo que, en el plano de las unidades distintivas, se reconocía en el fonema un conjunto de rasgos fónicos pertinentes. Sabemos que un fonema no es físicamente homogéneo desde el principio hasta el final de su emisión: una *p* supone una oclusión inicial, un mantenimiento de los órganos en esta posición y una relajación brusca de la oclusión, y todo esto no impide que sea lingüísticamente insegmentable; la *ch* del español *mucho* empieza por *t* y acaba como una *ch* francesa, la *a* del inglés *pane* empieza por una especie de *é* para terminar en algo parecido a *i;* ambas son, por tanto, una sola unidad. Lo mismo podríamos decir de *rosis*, postulando la concomitancia de los elementos que figuran en dicha palabra.

Por muy atractivo que sea este punto de vista metodológico, no podría resolver nuestros problemas, nada menos que porque las dificultades que experimentamos al analizar los enunciados en segmentos correspondientes a signos mínimos existen, no sólo dentro del marco de la palabra, sino, como hemos visto, en conjuntos en que la tradición, con razón o sin ella, marca sucesiones de palabras distintas: *il peut* (él puede), *ils peuvent* (ellos pueden) se escriben en dos palabras. Se esgrimirá, para justificar esta tradición, que los pronombres se flexionan (singular *il*, plural *ils* con pronunciación diferente en *il aime* (el ama) y *ils aiment* (ellos aman); constituyen, según esto, núcleos de satélites, pero no nos atrevemos a tratar estos núcleos como satélites de otros núcleos. De hecho, lo que ha tenido gran influencia aquí es la repugnancia, heredada de los orígenes de la lengua, a flexionar las palabras por su parte inicial: ahí donde el francés escribe en tres palabras *je le porte* (yo lo llevo), el vasco no duda en escribir *dakart* por *da-kar-t*, donde *da-* corresponde a *le*, *kar-* a *porte* y *-t* a *je*. Ya se señaló hace mucho tiempo que, si el francés no tuviera una grafía tradicional, habría muchas posibilidades de que algún explorador-lingüista venido de otro continente tratase de escribir en una sola palabra, *jlaluidonne* (yo se la doy), lo que en ortografía se realiza en cuatro palabras.

Abordamos aquí lo que convierte la noción de palabra en algo tan equívoco para todo auténtico lingüista: para él, no podría tratarse de aceptar las grafías tradicionales sin verificar previamente si éstas reproducen de manera fiel la estructura verdadera de la lengua que se supone representan. Si se conserva el término «palabra» para designar los segmentos del discurso que aparecen separados en la escritura, es sólo porque los espacios del texto corresponden a un tipo de límite bien definido y rodean a todos los grupos de un cierto grado de homogeneidad. En realidad, sabemos muy bien, desde no hace mucho, que éste no es el caso. Convendría, por tanto, definir la palabra sin intentar buscar una formulación que permitiera reconocer todas las «palabras» en todas las grafías existentes. En otros términos, habría que decidir en qué caso se trata de una palabra y en qué caso de varias, y esto, no ya en francés o en vasco, sino en francés, en vasco y en cualquier lengua.

Pero si, en definitiva, hemos de dejar a un lado la tradición, ¿acaso nos interesa realmente encontrar una unidad significativa, llamada por definición palabra, intermedia entre el signo mínimo y la oración, y tal que todo enunciado pueda analizarse en una sucesión ininterrumpida de tales unidades? ¿Ganamos algo empleando el mismo término para designar satélites como *dans* (en) o *là* (allí), núcleos aislados como *donne* (da), *château* (castillo) y conjuntos como *donnerions* (diéramos), *timbre-poste* (sello de correos) o *anticonstitutionnellement* (anticonstitucionalmente)?

Existe toda una categoría de hechos que no hemos hecho intervenir en las consideraciones anteriores, a saber, los rasgos fónicos cuya función no consiste ya en fijar la identidad de las unidades distintivas de la cadena, oponiéndolas a las que hubieran podido figurar en su lugar, sino en indicar la individualidad de estas unidades con respecto a sus vecinas en el discurso. Entre estos rasgos, que frecuentemente llamamos demarcativos, hay que hacer resaltar, sobre todo, el acento. Pero no debemos olvidar que ciertos fonemas o grupos de fonemas, que sólo aparecen en las fronteras de las unidades significativas, participan, igualmente, en la función demarcativa: en alemán, hay muchas posibilidades de que una *h* de la pronunciación corresponda a la inicial de lo que hemos designado como núcleo. En muchas lenguas, el acento es claramente demarcativo. En checo, por ejemplo, se sitúa regularmente sobre la sílaba inicial de lo que corresponde a la palabra en la grafía. En otras lenguas, en inglés, en italiano, en ruso, su situación no es fija con respecto a los límites de la palabra, pero la presencia de un acento en un punto determinado de la cadena señala la presencia de una unidad significativa que, frecuentemente, es la que se designa como palabra.

Todo esto explica por qué se considera a menudo que la palabra tiene una individualidad física que se manifestaría, al articular los elementos del discurso, incluso antes de que interviniera el sentido. Pero, si es cierto que el acento, y en menor grado, los otros rasgos demarcativos son ayudantes preciosos para el oyente en su análisis inconsciente de los elementos del discurso que percibe, no puede decirse que caractericen a cada uno de los elementos que separa la grafía de la lengua: las preposiciones, en las que pueden verse claramente palabras, rara vez reciben un acento; cuando lo llevan, es, en general, porque adoptan el acento del sustantivo o del pronombre que les sigue: ruso *pód nosom*, «bajo la nariz», checo *dó školy*, «en la escuela», danés *fór hende,* «para ella», de tal modo que el conjunto de la preposición y lo que la sigue forma una única «palabra acentual» que no coincide con las palabras de la grafía.

En otro orden de ideas, nos hemos propuesto, para delimitar las unidades sucesivas del discurso, calcular la probabilidad de cada uno de los segmentos mínimos, fonema o letra, con respecto al lugar en que aparecen. Veamos ahora un enunciado que empiece por *il apparaît...* ([él] aparece...). Es evidente que una *i-* inicial tiene algunas posibilidades de ir seguida de *-l-,* ya que el pronombre es frecuente en posición inicial; digamos, por tanto, que detrás de *i-, -l-* es más probable que casi cualquier otra letra. Detrás de la *-l-* de *il-* podemos esperar cualquier verbo, y en consecuencia, *-a-* no es más probable que cualquier otra letra; por tanto, si representamos la probabilidad mediante una curva, esta curva, que habría experimentado una elevación al pasar de *i-* a *-l-,* experimentaría un descenso entre *-l-* y *-a-.* Entre *-a-* y *-p-,* la curva sube un poco, ya que una consonante es aquí algo más probable que una vocal. Entre la primera *-p-* y la segunda, la subida se acentúa, ya que la mayoría de las palabras francesas que empiezan por *ap-* son en *app-.* Entre la segunda *-p-* y *-a-,* la curva desciende un poco, ya que podría esperarse, en esa posición, *-r- -l-* o cualquier vocal, pero no de forma tan brutal como en el paso de *il-* a *app-.* A medida que se avanza en la palabra, la curva sube, y cuando se alcanza *-î-,* la probabilidad de que la letra siguiente sea *-t-* se convierte en certeza. Detrás de *-apparaît-,* la probabilidad de *-ra* o *-rait* es bastante alta, pero la de cualquier otra letra que no sea *-r-* es muy débil, ya que puede esperarse cualquier adjunción; si es *-d-* la que sigue a *-apparaît,* comprobamos un descenso brutal entre *-t-* y *-d-* en la curva de probabilidades. Se observa que tales descensos coinciden con el paso de la palabra *il* a la palabra *apparaît* y de *apparaît* a lo que viene después, excepto si esto es *-ra* o *-rait,* elementos que pertenecen a la misma palabra *(apparaîtra, apparaîtrait).* Podría haber aquí, por tanto, una forma de determinar científicamente, sobre la base de un exhaustivo estudio previo de las probabilidades de ocurrencia de las letras o de los fonemas, los límites entre los segmentos del enunciado que coincidiesen bastante bien con las palabras de la grafía. Es interesante hacer notar que los elementos desinenciales o sufijos, como *-ra* y *-rait*, citados anteriormente, tienen, en el orden de sucesión, un índice bastante grande de probabilidades, mientras que la elección de una preposición como *de* (de) o *à* (a) no permite prever en absoluto el sustantivo o el adjetivo que vendrá después. El descenso brutal de la curva de probabilidades que esto lleva consigo coincide con el *status* de palabra diferenciada que tienen las preposiciones. Por otro lado, la probabilidad de encontrar el artículo determinado detrás de tales preposiciones es considerable; así comprobamos que, siempre que el sustantivo es masculino o plural, *de* y *à* forman con el artículo siguiente las palabras simples *du* (del), *des* (de los), *au* (al), *aux* (a los).

Es evidente que las consideraciones que se basan en la probabilidad de los elementos sucesivos recuerdan las desarrolladas anteriormente con respecto a la diferente función de las partes inicial y final de la palabra, en la identificación que de ésta hace el oyente: si la curva de probabilidades sube rápidamente hacia el final de la palabra es, evidentemente, porque todo lo que precede ha permitido, casi con seguridad, la identificación de ésta. Sin embargo, la probabilidad hace comprender mejor el corte natural que existe entre un elemento gramatical antepuesto y el núcleo que le sigue, corte que no existe entre el núcleo y un satélite pospuesto.

Dicho esto, es necesario aclarar que los espacios de los textos no tendrían por qué coincidir necesariamente con los descensos de la curva de probabilidades, de no haber sido porque las ortografías, en general, y la ortografía francesa, en particular, abundan en inconsecuencias: la probabilidad de *de terre* detrás de *pomme* es superior, en el francés contemporáneo, a la de *-poste* detrás de *timbre*, sin embargo *timbre-poste* se escribe en una sola palabra, *pomme de terre* en tres. Si *du* y *au* se escriben sin levantar la pluma frente a las grafías separadas *de la*, *à la*, es, evidentemente, porque la evolución fonética ha combinado íntimamente, en un caso, lo que ha dejado sucesi-

vamente diferenciado en el otro; la probabilidad del femenino
detrás de las preposiciones no es menor que la del masculino o
la del plural. Utilizar los azares de la curva de probabilidades
para delimitar las unidades de la cadena es algo que no podemos plantearnos, ya que sería imposible calcular la probabilidad real en cada punto, al ser el contexto de la que ésta depende demasiado amplio como para que los cálculos puedan
dar totalmente cuenta de ello. Por otro lado, es recomendable
un criterio cuando su aplicación permite obtener, si no clases
de hechos absolutamente delimitados en todos los casos, sí, al
menos, grupos de unidades que formen campos de dispersión
generalmente diferenciados, lo que no ocurriría, si todos los
grados de probabilidad estuvieran representados: ¿acaso la
probabilidad de *de Sèvres* detrás de *jarrón* convertiría en palabra a *jarrón de Sèvres?* ¿Qué pasaría entonces en el caso de
jarrón de Soissons? ¿No podría la actualidad promover al nivel
de palabra el conjunto *joyas de la Bégum,* para dejarlo derrum-
barse y romperse en cuatro pedazos días después?

Todos los esfuerzos por dar al término «palabra» un *status*
propiamente científico tropiezan con el hecho de que, junto a
casos en los que podemos pronunciarnos sin vacilación, existen
otros en que ninguno de los criterios utilizables nos permite
responder afirmativa o negativamente. La noción de palabra,
completada por la de enclítico, ha permitido dar buena cuenta
de la estructuración del enunciado en las lenguas flexionables
como el griego o el latín. Permite, en otras lenguas, agrupar
útilmente ciertos hechos, pero su extensión al conjunto de todos los enunciados a menudo complica, más que simplifica, la
exposición de la gramática.
La solución del problema parece que podría encontrarse en
la sustitución, dentro de la práctica lingüística, de la «palabra»
por el concepto mucho más ágil de «sintagma». Se designa, con
este término, todo grupo de varios signos mínimos. Pero se
sobreentiende que los signos mínimos concebidos como formando parte de un sintagma mantienen entre sí relaciones más
íntimas que las que los unen al resto del enunciado: en la frase

una enorme roca dominaba la vía férrea, se aislarán de modo natural tres sintagmas: *una enorme roca, dominaba* y *la vía férrea.*

Para poder hablar de grupos de signos mínimos, es necesario, naturalmente, saber con toda precisión qué es un signo mínimo. Para quienes designan el signo mínimo como «morfema», éste corresponde necesariamente a un segmento particular del enunciado: *donnerons* se analiza fácilmente en tres morfemas, cada uno con su parte de enunciado *(donn-, -(e)r, -ons)*, cada uno con su propia contribución al sentido del mensaje. Pero puede suceder que un segmento cuyo fraccionamiento resulte problemático corresponda a dos sentidos diferenciados: el *-arum* de *rosarum,* «de las rosas», expresa, por un lado, la relación de genitivo, por otro, el plural: en un caso así, es necesario, o bien renunciar al análisis y establecer un morfema de genitivo plural, o bien arriesgarse a un análisis arbitrario *(-a-rum, -ar-um* o *-aru-m)* que a nadie puede satisfacer. En otros casos se ve claramente dónde puede practicarse un corte, pero éste no es más satisfactorio, ya que no corresponde a lo que reclama el sentido: cuando se compara *animal* con *animaux,* generalmente se atribuye a *-al* el sentido de singular y a *-aux* el de plural. Pero el segmento que corresponde al significado «animal» no es *anim-,* sino *animal* y *animaux,* amalgamados, en uno y otro caso, con el que significa singular y plural. Por tanto, sería mejor considerar que el plural propiamente se expresa en el artículo *les* o *des* que precede normalmente a *animaux.* Pero, como existen contextos en los que *animaux* se utiliza sin artículo, se impone la necesidad de ver en *animaux* la amalgama de dos signos mínimos.

Cuando se siente alguna dificultad para aislar, localizar e identificar el segmento que corresponde a un signo mínimo, se designa a menudo a este último como una categoría. He aquí una pequeña bajeza consagrada por el uso. ¿Es el artículo determinado francés una «categoría», por la dificultad en localizarlo precisamente en *au, aux*? Si un caso de declinación es una «categoría», ¿será el comitativo vasco otra, aunque se exprese de manera uniforme mediante el elemento *-ekin,* perfectamente aislable? Es, sin duda, preferible, siempre que se manifieste la presencia de un nuevo elemento de sentido en un cambio formal cualquiera, diagnosticar un signo mínimo, aunque no sea posible atribuir a este signo un segmento específico del enunciado sin caer en lo arbitrario: en *rosarum* existe un signo de genitivo y un signo de plural, aunque uno y otro no puedan localizarse exactamente. Se dirá, en este caso, que existe una amalgama de lo que designa al genitivo y lo que designa al plural. Como, por otro lado, tal como ya hemos visto, no es fácil aislar, en este caso, el radical, podremos tratar el conjunto *rosarum* como una amalgama, y la palabra flexionada de las lenguas clásicas habrá de definirse frecuentemente como sintagma amalgamado.

Para prevenir los equívocos a los que puede prestarse el término «morfema» y dejar bien claro que el análisis, llegado el caso, debe ir más allá de la segmentación física, interesa designar el signo mínimo con el nombre de monema.

Todo enunciado se analiza exhaustivamente en monemas, generalmente sucesivos, pero a veces amalgamados. Se da un monema, siempre que el hablante deba dar a su enunciado un giro particular con el fin de comunicar precisamente el mensaje que tenía pensado, y no cualquier otro que la lengua le hubiera permitido transmitir. Existen tantos monemas como posibles elecciones: *au fur et à mesure* (a medida), que parece poder analizarse tan fácilmente, representa indudablemente cinco palabras tradicionales, pero constituye un único y mismo monema ya que, una vez elegido *fur*, el hablante no puede abstenerse de emitir todo el resto.

El análisis de los enunciados en monemas no es empresa fácil y necesariamente coronada de éxito: el criterio de la elección se aplica mal cuando se trata de compuestos y derivados que se eligen de una sola vez, y no mediante sucesivas piezas sueltas: al decir *téléphone* o *frigidaire* (frigorífico), se elige *téléphone* o *frigidaire* sin preocuparse por saber lo que significa *télé-* y *-phone*, *frigid-* y *-aire*. Únicamente se impone el valor particular de estos elementos al comparar *téléphone* con *télévision* y *électrophone*, y *frigidaire* con *frigidité* (frigidez) y *mous-*

tiquaire (mosquitero). Pero toda descripción lingüística habrá de llevar el análisis hasta el signo mínimo, y el monema es la unidad que permite llevar el análisis más lejos.

Ahora podemos formular con más precisión lo que antes decíamos del sintagma: dos o más monemas que mantienen entre sí relaciones más íntimas de las que los unen al resto del enunciado forman un sintagma. En este sentido, no todo es sintagma en un enunciado: en *Juan parte mañana*, no hay ningún sintagma, sino tres monemas que se reparten el enunciado. Responderemos aquí negativamente, por lo que respecta al sintagma, a una cuestión planteada anteriormente en relación con la palabra: no interesa establecer, entre el monema y el enunciado completo mínimo que es la frase, alguna de aquellas unidades incómodas de las que integran necesariamente todo segmento del enunciado. El lingüista es libre de delimitar sintagmas siempre que su exposición gane en claridad. También es libre de operar con palabras cuando la estructura de la lengua parezca reclamar un énfasis en la coherencia semántica y formal de ciertos sintagmas. Pero lo que deberá evitar es confundir, bajo el mismo término, elementos funcionalmente tan dispares como preposiciones, raíces léxicas y conjuntos en los que un elemento léxico va revestido de modalidades gramaticales y acompañado de marcas de sus relaciones con el contexto.

Lo que pueda decir un lingüista contemporáneo sobre la palabra ilustra bastante bien a qué revisión general de los conceptos tradicionales ha tenido que llegar la investigación funcionalista y estructuralista de los treinta y cinco últimos años para dar una base científica a la observación y a la descripción de las lenguas. Ciertas aplicaciones de la lingüística, como las investigaciones sobre la traducción mecánica, podrían hacer creer, por el énfasis que se pone en la forma escrita del lenguaje, en la importancia fundamental de las divisiones del texto escrito y hacer olvidar que es del enunciado oral de donde hay que partir siempre para comprender la naturaleza real del lenguaje humano. Es, por tanto, más indispensable que nunca insistir en la necesidad de llevar el examen más allá de las apariencias inmediatas y de las estructuras más familiares al investigador. Tras la pantalla de la palabra aparecen, frecuentemente, los rasgos realmente fundamentales del lenguaje humano.

16. COMPOSICIÓN, DERIVACIÓN Y MONEMAS

En los medios estructuralistas contemporáneos, la unidad significativa mínima, o signo mínimo, se designa generalmente como morfema. Se ha insistido frecuentemente en lo desafortunado de este término, al ser susceptible de inducir a error a aquellos lingüistas para los que el término «morfema» designa, no cualquier signo mínimo, sino aquellos cuya función es gramatical y no léxica. Indiquemos, además, que «morfema» designa, en glosemática, no el conjunto del signo mínimo gramatical, sino solamente el significado de dicho signo, recibiendo su significante la denominación de «formante».

No nos hubiéramos decidido, no obstante, a apartarnos de un uso establecido tanto entre los «pragueses» de Europa como entre los bloomfieldianos de América, si hubiésemos apreciado que el signo mínimo, designado normalmente por el término «morfema», quedaba delimitado de manera plenamente satisfactoria. Sin embargo, al examinar las utilizaciones de la palabra, nos ha parecido que, en la línea antimentalista que, más o menos, ha acabado imponiéndose al conjunto de los «estructuralistas», se favorecía claramente al significante en detrimento del significado. Ciertamente, no se podía llegar, en este sentido, a reclamar del morfema una perfecta constancia en la forma y hablar de morfemas diferentes cuando los segmentos de los enunciados correspondientes no eran los mismos en los diferentes contextos: en inglés, /s/ de *cups* (tazas), /z/ de *pens* (plumas), /iz/ de *brushes* (cepillos), no podían considerarse como otra cosa que las variantes de una misma unidad significativa. El gran descubrimiento del estructuralismo, insuficientemente aclarado por otra parte, de que la realidad lingüística no se identifica necesariamente con la realidad física, obligaba, en un caso de este tipo, a trascender las diferencias fónicas entre estos tres segmentos, y esto se hacía de buen grado cuando las variaciones, como en el caso de estas tres desinencias de plural, no llegaban a excluir una base física común, aquí el carácter silbante. Pero si había que admitir, siguiendo el modelo de la fonología, el principio de la distribución complementaria, no se podía transigir en lo de que a cada morfema debía corresponderle, en cualquier posición, un segmento bien delimitado con respecto a su contexto dentro de la cadena. Frente a una desinencia latina como el -*ārum* de *rosārum*, había que decidirse, o bien a hacer un despiece arbitrario, decretando, por ejemplo, que -*ār*- indicaba el plural y -*um* el genitivo, o bien a establecer un morfema único genitivo-plural del que -*arum* sería una variante *(alomorfo)*. Pero ¿podía hablarse, en este último caso, de signo único, estando los significados, con toda evidencia, perfectamente diferenciados? Este tipo de dilema en el que se encerraban los lingüistas por incapacidad de desembarazarse de ciertos *a priori*, contribuye a explicar las reacciones antiformalistas que se observan actualmente.

Existía un medio de eliminar los falsos problemas planteados por las variaciones de los significantes: consistía en reclamar del signo mínimo, no que se manifestase necesariamente en forma de segmento diferenciado, sino que obligase, por su presencia en las comunicaciones, a una modificación formal cualquiera del enunciado: una forma como *rosārum*, caracterizada por la gama de sus utilizaciones al implicar, además del significado «rosa», los significados «genitivo» y «plural», es formalmente distinta de *rosae*, que implica los significados «rosa» y «genitivo», pero en donde el significado «plural» ha sido sustituido por el significado «singular», e igualmente, distinta de *rosās*, en que están implicados los significados «rosa» y «plural», pero en donde el significado «genitivo» ha sido sustituido por el significado «acusativo». Lo que permite comprobar, en estas formas, la existencia de los signos «genitivo», «acusativo» y «singular», «plural» es la coincidencia observable entre los significados correspondientes y las diferencias formales a que obliga la sustitución de un signo por otro en cada par. Aunque no exactamente localizables, estas diferencias formales son los significantes que proporcionan la base formal de los signos considerados. El concepto de amalgama de significantes permite eliminar todas las divisiones arbitrarias sin perjuicio del principio fundamental de que no hay unidad lingüística que no corresponda a una distinción formal en algún punto de la cadena. Su utilización generalizada lleva a identificar, en la cadena, una cantidad sensiblemente mayor de signos mínimos que los que se identificarían en el caso de que cada uno de estos signos tuviera necesariamente que coincidir con un segmento diferenciado. Se recomienda, por tanto, que no se utilicen los mismos términos para designar las unidades resultantes de diferentes análisis, y por esto, frente a «morfema» y lo que éste implica de insistencia en los elementos formales, hemos propuesto el término «monema» para designar el signo mínimo susceptible de ser identificado como tal, incluso en el marco de una amalgama. La utilización de este término relativamente nuevo no representa, por tanto, ningún deseo de singularización, sino que trata simplemente de subrayar unas divergencias que se manifiestan tanto en los resultados como en los procedimientos.

El análisis de los enunciados en monemas, que supone la utilización del concepto de amalgama, ha sido utilizado múltiples veces para la descripción de diversas lenguas, pero nunca ha sido sometido públicamente a críticas un poco profundas. Si esto hubiera ocurrido, probablemente se hubiera puesto de manifiesto, como lo hizo Luis Prieto en entrevistas privadas, que, al no exigirse un segmento particular para cada unidad significativa, se puede llegar a analizar en monemas elementos léxicos cuyo carácter unitario nadie pondría en duda: si, para que haya signo, es suficiente que a un efecto de sentido corresponda una diferencia formal cualquiera, ¿qué nos impediría ver en *jument* (yegua), entendido correctamente como «cheval femelle» (caballo hembra), los dos signos *cheval* (caballo) y *femelle* (hembra), pudiendo concebirse /ʒymã/ como amalgama de los significantes /ʃval/ y /fmel/, del mismo modo que /aj/ *(ailles,* «vayas») podría presentarse como una amalgama de /va/ *(vas)* y de /cero/ (significante del signo subjuntivo en la segunda persona del singular)? Si se hace poco caso de las identidades formales en la identificación de las unidades significativas, parece que quedaría abierto el paso a todo tipo de arbitrariedades. La respuesta que surge, de modo natural, ante esta objeción es que no hay que poner en un mismo plano los signos gramaticales y los léxicos. Pero para que esta respuesta fuera aceptable, habría que aclarar, mucho antes de lo que generalmente se hace, esa diferencia entre lo gramatical y lo léxico, y no se ha dicho que, de este modo, se hayan enunciado claramente las razones por las que sería lícita la utilización de la noción de amalgama cuando estuviera en juego al menos un monema gramatical (como en el caso de *ailles* y *rosārum),* mientras que ya no lo sería en el caso contrario.

En realidad, no se trata tanto de oponer los casos en los que interviene un elemento gramatical y aquellos en los que éste no se presenta, como de oponer las situaciones, que podríamos designar como propiamente sintagmáticas, en las que se unen elementos cada uno de los cuales corresponde a una elección realizada por el hablante, inconscientemente en general, *hic et nunc,* y aquellas en las que un conjunto de elementos, que pueden concebirse, al ser examinados, como portadores, individualmente, de una significación, es objeto de una elección única por parte del hablante. Existe situación sintagmática, tanto al considerar los dos monemas de *Juan habla,* como los de *el perro,* ya que *habla* detrás de *Juan,* y *perro* detrás de *el* representan, cada uno, una nueva elección. Existe elección única en todos los casos en los que se habla de derivación y de composición *(pommier* «manzano», *lavage* «lavado», *timbre-poste* «sello de correos», *vide-poche* «canastillo», *sac à main* «bolso de mano»), y cuando existe un cierto grado de fijación *(bon marché* «barato», *avoir l'air* «parecer»). No discutiremos aquí si es fácil o no encontrar criterios formales que permitan decidir si existe fijación o no, y si, en un caso determinado, ha habido elección única, doble o triple. Nos basta con precisar que tenemos aquí dos situaciones lingüísticas perfectamente caracterizadas, aunque el punto de partida pueda ser, en ciertos casos, bastante difícil. En lo que sigue, consideraremos, sobre todo, la clara oposición existente entre las situaciones sintagmáticas y los hechos de derivación y de composición.

La derivación y la composición no se limitan en absoluto a los elementos designados generalmente como léxicos: existen preposiciones compuestas, como el inglés *into*, y derivadas, como el latín *intra*. Lo que digamos de los derivados y de los compuestos será válido tanto para estas unidades gramaticales como para las que no lo son. Los derivados y los compuestos pueden definirse como elementos semántica y formalmente analizables, pero que, en sus relaciones con los demás elementos del enunciado, se comportan exactamente igual que los elementos inanalizables que pueden aparecer en los mismos contextos que ellos: *ânesse* (burra), que el examen más superficial revelará como un compuesto de *ân(e)* (burro) más un elemento *-esse*, que viene a tener el valor de «femelle» (hembra), funciona lingüísticamente como *jument* (yegua), que no podría someterse al mismo tipo de análisis. Nada, dentro de la lengua, nos impide decir de una burra lo que pudiéramos decir de una yegua y viceversa; lo que digamos podrá ser verdadero o falso, pero siempre lingüísticamente aceptable.

Lo que importa no olvidar de lo que acabamos de decir con respecto a *ânesse*, es que el carácter complejo de la palabra se manifiesta al efectuarse un examen, quizá muy superficial, como hemos dicho, pero que es una realización, no del usuario, sino del lingüista, y del sujeto hablante únicamente en la medida en que éste se pare para fijar su atención sobre lo que acaba de decir. Al hablar, no elige *âne* y después *-esse*, como tampoco elige *ju-* y después *-ment*. Por tanto, no estamos seguros de tener razón al identificar, bajo el término de monema, los elementos componentes de *ânesse* y los de *dans la chambre* y de *donnerons*. Es indispensable distinguir, en todo caso, entre los monemas que el oyente identifica necesariamente como portadores de un elemento diferenciado de información y los que contribuyen a la identificación de una unidad más amplia, pero sin que su significado esté forzosamente en juego. Por supuesto, la identificación, en todos estos casos, no implica necesariamente una toma de conciencia: un francés que escucha *donnerons* asimila automáticamente la información particular que aporta *donne-*, la que corresponde a *-r-* y la que proporciona *-ons* (por regla general, en combinación con un *nous* situado antes o después); quien escucha *ânesse* no tiene necesidad de asimilar por separado *ân(e)-* y *-esse;* de hecho, la comunicación será tanto más fácil cuanta menos necesidad haya de analizar el todo en sus partes: existen *âne*, por un lado, y *ânesse*, por otro, del mismo modo que existen *cheval* y *jument;* para el niño que aprende su lengua, *ânesse* ofrece más ventajas que *jument:* para el que conozca *âne* y *cheval*, será más fácil identificar *ânesse* que *jument*. Pero, una vez adquirida la palabra, ya no interesa concebir *ânesse* sino como unidad indivisible. Sólo a los etimologistas y a los extranjeros puede ocurrírseles interpretar *beaucoup* (mucho) como un compuesto de dos elementos, *beau* (bello) y *coup* (golpe). Pues bien, lo que es válido para *beaucoup* lo es igualmente, en diversos grados, para todos los compuestos y derivados de la lengua. Lo que a menudo se designa como motivación de un término, y que es la posibilidad de analizarlo en significantes y significados sucesivos, solamente tiene un interés práctico en lo que concierne a la adquisición del vocabulario. Posteriormente, cuanto menos se imponga esta motivación al espíritu, más natural y fácil será la comunicación lingüística.

Recuerda esto lo que sucede en el aprendizaje de la lectura por los métodos analíticos y tradicionales: el niño aprende, primero, a reconocer cada letra, después, cada sílaba y, al pronunciar cada sílaba de la palabra que lee, identifica esta palabra *(s, a, sa, l, i, li, sa-lí)*. Pero el niño que procede de esta forma aún no lee, sólo *balbucea*. Sabrá leer cuando, de una sola ojeada, identifique *salí* sin percibir sucesivamente las letras de la palabra.

Podríamos distinguir entre el caso de los compuestos y derivados tradicionales resultantes de procedimientos que han dejado de utilizarse (por ejemplo, *Hôtel-Dieu, justice*) y el de las combinaciones léxicas que resulten de modelos todavía en uso (por ejemplo, *vide-poche* «canastillo», *lavage* «lavado»). Es evidente que el análisis de *lavage* en *lav(e)-* + *-age* se impone de modo más inmediato que el de *justice* en *just(e)-* + *-ice*. Pero ésta no es la cuestión. Lo esencial, y que es común a *lavage* y *justice*, es que estas unidades existen, listas para su uso, en la lengua y que, ante una experiencia a comunicar a alguien, estarán inmediatamente disponibles tales como son, del mismo modo que lo están las inanalizables *chute* (caída) o *prise* (toma).

El caso de un hablante que, presionado por las necesidades de la comunicación, decida inventar una palabra nueva según un modelo existente no contradice lo que acabamos de decir: interrumpe, temporalmente, su actividad sintagmática, que reanuda una vez que el nuevo término está disponible.

Ha de establecerse claramente una distinción fundamental entre los monemas inmediatamente disponibles para una utilización sintagmática y los que se utilizan tras haberse combinado, entre dos o más, para proporcionar unidades complejas que funcionan exactamente igual que los monemas simples de la misma categoría. En la práctica del análisis lingüístico, la diferencia entre estos dos tipos de monema salta a la vista: por un lado, las unidades que no son demasiado difíciles de identificar, una vez que se ha aceptado operar con el concepto de amalgama de significantes *(rosārum* analizado en «rosa», «genitivo», «plural»), por otro, frente a complejos como *lavage* donde el análisis no reviste ninguna dificultad, otros como *aoriste* en que, si se le forzara, un usuario podría reconocer un prefijo *a-* y un sufijo *-iste*, y entre estos dos extremos, una infinidad de casos en los que las posibilidades de análisis están más o menos claras y en los que unos hablantes podrían reconocer, si quisieran, las articulaciones primeras, mientras que a otros les costaría hacerlo, y sin embargo, todo el mundo los entiende sin ningún problema. Qué importa, con vistas a la comunicación, que mi interlocutor haya percibido o no que *teléfono* empieza como *televisión* y que haya concluido o no que *tele-* quiere decir «a distancia», con tal de que nos entendamos en cuanto a la naturaleza del objeto así designado.

Hemos hablado más arriba de actividad sintagmática, al referirnos a lo que ocurre cuando el hablante elige sucesivamente los monemas necesarios para el éxito de la comunicación en curso[1]. Entendemos por tal que el hablante limita su actividad a la producción de las sucesiones del eje sintagmático, tomando como fuente, para este fin, los paradigmas[2] existentes y sin añadir nada a estos paradigmas. Se hablará de actividad paradigmática cuando el hablante fabrique un término nuevo mediante combinaciones de elementos preexistentes, en el sentido de que así contribuirá a enriquecer el paradigma en el que vaya a situarse el neologismo. Esto conducirá a no hablar de sintagma sino en referencia a grupos de monemas elegidos sucesivamente, con exclusión de los derivados y de los compuestos[3].

Para designar los monemas que constituyen los sintagmas así delimitados, podrá utilizarse el apelativo de «libre». Se tendrá cuidado en no confundir los monemas libres y las *free-forms* (formas libres) de Bloomfield, ya que muchas *bound-forms* (formas limitadas) bloomfieldianas, por ejemplo las desinencias, corresponden a monemas libres. Para los monemas que forman parte de los compuestos y de los derivados proponemos el apelativo de «fijos» *(figés)*. Hay monemas que solamente aparecen fijos; son los elementos de derivación. Otros, los que pueden figurar en los compuestos, serán, según los casos, libres o fijos.

Falta un término para designar una unidad formada de monemas fijos, es decir, un derivado o un compuesto sin los elementos flexionales que puedan acompañarle. Por otro lado, no

---

[1] Esto, desde luego, no quiere decir que, en todos los casos, elija sucesivamente segmentos de enunciado, cada uno de los cuales corresponda a un segmento particular.

[2] En el sentido estructuralista del término.

[3] Las conclusiones a las que llegamos aquí son análogas a las que llega Eric Buyssens, en «La classification des mots articulés», *Recherches linguistiques en Belgique* (Universa Wetteren, 1966).

sabemos cómo denominar cada uno de los elementos de una clase de conmutación que comporte monemas libres, derivados y compuestos. ¿Podríamos decir que si *poche* (bolsillo) es un monema, *vide-poche* (cestillo) es un *sintema?* En un plano estrictamente formal, *poche* /pɔʃ/ y *vide-poche* /vidpɔʃ/ podrían designarse como raíces, aunque el término evoque en general la posibilidad de una flexión que no existe para estas dos palabras.

En un plano muy general, sería útil poseer un término para designar segmentos como *beaucoup* o *aoriste* sin tener necesidad de dar constancia del carácter monomonemático o polimonemático de estos segmentos. Decir que ambos son palabras sería expresarse de forma harto imprecisa, ya que una palabra puede comportar una flexión, lo que no sucede con la unidad para la que buscamos designación.

La distinción estricta que nos vemos forzados a establecer entre agrupaciones sintagmáticas y agrupaciones paradigmáticas de monemas nos permite precisar dentro de qué límites la imposibilidad o la dificultad de segmentar un significante pueden sugerir el recurso al concepto de amalgama. Lo que nos permite identificar tres signos en *rosārum*, donde el recurso a la forma no permite aislar tres segmentos sucesivos sin caer en lo arbitrario, es el hecho de que los significados «rosa», «genitivo» y «plural» se identifican perfectamente sin ayuda de una segmentación formal. Pero en el caso de los derivados y de los compuestos donde, en un plano estrictamente sincrónico, poco importa que se puedan identificar o no diferentes significados, sólo una segmentación formal perfectamente clara permitirá considerar una interpretación polimonemática: se ha podido presentar un análisis de la palabra inglesa *receive* (recibir) en *re + ceive* sobre la base de conmutaciones con *perceive* (percibir) y *reject* (rechazar), sin pretender que el sentido de *receive* sea resultado de *re-* y *-ceive*. Cuando esta segmentación formal no se impusiera, la unidad semántica real del derivado o del compuesto no tendría ninguna dificultad en afirmarse. En otros términos, nunca hablaremos de derivado o de compuesto cuando la posibilidad de análisis que estos términos suponen no esté claramente manifestada en la forma misma. El concepto de amalgama, por tanto, únicamente se justifica en caso de que los monemas sucesivos sean libres, en el sentido que se ha definido más arriba.

17. SINTAGMA Y SINTEMA

Tanto los lingüistas anteriores a Saussure como los contemporáneos y posteriores a él han estado totalmente de acuerdo en denunciar la imprecisión del concepto de palabra. Han sido menos numerosos, quizá, los que han subrayado con él que la «palabra» no corresponde en absoluto a las «entidades lingüísticas» que ahora designamos como unidades significativas mínimas. Más escasos aún han sido los que, incluso hoy en día, se han esforzado en eliminar el término y el concepto de «palabra» de las descripciones que hacen de las lenguas y de los tratamientos que presentan de los problemas lingüísticos. Ya no tienen, como Saussure que admitía «provisionalmente»[1] que las «entidades lingüísticas» son palabras, la excusa de no disponer de ningún término preciso para designar estas entidades. En efecto, pueden elegir entre «morfema» y «monema»: «morfema», si no pueden decidirse a establecer una unidad diferenciada para lo que no está representado en el enunciado por un segmento aislable (el *-orum* de *dominorum* constituye un único morfema al no ser fraccionable); «monema», si admiten que una unidad significativa (una elección) pueda corresponder a una diferencia formal no localizable de forma precisa *(-orum* es la amalgama de dos monemas, ya que está señalado por su forma como un genitivo, y no un acusativo como *dominos*, como un plural, y no un singular como *domini).*

---

[1] Cf. R. Godel, *Les sources manuscrites du «Cours de linguistique générale»*, Ginebra, 1957, pág. 89.

El recurso a la «palabra» puede ampararse tras la autoridad de Bloomfield que, al distinguir entre *free forms* (formas libres) y *bound forms* (formas limitadas)[2], ha podido llevar a creer que salvaba el concepto tradicional. También puede hacerse intervenir a Sapir y su referencia al sentimiento lingüístico de sus informadores indios[3]. Puede igualmente, y con más justificación, hacerse notar que sería un error considerable no operar con la palabra cuando se trata de una lengua como el latín, a propósito de la cual nació el concepto mismo y en la que puede definirse con toda exactitud lo que puede cubrir este término.

Pero, aunque hagamos abstracción de los usos que impone un tipo de estructura particular y permanezcamos en el plano de la lingüística general, podríamos afirmar legítimamente que el análisis del enunciado en morfemas o en monemas choca frecuentemente con dificultades tan considerables como las que tan a menudo hemos denunciado al tratar de la palabra. No pensamos, al decir esto, en las dificultades que presenta el análisis de los significantes en casos como el inglés *he cut* (él cortó), donde el monema de pretérito se manifiesta por la ausencia de -s, o como los artículos contractos *au* (al), *aux* (a los) y el subjuntivo *aille* (vaya), ni en la imposibilidad de establecer correspondencias significado-significante en *(ils) ont été* ([ellos] han sido). En todos estos casos, la utilización del concepto de amalgama permite eliminar lo que, en sincronía, no son sino falsos problemas. Nos referimos, más bien, a segmentos como *fenaison* (siega del heno), *bouvier* (boyero), *nébuleuse* (nebulosa), *thermostat* (termostato), en los que se cree poder identificar ciertos elementos significantes como *-aison*, *-ier*, *-euse*, *thermo-*, sin estar nunca bien seguros y sin saber demasiado qué hacer con el resto, si no se es un etimologista profesional. Veamos un enunciado como *durant toute la fenaison* (durante toda la siega del heno); aunque se esté de acuerdo en no renocer un monema

[2] *Language*, Nueva York, 1933, págs. 160, 177-184.
[3] *Language*, Nueva York, 1921, págs. 34-35.

femenino diferenciado en *fenaison* [4], un analista verá sólo cuatro unidades, mientras que otro encontrará seis, si interpreta *durant* como una forma verbal y si reconoce *foin* (heno) en *fenaison*.

Las dificultades experimentadas, a veces, para analizar los enunciados en monemas al gusto de todos, no deben llevarnos a descartar esta noción, sino a determinar con precisión las circunstancias en las que tropieza el análisis, con el fin de buscar una solución específica para estos casos particulares.

Empezaremos, a la sazón, por precisarnos a nosotros mismos lo que buscamos al analizar los enunciados en unidades sucesivas. Nos situamos, por supuesto, en un plano estrictamente sincrónico, lo que excluye todo análisis que sea exclusivamente etimológico. Deseamos, en realidad, saber de qué modo la lengua estudiada, pongamos el francés, funciona satisfactoriamente para los francófonos adultos. Para comunicar su experiencia o, en términos más simples, para decir lo que tienen que decir, estas personas analizan esta experiencia en elementos correspondientes a unidades significativas existentes en la lengua. Después proceden a la comunicación pronunciando, unos detrás de otros, los significantes de cada una de estas unidades en un orden parcialmente determinado por la sintaxis de la lengua, es decir, por un complejo de hábitos, significativos o redundantes, adquiridos durante la infancia. Estas unidades significantes, estos signos, en función de los cuales va a articularse la experiencia, presentan, la mayoría de las veces, un significante totalmente arbitrario, formado de un cierto número de fonemas sucesivos, como en el francés /espri/ para la unidad «esprit» (espíritu), a los que puede añadirse una posición distintiva del acento como en el español /es'piritu/ o un tono pertinente como en el equivalente sueco /ànde/. Decimos que tal significante es totalmente arbitrario, porque nada, en la realidad a la que el signo se refiere, parece justificar la elección de uno u otro fonema, de uno u otro tono, de una u otra posi-

---

[4] *Élements de linguistique générale*, París, 1960, págs. 101-102; *A Funktional View of Language*, Oxford, 1962, págs. 17-19.

ción del acento en la forma correspondiente. Decimos también que es totalmente inmotivado, porque el sentido de la unidad no está en absoluto sugerido por un valor semántico cualquiera que pudiera atribuirse a ciertos segmentos del significante: La sucesión de fonemas /espri/ podría entenderse como *est-ce pris?* (¿está cogido?) o *ait ce prix* (tenga este precio), es decir, analizarse en unidades significativas sucesivas; pero ningún análisis de este tipo permite reconocer el sentido de *esprit* y es por esto por lo que puede estimarse que el significado «esprit» no resulta de la combinación de varios significados.

Sin embargo, junto a significantes como /espri/ que pueden analizarse, en cuanto a su forma, en significantes sucesivos, pero sin que pueda verse de qué modo la suma de los significados correspondientes pudiera, con la mejor voluntad del mundo, equivaler al significado total («esprit»), o incluso, simplemente implicar algo análogo, existen otros en los que el análisis de los significantes sucesivos permite entrever la razón por la que la realidad correspondiente al signo ha sido designada de esta forma. Se dice, en este caso, que es un signo motivado. No es casual que *chemin de fer* (ferrocarril) se llame *chemin... de... fer* (camino... de... hierro).

El hecho de que un signo sea motivado no implica, de ningún modo, que corresponda a varios elementos diferentes de la experiencia. Serían necesarias circunstancias muy excepcionales para que *chemin* y *fer*, en la sucesión *chemin de fer*, correspondiesen a elementos diferentes de experiencia. No se trata aquí de saber qué imagen podría sugerir *chemin de fer* a quien emplee este término, si tuviese tiempo para dejarle evocar algo. Examinando las condiciones y las frecuencias de uso de *chemin de fer* es como comprobaremos que los hablantes tienden a comportarse como lo hacen con términos inmotivados como *voiture* (coche) o *avion;* que, por ejemplo, en los contextos como *nous irons en...* (iremos en...), la frecuencia de *chemin de fer* es del mismo orden que la de estos últimos; que en el plural, a pesar de la grafía, un francés que no esté en guardia, corre el riesgo de hacer una *liaison* en /-z/ en *les chemins de fer algériens* (los ferrocarriles argelinos), y que no parece poderse determinar un elemento particular de *chemin de fer* sin destruir el conjunto: *un chemin creux de fer* (un camino hueco de hierro) no sería un ferrocarril en desmonte, ni un *chemin de fer forgé* (un camino de hierro forjado) sería un ferrocarril cuyos raíles hubieran sido producidos artesanalmente.

Más motivado aún es un signo como *désirable* (deseable), ya que, no sólo no puede ser resultado de la casualidad el que se *desee* (N. t. fr. *désire)* normalmente lo *deseable*, sino que un sujeto de lengua francesa un poco emprendedor podría fabricar por sí mismo *désirable*, aunque no lo hubiera escuchado nunca con anterioridad, por analogía con *condamner-condamnable* (condenar-condenable), *exprimer-exprimable* (expresar-expresable) y miles de pares más. Pero esta motivación extrema que hace que cualquiera pueda reconocer en *désirable* una raíz *désir(e)* y el sufijo *-able*, no impide que este término corresponda a un elemento único de aquello que es objeto del mensaje, igual que pasaría con un adjetivo como *joli* (bonito) totalmente inmotivado: para comunicar la misma experiencia, yo dudaría, quizá, entre *je désire vivement cet objet* (deseo vivamente este objeto) o *cet objet est très désirable* (este objeto es muy deseable), pero al tratarse de analizar la experiencia en función de los signos disponibles en la lengua y según desee yo precisar o no, frente a mi auditorio, que soy yo mismo quien experimenta el deseo, habré de elegir *désire* o *désirable* y no, en el segundo caso, *désir(e) + able*. Nada, ciertamente, impide al hablante producir, *ipso facto*, un *indécorable* [5] que jamás ha escuchado. Pero deberá *fabricarlo* a partir de un modelo establecido, antes de insertarlo en su enunciado. Al utilizar *désirable*, no se elige primero *désir(e)*, y después, *-able* (como se podría elegir *flor*, y después, *amarilla*, cuando se dice *flor amalla)*, sólo porque, en los contextos en los que figura *désirable*, *désir(e)*, no puede figurar sin *-able* (o algún otro sufijo de derivación adjetival).

---

[5] Naturalmente, el ejemplo es de Saussure, *Cours*, 3.ª ed., págs. 173 y 229.

Si volvemos ahora sobre los casos difíciles de los que habíamos partido, *fenaison, bouvier, nébuleuse, thermostat*, comprobaremos que, en la práctica, difieren poco de los de *chemin de fer* y *désirable* que acabamos de discutir. Se trata, en todos los casos, de unidades que funcionan *exactamente lo mismo que los signos inmotivados susceptibles de aparecer en los mismos contextos que ellas;* la motivación, más evidente y general en *désirable* (o *désireux* «deseoso») que en *nébuleux*, no cambia nada del *status* sintáctico de los elementos considerados. El criterio de la productividad que se hace valer a menudo para distinguir entre diferentes tipos de derivados y de compuestos no ha de descartarse, aunque no siempre sea fácil de aplicar: el sufijo *-aison* de *fenaison* puede estipularse como no productivo hasta el día en que, para evitar *plantation* (plantación) que tiene un sentido tradicional bien marcado, un sujeto diga *plantaison* para la acción de plantar. En todo caso, tanto si el compuesto o el derivado son tradicionales como si son una creación del momento, siempre representarán el resultado de un proceso diferente del que consiste en producir un enunciado. Esto ha quedado perfectamente establecido en la gramática tradicional que distingue, con la mayor claridad, entre la formación de las palabras y la sintaxis.

Las diferentes escuelas lingüísticas contemporáneas empujadas por su deseo de llevar el análisis lo más lejos posible, han extendido la segmentación del enunciado en morfemas o su descomposición en monemas, no solamente a los casos provenientes de la sintaxis *(donnerons* analizado en *donn(e)-r-ons, dominorum* analizado en «dueño», «genitivo», «plural»), sino a los productos de la composición y la derivación, *chemin de fer, autoroute* (autopista), *désirable, fenaison.*

No parece indicado denunciar este esfuerzo de análisis como fundamentalmente incorrecto: negar el *status* de signo lingüístico a un elemento como *-able* sería poner en cuestión una noción fundamental sin provecho real. Continuaremos, pues, estableciendo tres signos mínimos, tanto en *chemin de fer* o *indésirable* como en *donnerons* o *dominorum*, signos mínimos que designaremos como monemas, y no morfemas, para indicar que, a pesar de la amalgama de sus tres [6] significantes, *dominorum* debe ser sometido al mismo análisis que *donnerons*. Pero es indispensable disponer de términos que nos permitan distinguir entre las concatenaciones *(donnerons)* o las combinaciones *(dominorum)* resultantes de la producción misma del enunciado, y aquellas, como *chemin de fer* o *indécorable*, que, tradicionales o improvisadas, suponen un tiempo de creación aparte del desarrollo sintagmático. La necesidad de tal distinción se manifiesta en el empleo frecuente de las expresiones «monemas compuestos», «monemas complejos», para designar los compuestos y los derivados, o más exactamente, sus elementos radicales. Esta terminología es, evidentemente, inaceptable, ya que un monema, unidad significativa mínima, marcada etimológicamente como única, no podría ser complejo o compuesto. Pero el recurrir a estos términos revela que el idéntico comportamiento sintáctico de un monema como *voiture* o de un compuesto como *chemin de fer* se impone frecuentemente a la atención del observador con más fuerza que sus diferencias en el plano del análisis.

Proponemos [7], por tanto, designar mediante el término «sintema» las unidades lingüísticas cuyo comportamiento sintáctico sea estrictamente idéntico al de los monemas con los que conmutan, pero que pueden concebirse como formados por elementos semánticamente identificables.

Quizá no sea inútil volver sobre ciertos términos de la definición precedente. Si decimos que los sintemas «pueden concebirse» como semánticamente no homogéneos, es por la imposibilidad práctica de trazar un límite preciso entre lo semánticamente analizable y lo que no lo es: ¿quién piensa en *chat* (gato) y en *huer* (gritar) cuando pronuncia /šayã/ *(chat-huant* «autillo»)? Para millones de francófonos, /šayã/ no tiene más

---

[6] Decimos bien «la amalgama de sus tres significantes», ya que no es *domin-* lo que quiere decir «dueño», sino *domin-* + una determinada serie de desinencias.

[7] No se trata de un plural de modestia: los problemas tratados aquí han sido objeto de animadas discusiones en un seminario de la École Pratique des Hautes Études.

motivación que /šayte/ *(chahuter* «alborotar») y la tiene probablemente menor que /kašalo/ *(cachalot* «cachalote»), para el cual sería muy tentador un análisis *cache-à-l'eau* (esconde-en-el agua). A pesar de la difusión de los electró*fonos* y de la *televisión*, para mucha gente seguramente sería una revelación un análisis de *teléfono* en *tele-* y *-fono*. Se ha discutido mucho la posibilidad y la justificación de un análisis de complejos como *réception* (recepción), *recevoir* (recibir), *perception* (percepción), *percevoir* (percibir), *conception* (concepción), *concevoir* (concebir) o de sus equivalentes ingleses. Existe aquí una proporcionalidad de las relaciones que choca mucho a los lingüistas, pero a la que el usuario medio es mucho menos sensible. Para las personas poco acostumbradas a la vida mundana, *réception* evocará, más bien, sus homólogos *bal* (baile) o *surprise-party* (fiesta) que un término de la «misma familia» que *recevoir*. Se puede hablar perfectamente el francés sin haber percibido ni sospechado jamás una relación entre *reçoivent* (reciben) y *réception* en *les N... reçoivent ce soir* (los N... reciben esta noche) e *il y a une réception chez les N... ce soir* (hay una recepción en casa de los N... esta noche). La mayoría de los contribuyentes habrán relacionado *perception* y *percepteur*, lo que justificaría el establecimiento, si no de un significante /persep/, al menos de dos afijos /siõ/ y /tœr/ que designan, uno el lugar de la operación, el otro el operador. Pero la relación de *perception* con *réception*, de *percepteur* con *récepteur* proviene, para el usuario, de la rima, es decir, de la forma más que del sentido. Incluso cuando pueda suponerse una relación en la mente de los hablantes, como en *perception-percepteur*, sería un error creer que cualquier persona podría pasar de uno a otro por transformación, es decir, si este término tiene un sentido preciso, sin referencia a la experiencia prelingüística.

En resumen, es difícil encontrar, en el conjunto de los usuarios de una lengua, rasgos que permitan pronunciarse, en todos los casos, a favor o en contra del análisis semántico de un segmento de enunciado que funcione sintácticamente como unidad significativa mínima. En este caso, no tiene la más mínima importancia para el éxito de la comunicación que el hablante esté analizando o no el segmento del que hace uso. Nos interesa, por tanto, designar como sintema, y no como monema, toda unidad sintáctica mínima suceptible de ser concebida como sintácticamente analizable. Poco importa, de hecho, lo que se haga en casos dudosos como *chat-huant* (autillo) o *cachalot, conçoit* (concibe) o *perçoit* (percibe) (dejando aparte la -*t* gráfica de 3.ª persona), *charmant* /šarmã/ o /šarm-ã/ (encantador). Pero tendremos, gracias a la noción de sintema, la posibilidad de reservar el caso de un complejo como *chemin de fer* o como *désirable* para un capítulo especial, el que tradicionalmente se presenta bajo el título de «Composición y derivación» o de «Formación de las palabras». Al tratar de sintaxis, convendrá precisar, en un primer momento, que lo que se diga de los monemas será válido para los sintemas, lo que permitirá no tener que mencionar ya a estos últimos sino en la discusión de casos particulares. El sintema es el prototipo de las unidades que están a la disposición del analista sin que éste tenga necesariamente que reconocer en todos los casos su presencia o que negar su existencia.

La noción de identidad de comportamiento sintáctico que se postula para el monema y el sintema exige, ciertamente, ser precisada. Está perfectamente clara si consideramos el monema *(il) prend* ([él] toma) y el sintema *(il) entreprend* ([él] emprende); ambos se combinan con las mismas modalidades vervales: personas, tiempos, modos; ambos se utilizan en forma activa, pasiva y reflexiva, ambos son transitivos; el conjunto *entreprend* es el que se combina con todos estos determinantes, y el elemento *entre-*, que distingue a *entreprend* de *prend*, no mantiene ninguna relación particular con ningún elemento, aparte de -*prend* que le sigue. Todo esto es igualmente válido para el monema *chaise* (silla) y el sintema *chaise-longue* (tumbona): ambos se combinan con los mismos determinantes y participan en las mismas funciones, es decir, pueden ser sujetos, objetos y figurar en los mismos sintagmas preposicionales: *sur la chaise* (sobre la silla), *sur la chaise-longue* (sobre la tumbona), etc.; una tumbona de dimensiones desacostumbradas no será una *chaise-très-longue* (una silla muy larga), sino una *chai-*

se-longue très longue (una tumbona muy larga). Se podría argumentar que el plural de *chaise-longue* es *chaises-longues*, con dos *-s* finales, lo que parecería indicar que los dos elementos presentes son susceptibles de flexionarse; a esto se podría contestar que la primera *-s* no es sino un artificio gráfico que a nada corresponde en la lengua hablada y que, cuando el compuesto *sac à main* (bolso de mano) hace en plural *sacs à main*, en absoluto se trata de pronunciar /sakzamẽ/. Pero la verdadera respuesta es que, incluso cuando las dos *-s* se pronunciaran, nunca serían sino el significante discontinuo de un único y mismo monema ya que *chaises* no puede llevar la marca de la elección plural, elección única, sin que *longues* la lleve igualmente. El caso de *bonhomme* (buen hombre) /bɔnɔm/, plural *bonshommes* /bõzɔm/ donde, excepcionalmente, la pluralización afecta a la pronunciación del primer elemento, presenta un caso morfológicamente excepcional, pero que no afecta en nada a la sintaxis propiamente dicha, es decir, a las posibilidades de combinación de los monemas *, independientemente de su manifestación o de su orden de sucesión en la cadena, en la medida en que este orden no sea pertinente por sí mismo. En /le bõzɔm/ *les bonshommes*, el monema plural, evidentemente único, presenta un significante discontinuo que se manifiesta en la grafía por *-es...-s...-s*, y en la lengua hablada por /...e/, más una amalgama en la que el /...õz.../ del plural corresponde al /...ɔn.../ del singular.

Si la frontera entre el monema y el sintema es, por naturaleza, elusiva, sería muy deseable que quedara perfectamente clara la que separa al sintema, resultado de una elección única entre los recursos de la lengua, y el sintagma, combinación derivada de la colocación de elementos elegidos independientemente los unos de los otros. Se dan casos, sin embargo, en que la separación no es fácil. Veamos, para empezar, el segmento de enunciado *la France d'il y a vingt ans* (la Francia de hace veinte años); *il y a vingt ans* (hace veinte años), pronunciado familiarmente /iavẽtã/, conmuta con el monema único *hier* (ayer); pero esto, desde luego, no permite sacar ninguna conclusión referente al estatuto de esta locución, sintema o sintagma, ya que una oración de relativo, como *qui va tous les jours a la gare* (que va todos los días a la estación), puede conmutar con cualquier adjetivo; *vingt* (veinte) puede conmutar con *dix* (diez), *douze* (doce), *cent* (cien), o cualquier número, pero ¿por qué negar, a causa de esto, el estatuto de sintema a /iavĕtã/, /iadizã/ (hace diez años), /iaduzã/ (hace doce años), /iasãtã/ (hace cien años), cuando /vĕten/ «vingtaine» (veintena), /dizen/ (decena), /duzen/ (docena), /sãten/ (centena) son incontestablemente sintemas? ¿Por qué no establecer la existencia de una serie de adverbios formados por anteposición de /ia-/ y posposición de /-ã/ para todos los números? Es cierto que, en *il y a vingt ans, ans* puede conmutar con *mois* (mes) o *siècle* (siglo); pero si la conmutación de *vingt* no es decisiva, ¿por qué habría de serlo la de *ans*? Precisamente porque se pueden conmutar los elementos de los sintemas, es por lo que se les ha designado con el mismo término, «monema», que a los elementos mínimos de los sintagmas, y por lo que, durante tanto tiempo, no se ha juzgado conveniente distinguir entre sintema y sintagma. El único criterio de la presencia de un sintema es el comportamiento sintáctico del conjunto y la ausencia de comportamiento particular de los elementos componentes. Ahora bien, *il y a vingt ans* se comporta generalmente como un adverbio de tiempo. Sin duda, *vingt* es aquí susceptible de determinaciones: *plus de vingt ans* (más de veinte años), *moins de vingt ans* (menos de veinte años), pero si estas determinaciones son las únicas posibles de establecer en este caso, ¿acaso no podríamos decir que afectan al conjunto del complejo representado por su elemento central, que es el número de unidades? Sin embargo, es difícil disociar *il y a vingt ans* de otras locuciones como *il y aura vingt ans le mois prochain* (hará veinte años el mes que viene), donde el futuro y *le mois prochain*, que van unidos, representan una determinación que conduce en otra dirección diferente de aquella a la que conducen *plus de* y *moins de*, citadas más arriba. Sin duda, un segmento de enunciado como *la France d'il y aura plus de vingt ans le mois prochain* (la Francia de hará veinte años el mes que viene) es ridículo, pero no criticable en cuanto a su sintaxis. Parece, por tanto, preferible, en último análisis, seguir la impresión primera, según la cual *il y a vingt ans* en *la France d'il y a vingt ans* es un sintagma y no un sintema.

Un caso algo diferente es el de la locución *avoir l'air* (parecer). Sabemos que, en el francés más natural, el adjetivo que sigue a este complejo verbal concuerda más bien con su sujeto que con el sustantivo *air: elle a l'air gentille* (parece simpática), y no *elle a l'air gentil* que, sin embargo, los puristas quizá acaben por imponer. Todo ocurre como si se tratara de un verbo, sinónimo de «sembler», con flexión interna. Como la tercera persona del singular del presente de indicativo es de una frecuencia poco común, ocurre que los niños conciben *a l'air* como raíz de un verbo que conjugan *vous alairez, ils alairaient*, etc. En el uso de los adultos, la flexión sigue siendo la tradicional, pero al no ser *l'air* susceptible de ser determinado en particular, nos vemos tentados a hablar de un sintema *avoir l'air*. Sin embargo, como *avoir un air* (tener aspecto) existe junto a *avoir l'air*, se podría argumentar la variación *l'/un* del determinante de *air*, para hablar de un sintagma más que de un sintema. Pero esto supondría olvidar que *avoir un air* es algo completamente distinto de *avoir l'air*, ya que en *elle a un air malheureux* no se trata de hacer concordar el adjetivo con el sujeto; pues bien, es esto precisamente lo que, en *avoir l'air*, indica la fijación y nos hace retenerle para nuestro análisis. Parece perfectamente posible hablar de *avoir l'air*, en su uso más corriente, como de un sintema y no como de un sintagma.

Quizá sea difícil, por tanto, pronunciarse en ciertos casos. Pero la distinción entre sintema y sintagma es demasiado fundamental como para sacrificarla a algunas dificultades de aplicación.

Queda por resolver un problema terminológico: el término «monema» (igual que el de «morfema») ha designado hasta ahora tanto a los elementos del sintagma como a los del sintema. ¿Debe la adopción de este último término traer consigo la creación de un nuevo término para designar sus componentes? Hemos comentado ya más arriba el inconveniente de replantear el problema de la designación del signo mínimo. Como, por otro lado, se hablará fundamentalmente de los elementos componentes del sintagma en el capítulo de la sintaxis, y de los del sintema en un capítulo que podrá titularse «La sintemática», y que corresponde al tratamiento tradicional reservado a la composición y la derivación, no existe gran peligro de confusión, y así un simple adjetivo unido a «monema» podría bastar para hacer la distinción, siempre que ésta sea precisa. Propondremos, para distinguir los monemas componentes del sintema, el adjetivo c o n j u n t o s (inglés *joint*), y para distinguir los que constituyen el sintagma, el de l i b r e s (inglés *free*). Combinado con el término *morfema*, este último adjetivo podría prestarse a confusión, ya que el *free morpheme* derivado de la *free form* de Bloomfield es algo totalmente distinto. Pero el *monema*, mucho más independiente de la forma que el *morfema*, puede manifestar su libertad, no en forma de una independencia de su significante, sino por el hecho de representar una elección diferenciada de las de los monemas que, en la cadena, le rodean, o incluso, se encuentran amalgamados con él: *dominorum*, como *donnerons* o *sur la table*, comporta tres *monemas libres*; *indésirable*, al igual que *pomme de terre* (patata) o *chemin de fer*, se compone de tres *monemas conjuntos*.

Para que se entienda mejor la naturaleza del sintema, quizá sea útil la comparación de esta unidad con otras presentadas o definidas recientemente. Bernard Pottier, tras unas investigaciones llevadas a cabo dentro del Grupo de Traducción Mecánica de la Facultad de Letras y Ciencias Humanas de Nancy, propuso [8] llamar *lexía* a las palabras simples, a las compuestas y a las series de palabras de la grafía que presenten un grado lo suficientemente alto de lo que se ha dado en llamar coeficiente de coherencia, basado fundamentalmente en el grado de inseparabilidad. Se darán, por tanto, muchos casos en los que una misma realidad lingüística podrá designarse como sintema o como lexía; es el caso, entre los ejemplos de Pottier, de *peut-être* (tal vez), *chat-huant* (autillo), *pomme de terre* (patata),

---

[8] *Introduction à l'étude des structures grammaticales fondamentales*, 2.ª ed., Nancy, 1964, seccs. 1 y 2.

fondé de pouvoir (apoderado) y muchos más. Sin embargo, las dos nociones permanecen perfectamente diferenciadas, al menos en dos puntos:

1) Pottier parte, para definir la lexía, de las palabras gráficas, es decir, de los grupos de letras separados por espacios (o un apóstrofo); esto implica que forman parte de las lexías las desinencias, que, en la medida en que corresponden efectivamente a una realidad de la lengua hablada, constituyen para nosotros los significantes de monemas particulares. Tomemos como ejemplo la forma *mangeait* /mãžɛ/ (comía); es una lexía que corresponde a una palabra simple y única; es, para nosotros que operamos a partir de la forma hablada, un sintagma que agrupa un monema léxico /mãž-/ y un monema gramatical /-ɛ/ de tipo modalidad, y de ningún modo, un sintema.

2) El término «lexía» cubre realidades diversas que tienen en común ciertas características de funcionamiento; el término sintema siempre supone que se postulan dos o más unidades significativas mínimas: *chaise* y *chaise-longue* son, ambas, lexías; *chaise-longue* es un sintema, y *chaise* un monema. Sería indudablemente más cómodo tener un término que se aplicara a ambos, y sentimos no poder emplear, en este caso, el de lexía que cubre no solamente a los elementos léxicos, sino también a las desinencias eventuales. La tradición sugiere, para designar lo que queda de la palabra, simple o compuesta, después de hacer abstracción de las desinencias, cierto número de términos. En primer lugar, el de *radical*. Pero esta palabra apenas podría convenir aquí, porque sugiere «raíz» y supone frecuentemente la abstracción, no sólo de las desinencias, sino también de los sufijos. Ciertos lingüistas han designado como *base*, tanto a la base sufijal, que comporta los sufijos, como a la base radical reducida a la raíz, y esta ambigüedad la descalifica en lo que a nosotros concierne. Queda *tema* que, por su parte, implica, en lingüística comparada indoeuropea, la existencia de un elemento más o menos concebido como sufijal, aunque se encuentran temas puros. Como, sin embargo, lo que se designa mediante este término es exactamente, repetimos, «lo que que-

da de la palabra, simple o compuesta, después de hacer abstracción de las desinencias», sin duda nos interesa utilizar el término t e m a para designar indiferentemente un monema o un sintema en las circunstancias en que la distinción entre estos dos términos no sea pertinente.

Pottier sitúa entre las lexías elementos gramaticales como *au-dessous* (abajo) y *au-delà* (más allá). Nosotros situaremos entre los sintemas, no solamente estos adverbios, sino también las locuciones preposicionales correspondientes *au-dessous de* (debajo de), *au-delà de* (más allá de). Forman, asimismo, sintemas el inglés *into* (adentro) y el conjunto latino *sine* + ablativo, ya que se realiza una *única* elección, la de *sine*, que arrastra inmediatamente el ablativo; *au fur et à mesure* (a medida), elección única, que nosotros considerábamos, ante el escándalo de muchos, como una sola unidad mínima, se situará en lo sucesivo entre los sintemas, igual que el *cranberry* (arándano) bloomfieldiano, con un *cran-* que no puede existir sin un *-berry* que le siga.

Muy recientemente, Émile Benveniste, trató diferentes formas de la composición nominal en francés [9]. Indicó, de pasada, su interés en conservar «sintagma» disponible para designar «cualquier agrupación... operada por medios sintácticos» y sugirió designar como «sinapsias» lo que nosotros habíamos designado [10] como los productos de la «verdadera composición del francés» contemporáneo, a saber, la reunión de los lexemas mediante una preposición. Benveniste puso inteligentemente de relieve los diferentes valores semánticos de los «elementos de unión» *de* y *à*; pero no percibió que el segundo término de estos compuestos podía ir precedido del artículo determinado (*l'Armée de l'Air* «el Ejército del Aire»). Por otro lado, molesto por la imprecisión de los calificativos «morfológico» y «sintáctico», y poco dispuesto a considerar el problema en términos de lengua hablada, no abordó el delicado problema del plural de

---

[9] *BSL*, 61 (1966), fasc. 1, págs. 90-95.
[10] En *Word*, 11 (1955), pág. 159, informe de K. Knauer, *Vulgärfranzösisch*.

estas formaciones: *sacs à main* /sakamẽ/ (bolsas de mano), pero *cartes à jouer* /kartažue/ o /kartzažue/ (cartas de juego). Es evidente que las formas que Benveniste llama sinapsias y que, tal vez, pudieran designarse, de forma menos culta, como compuestos preposicionales, han de ser consideradas en su totalidad como sintemas, con el mismo derecho que los demás compuestos o «conglomerados», cultos o populares.

Tal vez, para terminar, no sea inútil resumir las innovaciones terminológicas que hemos presentado más arriba: hemos propuesto llamar *sintema* a todo signo susceptible de ser considerado como formado por dos o más elementos semánticamente identificables y que, en cualquier posición, se comportan sintácticamente como los signos mínimos con los que conmutan. Los elementos semánticamente identificables que entran en la composición de los sintemas se designarán como *monemas conjuntos*. Los signos mínimos que no formen parte de los sintemas se llamarán *monemas libres*, aunque su significante se encuentre amalgamado con los de sus elementos vecinos en la cadena. En todos los casos en que no interese distinguir entre monemas y sintemas, ambos podrán ser designados como *temas*.

18. PALABRA Y SINTEMA

A nadie extrañará encontrar una referencia a la palabra en el título del homenaje a un sabio que tan brillantemente ha defendido este concepto que la práctica estructuralista trataba de dejar a un lado en beneficio de la unidad significativa mínima. Verdad es que el autor de estas líneas ha participado activamente en el esfuerzo colectivo tendente a llevar el análisis de los enunciados más allá de la palabra, y que se podría querer descubrir, en esta referencia, una intención polémica. Esta intención no existe. La historia reciente de la lingüística nos muestra que tratamientos que podían parecer diametralmente opuestos, no reflejaban, en realidad, sino ópticas diferentes, formas particulares de plantear y de abordar los problemas, insistiéndose ya en el enunciado, ya en el paradigma, silenciando unos temporalmente los problemas semánticos, mientras que otros, por el contrario, los situaban, desde el principio, en el centro de sus preocupaciones, sin que, en el fondo, existiera contradicción alguna en los resultados obtenidos por ambas partes. Para Anton Reichling, la palabra, como unidad de sentido, se impone con tal fuerza, que las dificultades de identificación le parecen necesariamente marginales, mientras que, para espíritus más formalistas o que, cronológicamente, sitúan el estudio de la forma antes que el del sentido, éstas se presentan en el centro mismo del problema. Los dos puntos de vista están justificados. Cada uno, según su temperamento y su formación, realiza su investigación, y es así como, finalmente, se esclarecen todas las facetas del objeto.

Esto no significa, claro está, que tengamos que seguir imperturbablemente nuestro camino en una misma dirección, sin tener en cuenta la experiencia adquirida en ruta. Antes de adoptar el monema como unidad fundamental de la articulación del enunciado en signos, se coqueteó durante bastante tiempo con la noción de palabra como unidad lingüísticamente puntual. Esto implica, por un lado, el olvido del análisis del significante en fonemas sucesivos, una vez que la identificación de la palabra ha quedado asegurada, y por otro, la consideración de la sucesión de los elementos significativos de una forma, tipo *donne-r-ons*, como no pertinente, como determinada por la servidumbre que representa la linealidad de la palabra: *donnerons* sería una unidad significativa que combinaría los rasgos «dar», «futuro» y «pl. 1», del mismo modo que la unidad distintiva /b/ del francés combina los rasgos «bilabial» «sonoro» y «oral». Bajo esta óptica, los subjuntivos franceses como *aille* /aj/ (vaya), *fasse* /fas/ (haga) o *sache* /saʃ/ (sepa), a los que no podría atribuirse un segmento particular para el radical verbal y otro para la marca del subjuntivo, ya no serían excepciones a la estructura normal de los enunciados, sino formas perfectamente normales de la realización de la palabra, capaces de reflejar, de algún modo, la unidad de esta palabra de forma más fiel que un complejo analizable como *donne-r-ons* que únicamente tendría, sobre las formas sintéticas, la ventaja de poder ser fabricado por el niño, una vez adquirida por éste la capacidad de operar por analogía.

Esta concepción puntual de la palabra se inspiraba, desde luego, en la experiencia del análisis fonológico, donde la imposibilidad de practicar la conmutación o alguna otra circunstancia obligaba, frecuentemente, a considerar como fonema único lo que físicamente era una sucesión de elementos diferentes: el elemento intervocálico del esp. *mucho* /mutʃo/, por ejemplo, comporta incontestablemente una oclusión seguida de una fricatización, bastando, para convencerse de esto, con reproducir una grabación mecánica al revés; pero la imposibilidad de conmutar cada uno de los elementos del complejo impone al analista una interpretación monofonemática, del mismo modo que impone al hablante castellano el sentimiento de la unidad de /tʃ/. Verdad es que esta interpretación constituye, en fonología, más bien la excepción que la regla, mientras que al ampliarla a la palabra se convierte en norma para ciertas categorías. Por otro lado, las justificaciones que se invocan para los fonemas no existen, en absoluto, para las palabras: los elementos sucesivos de *donne-r-ons* son fácilmente conmutables (/dòn-r-õ/, /dòn-i-õ/, /dòn-r-e/, etc.); si el análisis de *aille* /aj/ es, formalmente, imposible o arbitrario (/a-/ = *aller* «ir», /-j/ = «subjuntivo»), nadie vacilará en establecer, semánticamente, dos elementos diferenciados, y se comparará este caso con aquel en que, en fonología, una [ã] perfectamente homogénea se ve interpretada como una sucesión /an/. Pero nada de esto podría impedirnos adoptar una concepción puntual de la palabra, si ésta nos permitiera establecer una definición científica de este término que nos hiciera reconocer, en cualquier enunciado de cualquier lengua, las palabras de uso corriente.

Si, finalmente, esta concepción de la palabra ha sido dejada de lado, es porque, precisamente, no conducía a hacer coincidir los resultados de un análisis sincrónico serio con la segmentación impuesta por la tradición: si consentimos en considerar como un punto de la cadena a *donnerons*, a pesar de que su segmentación no ofrece ninguna dificultad, es para establecer el derecho de poder hacerlo allí donde esta segmentación sea delicada o imposible; ahora bien, en el caso de *avons couru* (hemos corrido), donde se pueden unir el rasgo de sentido «pl. 1» a *avons* y «correr» a *couru*, «pasado» no puede localizarse con precisión, y nos gustaría poder decir: «*avons couru* es una única palabra». Desgraciadamente, tanto la flexión y la ortografía como el criterio de separabilidad (...*avons* tous *couru* «hemos corrido *todos*») se oponen a esto formalmente. Por tanto, no teníamos aquí una manera de salvar, en el plano de la lingüística general, el concepto de palabra como la unidad en cuyos términos pudiera analizarse íntegramente cualquier enunciado de cualquier lengua conocida o imaginable.

Nos hemos volcado, por tanto, en la unidad significativa mínima concebida, no como un segmento del enunciado dotado de sentido y no susceptible de analizarse en segmentos inferiores del mismo tipo, sino como efecto de sentido correspondiente a una modificación formal del enunciado, modificación que no se identifica necesariamente con la aparición de un segmento determinado (unidad «subjuntivo» en *aille)*, pero que puede realizarse también en forma discontinua (unidad «plural» en *les petits animaux* /leptizanimo/ (los pequeños animales) frente al singular *le petit animal* /lptitanimal/). Por eso, hemos retenido, para designar esta unidad, el término de *monema*, prefiriéndolo al de *morfema*, cuya etimología y utilización por parte de la mayoría de los «estructuralistas» insistía demasiado en la forma. La concepción de la unidad significativa que recubre *monema* reclamaba un término para designar los elementos inanalizables reconocidos como los significantes indivisos de dos o más monemas, como *aille* /aj/ identificado como significante de los monemas *aller* (ir) y «subjuntivo». Hemos retenido *amalgama*. Se tendrá en cuenta que el concepto de amalgama está disponible no solamente para los casos en que la segmentación no pudiera ser sino arbitraria (/aj/ concebido como /a-/ + /-j/), sino también para aquellos en que se evita la segmentación para simplificar la presentación: interesa, en general, ver en el inglés *sang* /sæŋ/ una amalgama de los monemas «cantar» y «pretérito», aunque un análisis formal en /s...ŋ/ y /...æ.../ sigue siendo posible.

Es necesario, ciertamente, que los conceptos de monema y amalgama ofrezcan, en todos los casos, la posibilidad de un análisis impecable, que excluya cualquier vacilación y remordimiento, y se podría, frente a ciertas dificultades, argumentar que, ya que las nuevas nociones no permiten hacer divisiones en todos los casos, no estaba justificada la exclusión de la de palabra. Sin duda, la utilización de ésta presentaba también serios inconvenientes, pero al menos permitía economizar dos nuevos conceptos.

Una de las objeciones que se ha presentado en seguida contra la noción de amalgama es que, si se rechaza la identificación necesaria de un monema con un segmento particular del discurso, como ocurre, de hecho, al decir que el latín *dominorum* es una amalgama de los significantes de tres monemas «dueño», «genitivo» y «plural», esto nos conduce a considerar, en *jument* (yegua), una amalgama de los monemas «caballo» y «hembra», lo cual conducirá, cada vez más, a entremezclar, si no a confundir el análisis en monemas y el análisis semántico. Responder, como se ha hecho, que se trataba, en un caso, de elementos gramaticales que se amalgamaban a un elemento léxico, y en el otro, de un hecho léxico, era entrever la solución, pero también hacer intervenir la distinción entre lo gramatical y lo léxico en una etapa del análisis en la que aquélla no se imponía necesariamente. Pero era, sobre todo, dejar en la sombra la distinción fundamental entre dos tipos de asociación de monemas: por un lado, la que resulta de la construcción sintagmática del enunciado, que supone necesariamente una serie de elecciones claras, en el momento mismo en que se está hablando, para comunicar una experiencia y no otra, elección de «dueño», «genitivo», «plural» en *dominorum*, paralelas a la elección de «sobre», «determinado», «banco» en *sobre el banco;* por otro lado, la combinación de dos o más unidades significativas mínimas en una nueva unidad que será objeto de elección única en el curso de la construcción sintagmática del enunciado, por ejemplo, *indésirable* (indeseable), de *in-* + *désirable* (este último, a su vez, de *désir(er)* + *-able),* que se utiliza en las mismas condiciones sintácticas que unos monemas únicos como *mauvais* (malo) o *truand* (villano).

La noción de amalgama únicamente encuentra aplicación en sintagmática, cuando dos elecciones necesariamente distintas, la del plural *dominorum* en lugar del singular *domini* y la del genitivo *dominorum* en lugar del acusativo *dominos*, adoptan conjuntamente el empleo de una forma inanalizable. No es admisible cuando todo indica que un segmento del discurso, por ejemplo *jument* (yegua), ha sido elegido como tal en lugar de *cheval* (caballo) o en lugar de *mule* (mula) o de *ânesse* (burra). El segmento *ânesse*, que cualquier hablante podría analizar en *ân(e)* + *esse*, constituye, desde luego, uno de los modelos que podría hacer considerar a *jument* como una amalgama; pero, contrariamente a su equivalente semántico *âne femelle* (burro hembra), *ânesse* representa una elección única, exactamente como *jument*. La ventaja de *ânesse* sobre *jument* es su carácter «motivado», que puede facilitar el aprendizaje del término por el niño. Pero, una vez que *ânesse* se ha integrado al vocabulario, todo ocurre como si se tratara de un monema único. En otros términos, podría hablarse perfectamente el francés sin haber percibido o sentido jamás el carácter complejo de este término. Para un extranjero que aprenda el francés, *beaucoup* (mucho) se analiza, con toda evidencia, en *beau* (bello) y *coup* (golpe), mientras que cincuenta millones de franceses viven y mueren sin haber sospechado jamás en este segmento un rastro de motivación.

Hemos propuesto (Martinet, 1967) reservar el término *sintagma* para las combinaciones de monemas resultantes de elecciones distintas, ya se trate de amalgamas, como en *dominorum*, de palabras analizables, como *donnerons*, o de combinaciones más sueltas, como *sur le banc*, donde los tres monemas componentes son suceptibles de separarse *(sur tout le petit banc* «sobre todo el pequeño banco»). Para designar las combinaciones de monemas que, en el discurso, son objeto de una elección única, hemos propuesto el término *sintema*. La sintagmática es, naturalmente, el estudio de la formación de los sintagmas. La sintemática es el de la producción de los sintemas, es decir, que la sintemática designa lo que en alemán se llama *Wortbildungslehre*, resaltando, sin embargo, que no se trata de la constitución de la palabra entera, incluidas las desinencias, sino simplemente de lo que se conoce con el nombre de radical. Es útil poder distinguir entre los monemas constitutivos de sintagma (/dòn-, -r-, -õ/, en *donnerons;* /syr l bã/, en *sur le banc;* «dueño», «genitivo» y «plural», en *dominorum)* y los monemas que pueden extraerse mediante el análisis de los sintemas *(âne* y *-esse*, en *ânesse*, y si se quiere, *beau* y *coup*, en *beaucoup).* Los primeros se designarán como *monemas libres*, y los segundos como *monemas conjuntos.* Somos plenamente conscientes del carácter provocativo del calificativo «libre» aplicado a los tres constituyentes de la amalgama *dominorum;* no existe, evidentemente, ninguna relación entre *free*, en la traducción inglesa *free moneme*, y *free*, en la expresión bloomfieldiana *free form:* el monema corresponde siempre a alguna diferencia formal, pero su verdadera naturaleza es independiente de los accidentes de esta forma; la libertad del monema se manifiesta por el hecho de corresponder a una elección diferenciada, sean cuales sean las variaciones formales de esta elección.

La noción de elección a la que hemos recurrido hasta el momento ha sido utilizada únicamente a título explicativo y no podría, desde luego, servir como criterio de la distinción entre los dos tipos de asociación de monemas. Nos parece que el único criterio válido es el del comportamiento sintáctico del complejo considerado: por un lado, tenemos complejos que se comportan en todo punto, en lo que concierne a su combinabilidad sintáctica, como monemas únicos, es decir, que entran en las mismas combinaciones que los monemas de una clase determinada y que ninguno de los elementos que los componen es susceptible de recibir una determinación particular: son los sintemas; por otro lado, encontramos concatenaciones, cada elemento de las cuales implica una restricción en cuanto a la combinabilidad del conjunto: son los sintagmas. Veamos el sintema *chaise-longue* (tumbona); puede entrar en todas las combinaciones en las que aparece el monema simple *chaise* (silla), incluida la combinación con el adjetivo *longue* (larga): *une longue chaise-longue* (una tumbona larga) como *une longue chaise* (una silla larga); por otro lado, no puede añadirse una determinación particular a *chaise* o a *longue* sin destruir el sintema: *une chaise plus longue* (una silla más larga) ya no es una *chaise-longue*. Veamos, ahora, el sintagma *donnerons;* la adjunción del elemento /-r-/ elimina la posibilidad de añadir al complejo cualquier otra determinación temporal; del mismo modo /-ō/ excluye cualquier otra marca de persona; no puede, por tanto, decirse que *donnerons* entre en todas las combinaciones en las que puede figurar *donne*.

Teóricamente al menos, la distinción entre sintema y sintagma está perfectamente clara. En la práctica, a veces dudaremos a la hora de pronunciarnos. A primera vista, el complejo *jeune fille* (muchacha) aparece como un sintema: no diremos *une plus jeune* '*fille* (una más joven muchacha), sino *une jeune fille plus jeune* (una muchacha más joven); sin embargo, a veces se escuchará *une toute jeune fille* (una muchacha muy joven), donde *toute* determina a *jeune* con exclusión de *fille*. De hecho, existe, en este caso, un criterio que permite distinguir *jeune fille*, sintagma, de *jeune fille*, sintema: en francés tradicional [1], el artículo indefinido plural será *de* ante el adjetivo y *des* ante el substantivo; *de jeunes filles sont arrivées* comporta por tanto un adjetivo *jeunes*, y por tanto, un sintagma *jeunes filles; des jeunes filles sont arrivées* presenta el sintema, es decir, un sustantivo compuesto ante el cual *des* es normal, como ante cualquier sustantivo.

Para interpretar correctamente lo anteriormente dicho sobre la combinabilidad sintáctica, es necesario saber hacer abstracción de las complejidades morfológicas: si hubiera que considerar, como se hace demasiado a menudo, cada elemento aislable del enunciado o del texto escrito como un elemento sintácticamente válido, no podríamos ver un sintema en *jeune fille* ya que, en *jeunes filles*, cada uno de los elementos del complejo parece recibir una determinación distinta. Podríamos despreciar la grafía y declarar que la cuestión no se plantea, ya que se pronuncia /ʒœnfij/ tanto en el plural como en el singular. Pero la escapatoria no valdría para *bonhomme* /bɔnɔm/ -*bonshommes* /bõzɔm/, donde el plural entraña una modificación caracterizada de la pronunciación. Lo que no hay que olvidar es que, en *des jeunes filles* o en *des bonshommes*, no existe sino un único monema de plural; no puede escribirse *filles* con *s* sin que *jeunes* adopte también otra, no puede utilizarse el artículo /de/ sin que el /-ɔn-/ de *bonhomme* se convierta en el /-õz/ de *bonshommes*. En otros términos, y volviendo a una fórmula utilizada más arriba, no podría añadirse una determinación particular a uno solo de los elementos del sintema.

---

[1] La distinción entre ambas construcciones parece estar bastante en peligro en la lengua hablada de las jóvenes generaciones parisinas. Sigue siendo muy natural para el autor de estas líneas.

La existencia de la posibilidad de distinguir estrictamente, en muchas lenguas, entre unos elementos de derivación que sirven para formar sintemas, y unos determinantes gramaticales que a menudo son desinencias, no debe hacer pensar que esta distinción sea absolutamente general. En vasco, por ejemplo, el elemento -*ko* de *etxeko* se considerará como desinencia de genitivo, si el conjunto se entiende como «de casa», pero como sufijo de derivación, si se trata de designar a «un criado». Esta indistinción formal no significa, sin embargo, que la distinción entre sintema y sintagma no pueda establecerse en un contexto particular. Pero no queda excluido que, en ciertos casos, pueda ser difícil saber si se trata de un hecho de derivación o de gramática: en latín, la diferencia entre un presente, *linquo*, y un perfecto, *liqui*, es un hecho gramatical; pero puede suponerse que el infijo -*n*- fue, en época más antigua, un elemento que permitió formar, a partir de monemas de valor puntual, un cierto tipo de derivado susceptible de recibir los mismos elementos de flexión que el simple; en griego clásico, los temas *pino*-, *pio*- «beber», que se consideran como formando parte de la conjugación del mismo verbo, presentan también en el pasado la misma flexión: *e-pino-n, e-pio-n*, etc. Esto permite pensar que, durante el proceso de establecimiento de una conjugación indoeuropea, hubo casos sobre los que hubiera sido difícil pronunciarse en cuanto al estatuto del infijo -*n*- y el carácter de sintema o de sintagma de *pino*-. La posible existencia de casos límites no sería, en todo caso, una objeción para el establecimiento de una distinción llamada a prestar servicios en múltiples casos y que refleja una distinción fundamental para la correcta apreciación de las más diversas estructuras lingüísticas.

Si la oposición entre sintema y sintagma es, al menos en principio, de una gran claridad, no podríamos decir lo mismo de la que puede plantearse entre sintema y monema único. Si verdad es que puede hablarse perfectamente el francés sin haber tomado jamás conciencia del carácter «motivado» de *ânesse*, ello no quiere decir sino que el funcionamiento sincrónico de la lengua, no reclama una distinción entre sintema y monema único. Desde este punto de vista, la distinción que se impondría sería entre monemas únicos y sintemas tradicionales por un lado, y por otro, las combinaciones de monemas conjuntos que todo sujeto puede realizar en el momento mismo en que está hablando y que ilustra el *indécorable* saussureano (Saussure, 1916, 173). Pero sabemos lo difícil que es realizar la división entre compuestos y derivados tradicionales, y creaciones personales: si yo tuviera que utilizar *découvrable* (descubrible), no podría decir si estoy fabricando el sintema o si estoy reproduciendo un complejo que ya he escuchado anteriormente. Parece imposible trazar una frontera precisa entre afijos productivos y no productivos. El estudio de la dinámica de la composición y la derivación constituye, evidentemente, un capítulo importante de la descripción de una lengua, y el nuevo sintema creado se comprende, bastante a menudo, a partir del sentido de los monemas conjuntos; pero si el producto no es efímero, representará tanto mejor su papel según se vaya atenuando el sentimiento de su carácter motivado; cuando oímos hablar de *un indésirable* (un indeseable), hacemos bien en no llevar el análisis hasta *désir(er)* (desear). Es, por lo demás, verosímil que la mayoría de los franceses hayan aprendido el término por referencia a los contextos en los que lo han leído o escuchado, más que por un análisis que únicamente podría haberles inducido a error.

Una de las ventajas del concepto de sintema es que permite no pronunciarse, lo cual a menudo es muy delicado, sobre el carácter tradicional o neológico de un segmento del discurso, percibido como una combinación de monemas conjuntos. Cuando el sentimiento de la posibilidad de un análisis es bastante vago y se dude entre sintema y monema, se deberá utilizar resueltamente este último, ya que, en el uso que se hace de la lengua todo sucede, en este caso, como si se tratara de una unidad mínima. Ya que, en sintaxis, los sintemas tienen, por definición, el mismo comportamiento que los monemas, nada impedirá silenciarlos a este nivel: «monema», en este caso, querrá decir «monema y sintema». Naturalmente, es en la sintemática donde convendrá estudiar los tipos y los procesos de aparición de éstos, no olvidando jamás indicar lo que los distingue de los sintagmas.

REFERENCIAS BIBLIOGRÁFICAS

Martinet, André, «Syntagme et synthème» *, *La linguistique*, 2 (1967), páginas 1-14; Saussure, Ferdinand de, *Cours de linguistique générale*, 1967, 3.ª ed.

19. SOBRE ALGUNAS UNIDADES SIGNIFICATIVAS

Desde hace cerca de medio siglo, las enseñanzas de Saussure siguen siendo, para los lingüistas europeos, un punto de referencia obligado, asegurándose así, no una ortodoxia, lo cual sería desastroso, sino un mínimo de intercomprensión. Por eso, interesa, antes de proponer cualquier innovación terminológica, o aun cualquier redefinición de términos corrientes, consultar previamente los textos saussureanos, el *Curso* en su forma tradicional que ha inspirado el pensamiento lingüístico durante más de cuarenta años [1], y las enseñanzas en su forma más original que nos han sido reveladas por las *Sources manuscrites* de Robert Godel y la edición monumental realizada por Rudolf Engler.

Esto, evidentemente, no implica que hayamos de contentarnos con la terminología saussureana, incluso en terrenos, como el de la primera articulación del lenguaje, en los que puede decirse que Saussure ha hecho algo más que establecer los cimientos. Sin duda, al proceder a una expansión terminológica que los progresos de la investigación hacen indispensable, deberemos, para no perder contacto con los demás investigadores, tener siempre en consideración los usos que su autoridad impuso ampliamente. Pero no hay que olvidar que estos usos son a menudo bastante vagos. Saussure, que se movía en un campo parcialmente inexplorado y que, para hacerse entender

---

[1] Preferentemente en la edición de Tullio De Mauro, París, 1972, a la que remitiremos aquí.

por sus oyentes, debía emplear el vocabulario corriente del pensamiento de su época y de la gramática tradicional, generalmente retrocedió ante las innovaciones terminológicas. En el curso de una progresión aún titubeante, no podía permitirse endurecer el valor de los términos o precisar los límites de utilización de los conceptos con los que operaba. No supone traicionar su pensamiento el hecho de intentar hacerlo hoy en día, dentro de un marco general que era el suyo, pero indicando la necesidad de ciertas distinciones cuyo carácter fundamental ha revelado la investigación contemporánea.

El examen del concepto saussureano de *signo* ilustra, por un lado, lo atrevido de su idea, tratándose como se trata de acusar la dualidad fundamental de las unidades significativas, por otro, su desinterés hacia lo que afecta al detalle del análisis de la cadena hablada. Totalmente consciente de las dificultades que representaba el aparato de los conceptos tradicionales para llevar a cabo este análisis, Saussure se conformó con indicar sus reservas con respecto a estos conceptos y dejó a sus sucesores la tarea de habérselas con ellos. Lo que debemos retener es, naturalmente, aquello sobre lo que él insistió ampliamente, a saber, la dualidad del signo, aunque existan reservas en cuanto a los ejemplos del *Curso* y las formulaciones en términos estrechamente mentalistas que los acompañan: lo realmente fundamental en el signo y que no aparece cuando se presentan sus dos caras como conceptos, es el hecho de que *el significante sirve en él para manifestar el significado*. Si se insiste en presentarlo absolutamente como una imagen acústica, sería necesario añadir que esta representación mental únicamente tiene interés en lingüística en cuanto que puede hacerse manifiesta en una forma fónica. En otros términos, el signo, fundamento de la lengua, sólo adquiere sentido dentro del circuito del habla. Esto significa que existen, dentro de lo que, en general, se llama habla, elementos lingüísticamente pertinentes. Si estimamos que los elementos lingüísticamente pertinentes caracterizan a la lengua (N.B. una lengua particular), habremos de convenir que lengua y habla no se oponen, sino que se superponen. Siempre se puede, evidentemente, salir de apuros declarando que sólo forman parte de la lengua los reflejos mentales de los elementos pertinentes. Pero, ¿qué interés tendría tal pirueta?

A veces lamentamos no poder utilizar ya, sin precauciones, «signo» en su sentido ordinario de «significante». Es lo que ocurre cuando, por ejemplo, procedemos al análisis semiológico de los indicios, ya que, evidentemente, no se trataría aquí de signos de doble cara: el significado únicamente puede formar parte de un signo por el hecho de participar en el proceso de comunicación; pero el fuego, cuyo indicio es el humo, queda, por definición, fuera de este proceso, y el humo no podría ser su significante. Sin embargo, nos gustaría poder decir del humo que es un signo que corresponde al fuego. Sabemos que el mismo Saussure utilizó frecuentemente *signo* con el valor corriente del término [2]. Pero no podríamos prescindir del signo de doble cara, y nos vemos obligados, en este punto, a aceptar que no exista coincidencia entre el uso lingüístico del término, por un lado, y sus utilizaciones en la lengua cotidiana y en ciertos capítulos de la semiología, por otro.

Donde debemos, en todo caso, superar o precisar las enseñanzas del *Curso* es en la explicitación de la extensión que se ha de reconocer al signo en el eje del discurso. Sabemos que Saussure se expresa constantemente como si el signo se identificara con la palabra. Sin duda indica claramente que la palabra puede comportar varios signos. Pero el mismo texto que puede invocarse para demostrar que, para él, el límite superior del signo no era la palabra, es sintomático de la forma en que su mente operaba normalmente a este respecto: «[...] no hablamos mediante signos aislados, sino mediante grupos de signos, masas organizadas que son, ellas mismas, signos». Los que se interesan por la exégesis saussureana saben cuántas controversias y discusiones han sido necesarias antes de que haya triunfado el concepto de signo ilimitado en cuanto a sus dimensiones en la cadena [3]. Menos conocidas son las dificultades con las

---

[2] Ver la nota 115 del *CLG*, ed. de De Mauro.
[3] Cf. Godel, «CFS», 25, 1969, pág. 118, n. 14.

que se enfrentó inicialmente Luis Prieto, que operaba implícitamente con un signo identificado al enunciado, para hacerse entender por auditorios acostumbrados, por una lectura asidua del *Curso*, a identificar signo y palabra.

El término «sintagma», cuya buena fortuna en lingüística es debida muy probablemente a Saussure, designa, según el *Curso*[4], una combinación de «dos o más unidades consecutivas». Volveremos, más abajo, sobre lo que debe entenderse, en el *Curso*, por «unidades». Simplemente diremos aquí que la unidad se confunde en la práctica con el morfema de los pragueses y los bloomfieldianos y se identifica con el monema según Henri Frei. Estamos razonablemente seguros de que «consecutivas» debe entenderse de forma restrictiva: no puede tratarse de una sucesión cualquiera, como la de «[...] en la práctica con [...]» que encontramos unas líneas más arriba. Pero Saussure, muy en situación, no hace caso de lo que, para él, sería el ardid de los que no quieren comprender. De hecho, introduce el sintagma para poder oponer relaciones sintagmáticas y relaciones asociativas. Lo que puedan ser unas relaciones sintagmáticas, independientemente de su oposición a unas relaciones asociativas, no entra en esta cuestión[5]. Como en el caso del signo, en el que toda la atención se concentraba en la dualidad fundamental, lo que se pretende hacernos comprender aquí es, simplemente, que los elementos del discurso son sucesivos y que esto crea entre ellos relaciones diferentes de las que existen entre una palabra determinada y las palabras que ésta puede hacer «surgir inconscientemente en el espíritu». A nosotros que, gracias a Saussure, operamos automáticamente con la oposición de los dos ejes, una afirmación como «en el discurso, las palabras contraen entre sí, en virtud de su encadenamiento, relaciones basadas en el carácter lineal de la lengua, que excluye la posibilidad de pronunciar dos elementos al mismo tiempo»[6]

---

[4] Pág. 170.

[5] «Al introducir este término, Saussure [...] no pretendía en absoluto aportar una contribución al análisis sintáctico», Godel, «CFS», 25, 1969, página 118.

[6] *CLG*, pág. 170.

nos parece tautológica y elusiva del verdadero problema, que es la naturaleza variable de las relaciones establecidas. Se nos dan, sin duda, algunos ejemplos de sintagmas, pero en ningún lugar se nos dice cuáles son las condiciones que nos permitirán considerar un segmento del discurso como un sintagma. Las dificultades que se experimentan, aún hoy y a pesar de la atención sostenida que se ha prestado recientemente a los problemas sintácticos, en la formulación de tales condiciones, nos hacen comprender por qué Saussure, que operaba en un plano mucho más general, no podía plantearse el hacerlo.

Nosotros correremos el riesgo y diremos, en primer lugar, en términos voluntariamente vagos, que el sintagma está formado por un conjunto de unidades cuyas relaciones mutuas son más íntimas que las que mantienen, cada una de ellas, con otros elementos de la cadena. Una formulación más ceñida, que implicaría una jerarquía, podría ser: existe sintagma cuando las relaciones de cada uno de los elementos de un grupo con lo que está fuera del grupo se establecen por intermedio de un elemento único o de elementos coordinados, que forman parte del sintagma. Veamos el enunciado *Il partait avec ou sans ses valises* (él partía con o sin sus maletas). Según la definición precedente, se establecerán los sintagmas siguientes, indicando el sentido de las flechas aquel en el que se establecen las relaciones: *il → part-, part- ← -ait, il → part- ← ait, ses → valises, avec ← (ses →) valises, sans ← (ses →) valises* [7], *part- ← avec ou sans ← (ses →) valises*, sin perjuicio de las combinaciones de *part-, part- ← -ait* o *il → part-* con los sintagmas diferentes que pueden reconocerse en *avec ou sans ses valises*. La única agrupación ordenada que excluye la definición es la que corresponde al enunciado entero en la medida en que éste se identifique con una frase distinta. En efecto, si *il partait avec ou sans ses valises* es una frase, *part-*, núcleo predicativo de esta frase y, por tanto, punto de convergencia de las relaciones, no podría

---

[7] Según los términos de la definición, podría esperarse que el *ou* que une *avec* a *sans* figurara en este sintagma. Pero sabemos que una marca de coordinación sólo tiene sentido en función de los elementos coordinados.

ya ser descrito como el elemento por intermedio del cual se establece la relación del grupo (la frase) con lo que está fuera del grupo (otras frases eventuales), ya que, si existen, de frase a frase, relaciones en la realidad concebida, no encontramos relaciones sintácticas, es decir, propiamente lingüísticas.

Podríamos, ciertamente, de tal modo que no quede excluida la frase completa, modificar la definición y enunciar que el sintagma agrupa los elementos que dependen, todos ellos, de un elemento único o de dos o más elementos coordinados, que formen parte del sintagma. De este modo, nos encontraríamos de acuerdo con las enseñanzas saussureanas. Pero, en la práctica, no tenemos gran interés en considerar la frase como un sintagma. Sin tratar de identificar siquiera el término sintagma con el inglés *phrase* (en *nominal phrase, verbal phrase*), podemos estimar que la noción, cuando no esté concebida como equivalente a «eje sintagmático», tiene sentido únicamente con referencia a una articulación posible de la frase, unidad sintáctica máxima [8], en unidades más amplias que el signo mínimo.

En lo anteriormente dicho se habrá notado que, en la identificación de los sintagmas, no hemos tenido en cuenta en muchos casos la exigencia de sucesión, por ejemplo, en *avec...* ← *(ses →) valises*. Ciertamente, esto no supone, en el fondo, una traición al pensamiento de Saussurre que no podía, en el mismo momento en que debía insistir en la sucesión de las relaciones sintagmáticas, señalar las posibles infracciones a esta sucesión. Podemos estar seguros de que no hubiera negado la calidad de sintagma a *er schlägt... vor* del alemán *Er schlägt eine Lösung vor* [9], a pesar de la no sucesión de los elementos constitutivos.

También se ha puesto, ciertamente, de manifiesto que no hemos vacilado en establecer un sintagma *part-* ← *-ait*. En este

---

[8] Cf. «Nada se encuentra en el discurso que no esté ya en la frase», A. Martinet, *La linguistique synchronique*, París, 1965, págs. 229, o, lo que viene a ser lo mismo, «*sentence* [...] a linguistic form [...] which is not part of any larger construction», en *The American College Dictionary*, Nueva York, 1951.

[9] Cf. Godel, «CFS», 25, 1969, pág. 117.

punto, encontramos precedentes en el *Curso*, donde se nos presentan, pág. 173, como sintagmas más o menos «libres», *dormirait* ([él] dormiría) y *mourrai* ([yo] moriré); en otra parte, pág. 181, se sugiere que, en el griego *dōsō*, «yo daré», *-sō* es un signo, lo que convierte a *dōsō* en un sintagma. Es cierto que, en general, se prefiere ilustrar la noción de sintagma por medio de compuestos, derivados, grupos de palabras más o menos libres o estereotipadas o de frases, pero esto es así, evidentemente, porque en ellos es más fácil el análisis en sus componentes. Al indicar reiteradamente que existe sintagma tanto en el marco de la palabra como en el de las sucesiones de palabras, Saussure contribuyó, muy provechosamente, a plantear dudas sobre la validez de la palabra en el plano de la lingüística general. El *Curso* se muestra bastante reticente en cuanto a este concepto. Se le declara, pág. 147, «incompatible con nuestra noción de unidad concreta», y es únicamente porque Saussure, que tiene otra cosa en mente, renuncia a llevar hasta el fondo el análisis en «unidades concretas», por lo que se decide a operar con palabras que dan «una idea aproximada» de lo que son estas «unidades». Actualmente, aquellos para quienes las «unidades concretas» se han convertido en monemas continúan hablando, en exposiciones muy elementales, de palabras, no sin establecer previamente las mismas reservas que las que encontramos en el *Curso*. Saussure designa, frecuentemente, las unidades inferiores a la palabra como «sub-unidades», y Godel ve, en esta utilización, una indicación de que la palabra sigue siendo para Saussure «la unidad por excelencia» [10]. Esto quizá sea ir demasiado lejos, y las precisiones que hace en notas y en el léxico no justifican una formulación de este tipo: los calificativos «central» y «fundamental» del primer curso no hacen, indudablemente, sino reflejar la enseñanza tradicional, donde todo, efectivamente, gira en torno a la palabra, con una morfología que, tras haber definido las partes del discurso, trataría de lo intraverbal, mientras que la sintaxis cubriría la forma en que se combinan las palabras. En una época en la que no se

---

[10] *SM*, pág. 209.

había planteado en absoluto una redefinición de los términos, Saussure estaba desarmado frente a un uso todopoderoso. Lo que dice de la división de la gramática en sus dos ramas demuestra que no está de acuerdo con ella[11]. Quien acaba de subrayar la unidad del signo en su dualidad, no puede aceptar una disociación entre el estudio de la forma y el de la función. Habrá que esperar a otra generación, adiestrada por la práctica fonológica en el análisis de las formas y en la distinción de los diferentes planos, para que quede claro que, en estricta sincronía, las series paralelas de desinencias, igual que los hechos agrupados bajo la rúbrica de supleción, no han de distinguirse de los innumerables casos en los que un radical varía de algún modo en el curso de la flexión. Si, por tanto, existe poca inclinación a negar la identidad lingüística del *pued-* de *pueden* y del *pod-* de *podemos*, habrá que decidirse a identificar el *fer-* de *fero* y el *tul-* de *tuli* como variaciones del significante de un mismo signo y hacer lo mismo con las variantes de la unidad genitivo del latín: *-ae*, *-i*, *-is*, etc.

Todo esto parece oponerse diametralmente a las enseñanzas de Saussure, que, en efecto, no deja de exigir que se opere con «unidades concretas delimitables», es decir, como se diría hoy en día, con signos dotados de un significante que presenten, en todos los casos, las mismas unidades distintivas en el mismo orden. Pero aquí, de nuevo, hay que comprender el valor de época de esa insistencia en la necesidad de una base formal para toda realidad lingüística. Como lo resume Godel, «no hay diferencias de significados que no se reflejen, de una u otra forma, en los significantes»[12]. Todo esto es excelente y a muchos lingüistas contemporáneos les interesaría convencerse de ello. Pero no hay que confundir la necesidad de que toda unidad o todo procedimiento lingüístico tengan un soporte formal, y la obligación de que este soporte formal tenga siempre la misma identidad. Saussure no parece haber tratado la homonimia. Sin duda, veía en ella un hecho marginal. Pero este hecho marginal,

---

[11] *CLG*, págs. 185-186.
[12] Ver en *SM*, pág. 218, los textos citados.

si no excepcional, nos obliga a admitir la posibilidad de identificar el signo por referencia a su significado. Cuando se afirma que, en último análisis, un significado se identifica por referencia a los contextos en los que puede figurar el signo, quiere decirse que dos formas diferentes que aparezcan constantemente en los mismos contextos léxicos y en distribución complementaria con respecto a los elementos gramaticales, o viceversa, serán las variantes de significante de un mismo signo. Existe, por tanto, un signo latino, de significado «llevar», cuyo significante varía de *fer(o)* a *tul(i)* y a *la(tum)* y otro con sentido de «genitivo» cuyo significante varía tal como hemos visto anteriormente. La distinción que establece Saussure entre, por un lado, unas «entidades concretas» caracterizadas por un significante inmutable, y por otro, unas «entidades abstractas», como el genitivo latino, cuya unidad se ve asegurada por la permanencia de un significado, se ha revelado ilusoria, a partir del momento en que se ha decidido llevar el análisis en signos mínimos hasta sus últimas consecuencias.

El artículo contracto del francés ha representado un importante papel en este asunto, pero no tanto por *du* (del), en el que cualquiera que no esté obcecado desde el principio por la tradición gráfica puede aislar inmediatamente una unidad /d/, idéntica en todos los sentidos a la que encontramos en *d'hier* (de ayer), presentándose el /y/ restante como una variante formal del artículo determinado, como por *au* que, en su forma /o/, no admite análisis alguno en elementos distintivos sucesivos. Se nos dice que la alteración del significante no «ha llevado consigo la síntesis del significado» [13]. Pero, en *dominōrum*, ¿cómo se comprueba que hay síntesis de los significados «genitivo» y «plural»? Todo se establece en un plano estrictamente formal: en *à l'auditoire* (en el auditorio), la preposición y el artículo se presentan como dos segmentos sucesivos distintos, separables eventualmente (*à tout l'auditoire* «en todo el auditorio»); en *au peuple*, donde el sustantivo empieza por consonante, las dos unidades se confunden, dispuestas a separarse

---

[13] Godel, «CFS», 25, 1969, pág. 128.

de nuevo si se inserta *tout* en el sintagma *(à tout le peuple)*. Si se acepta aquí que «el análisis sintagmático pueda conducir a un esquema en el que [14]» *au* se descomponga en *à le,* es que se cree haber identificado una unidad *à* como unidad concreta delimitable. Pero ¿no podríamos establecer, basándonos en una forma latina, como *urb-is,* que el genitivo latino es una unidad concreta delimitable con forma *-is,* perfectamente identificable detrás de un tema consonántico, pero susceptible de confundirse formalmente con la vocal final temática en *rosae* o *dominī?* Sin duda, estas dos formas no provienen diacrónicamente de amalgamas de *rosa* o *domino-* e *-is,* pero, sincrónicamente, esto no tiene nada que ver con nuestro problema. Por supuesto, las formas como *dominōrum,* en las que se entremezclan «genitivo» y «plural», hacen intervenir en la formulación algo más que los rasgos estrictamente formales de final consonántico o vocálico del tema, que recordaban con toda precisión el condicionamiento de la alternancia *au/à l'.* Por otro lado, *urb-* e *-is* no son separables. Pero *à* y *le* lo son en muy pequeña escala, ya que casi únicamente *tout* puede insertarse entre ellos. De hecho, cuando se ha pasado revista a un número considerable de situaciones lingüísticas particulares en las lenguas más diversas, se advierte que no puede operarse, sin caer en lo arbitrario, con una unidad significativa mínima que, según los casos, se identificaría con un único rasgo pertinente de sentido o englobaría varios, según que hubiera dificultades de segmentación más o menos grandes. Por esto, si esta unidad mínima ha de designarse como *monema,* hay que definirlo a éste como un rasgo de sentido correspondiente a alguna diferencia formal definible en términos de unidades distintivas, sin que sea necesario que esta diferencia formal sea siempre idéntica a sí misma en todos los contextos, formales o significantes. En la primera presentación que se hace de este término en los *Elementos de lingüística general* [15], los monemas se designan como las unidades que revela la primera articulación «con su significado

---

[14] *Ibid.,* pág. 131.
[15] París, 1960, §§ 1-9.

y su significante», sin precisar si este significado y este significante pueden o no comportar variaciones. Pero lo que se dice después [16] respecto a las unidades significativas no podría dejar duda en cuanto al hecho de que ya no se trata de las «entidades concretas delimitables» de Saussure. Como, de hecho, estas entidades son las que corresponden al monema definido por Henri Frei como «todo signo cuyo significante está indiviso» [17], es evidente que existe una incompatibilidad total entre las dos concepciones del monema. El de Frei se presenta como una forma concisa de designar la «unidad concreta» saussureana, es decir, el segmento significativo mínimo; el de los *Elementos* se presenta, por el contrario, y en oposición al morfema de la mayoría de los estructuralistas, como una unidad significativa dotada de una forma, pero independiente, en principio, de la segmentación. Es lamentable que no hayan quedado aclaradas, desde el principio, tanto la deuda hacia Frei como la divergencia fundamental entre las dos utilizaciones del término.

La liberación con respecto a la segmentación que representa la nueva utilización del término monema se integra en el esfuerzo de la lingüística funcional por eliminar los obstáculos de la forma allí donde sus avatares tropiecen con las necesidades de la comunicación lingüística. Este esfuerzo conduce a no establecer ninguna unidad forzada entre el rasgo pertinente de sentido y la frase. El término «palabra» sigue siendo utilizable, mediante una redefinición previa que habrá de repetirse en cada lengua, con referencia a ciertos grupos de monemas. El de sintagma, con la agilidad característica de sus empleos, prestará valiosos servicios, pero está ahí para ayudar al lingüista en su tarea, y no para imponérsele necesariamente a su atención como una etapa obligada en el camino que va de la frase al monema o viceversa.

Podía uno preguntarse, y fue Luis Prieto el que lo hizo en primer lugar en sus entrevistas particulares, si, al no exigir un segmento particular para cada unidad significativa, no podría

---

[16] Cap. IV.
[17] Cf. «CFS», 1, 1941, pág. 51.

llegarse a considerar como monemas lo que Hjelmslev [18] designa como figura del contenido, es decir, no signos, significados sin significante. Si, para que haya monema, es suficiente que a un efecto de sentido corresponda una diferencia formal no localizada, nada impedirá reconocer en *jument* /ʒymã/ (yegua) dos monemas con significados respectivos de *cheval* (caballo) y *femelle* (hembra), ya que *cheval* sin *jument* sería /ʃval/, *cheval* y *mâle* (macho) sería /etalõ/, *femelle* sin *cheval* sería /fmel/, *femelle* y *porc* (puerco) sería /tryi/ etc.; /ʒymã/ sería, por tanto, una amalgama de los significantes /ʃval/ y /fmel/, ya que, en la identificación de las amalgamas, se pueden pasar por alto las semejanzas formales. ¿Quién podría, en realidad, reconocer en la amalgama que representa la desinencia *-ōrum*, algo que recordara un genitivo sin plural o algo que sugiriera un plural sin genitivo?

Podríamos responder que lo que vale para elementos gramaticales, como los que encontramos en *-ōrum* no vale necesariamente para una unidad léxica como *jument*. Pero el recurrir a la distinción entre gramática y léxico no hace sino esbozar una respuesta a la objeción. En realidad, el hablante que utiliza *jument* tiene todas las posibilidades de saber que la yegua es un caballo hembra, pero no existe ninguna certeza de que, en la utilización que hace del término en un momento determinado, el mensaje comporte realmente una referencia a estos dos rasgos. Lo que decimos de *jument* sería igualmente válido para *ânesse* (burra), donde cualquier francófono puede reconocer *âne* y *-esse* que le harán saber, si alguna vez lo ha ignorado, que la burra es la hembra del burro. Pero se puede utilizar perfectamente *ânesse* sin pensar ni un momento en el *status* de hembra del animal así designado. Nada de esto vale para *-ōrum*. Está perfectamente claro que al decir *dominōrum*, el hablante debe elegir el plural por un lado, el genitivo por otro, dos unidades perfectamente distintas en cuanto a que la primera aporta un suplemento de información sobre el sustantivo, y la se-

---

[18] *Prolégomènes à une théorie du langage*, nueva edición, París, 1971, págs. 64 y 92.

gunda indica la relación de este sustantivo con el resto del enunciado. A pesar de la confusión de los significantes, estas dos unidades son, sintácticamente, perfectamente *libres*. Encontramos la prueba de que la confusión formal de estas unidades libres representó una molestia para los usuarios del latín, en la eliminación casi total, en las lenguas romances, de una declinación poco eficaz por sus sincretismos y de difícil utilización por sus amalgamas. En contraste, los elementos conjuntos de *ânesse* que se aíslan sin dificultad en el plano formal, no existen en el plano de la sintaxis, donde *ânesse* constituye un todo susceptible de figurar en cualquier contexto en el que pueda encontrarse cualquier sustantivo femenino de la lengua; *domi-nōrum*, con sus tres monemas, formalmente amalgamados [19], pero sintácticamente libres, es un sintagma; *ânesse*, con sus dos monemas inmediatamente identificables, pero sin autonomía sintáctica, no puede recibir la misma designación. Por eso, hemos propuesto, para casos de este tipo, el término de *sintema*. No podría hablarse de amalgama en el caso de los monemas que forman parte de un sintema, ya que el sintema únicamente se mantiene como tal en la medida en que los monemas que lo componen son identificables, y en que cuando dejan de serlo, el sintema se convierte en monema. La noción de amalgama únicamente tiene sentido, por tanto, cuando los elementos amalgamados se reconocen como miembros de un sintagma, es decir, como sintácticamente libres. Esto ocurre normalmente cuando los elementos gramaticales están en cuestión, lo que tiende a justificar el argumento según el cual *jument* no podría considerarse como una amalgama, al no comportar ningún elemento gramatical. Desde el punto de vista de los intereses superiores de la comunicación lingüística, poco importa que una unidad se perciba como sintema o como monema único: *teléfono* designará siempre el mismo aparato, se haya tomado o no conciencia de las relaciones de sus elementos componentes con

---

[19] Es, en efecto, imposible aislar, en latín, un segmento que significara «dueño», ya que *domin-* únicamente tiene este sentido en combinación con una determinada serie de desinencias.

los de *televisión* y *electrófono*. Es únicamente en el aprendizaje donde la percepción de una motivación puede representar un cierto papel. Queda, desde luego, claramente excluido el que alguna parte de *jument* goce de autonomía sintáctica, es decir, el que pueda verse, en *jument*, un sintagma con significantes amalgamados. Queda igualmente excluida la interpretación del inmotivado *jument* como sintema.

La distinción recogida aquí, entre sintagma y sintema puede parecer que representa una profunda divergencia con respecto a las enseñanzas del *Curso*. Cuando Saussure quiere ilustrar la noción de sintagma, recurre, la mayoría de las veces, a lo que nosotros designaríamos como sintema, y esto, por la simple razón de que su análisis, teniendo en cuenta la ausencia de amalgama, es generalmente fácil. Es sintema, por ejemplo, el famoso *indécorable*, que trata de ilustrar la posibilidad de crear nuevas unidades y muestra que si el sintema *puede* representar una elección única, puede ser también resultado de una combinación realizada en el momento en el que se está hablando, y al que el único criterio que permite identificarlo es su tratamiento sintáctico, idéntico al de un monema único. En realidad, las divergencias terminológicas que determinan la introducción del nuevo término de sintema, si bien se manifiestan a gran escala, son relativamente poco profundas. Hemos establecido simplemente una distinción indispensable entre los sintagmas saussureanos, al volver, bajo una nueva óptica, sobre la distinción tradicional entre las combinaciones sintácticas y lo que se designa, en alemán, como productos de la *Wortbildung*. Por el contrario, la nueva definición del monema se aparta deliberadamente de los modelos saussureanos cuyo rigor formal estaba plenamente justificado en la época en que él los presentaba en sus cursos, pero cuyos textos [20], algunos de los relacionados con esta cuestión, nos dejan entrever que los habría flexibilizado, de haber tenido antes la oportunidad de contrastarlos con otras realidades lingüísticas completamente diferentes.

---

[20] «...Lo esencial es que *las entidades abstractas reposen siempre, en último análisis, sobre las entidades concretas*», *CLG*, pág. 190.

IV. ALGUNOS PROBLEMAS DE SINTAXIS

20. ¿CASOS O FUNCIONES?

A propósito del artículo de Charles J. Fillmore, «The Case for Case».

Comparada con la investigación aplicada a un objeto concreto y definido, la elaboración teórica presenta multitud de rasgos ventajosos y atractivos. De principio, presupone un cierto tipo de agilidad intelectual, el hábito y la inclinación de operar con lo abstracto. Pero, fuera de ello, sólo se requiere un conocimiento relativamente superficial del objeto sobre el que se teoriza. Casi nos atreveríamos a decir que, cuanto menos sepa el que teoriza, más fácil será su posición, ya que no correrá el riesgo de que detalles embarazosos estorben su vuelo. De todos modos, es un hecho que las mentes ordenadas saben cómo organizar sus conocimientos y seleccionar lo que es relevante en un punto determinado. Puesto que la especulación se lleva a cabo, necesariamente, a un nivel más fundamental que el de la observación, y sobre todo, establece sus propias premisas, será posible ignorar descaradamente a los predecesores, o en todo caso, retener de ellos, como cabeza de turco, al hombre o grupo a propósito de cuya doctrina haya sido iniciada la teoría. La observación requiere, frecuentemente, que uno se desplace físicamente para, así, acceder al objeto. Pero la especulación puede practicarse en casa, sin «quincalla» molesta y costosa. Además, resulta gratificante saberse leído, citado, apreciado o atacado por un público más amplio, más variado y, frecuentemente, más prestigioso que el que reaccionaría ante la casi siempre austera presentación de los resultados de una pesada investigación basada en la observación.

No hay ironía en lo anterior. El autor de estas líneas posee un conocimiento íntimo de esta situación: ha practicado la especulación lo bastante como para ser consciente de todos sus atractivos; también ha practicado, a veces, la observación y aplicado la teoría a los hechos. Está, por tanto, en posición de emitir un juicio, si no universalmente válido, sí, al menos, basado en la experiencia. Imaginen a un joven lingüista que, a principios de los años treinta, hubiese tomado la profesión de comparatista y, sin miedo, pero no sin temor reverencial, hubiese tenido frente a sí todos los textos que había de leer, todas las lenguas que había de aprender, la ingente mole de literatura a través de la cual había de abrirse paso, antes de atreverse a intervenir en las discusiones. ¿Cómo hubiera podido evitar sentirse halagado por la atención despertada por sus primeros escritos en torno a los fundamentos de la investigación lingüística? ¡Qué liberación con respecto a un pasado más impresionante aún por su volumen que por el prestigio de sus grandes nombres! ¡Qué alivio no sentirse obligado a citar a nadie más que a los que formasen parte de la vanguardia! Con todo, a pesar de los conflictos que pudieran surgir, muy pronto se sentiría inclinado a comprobar la teoría en una realidad multilateral, con vistas, no sólo a asegurar su validez, sino también a adaptarla, en caso necesario, hasta hacerla cubrir todos los hechos establecidos por los progresos de la observación. Sólo entonces conseguirían algunos oponentes, entre los estudiosos que no hubiesen adoptado las nuevas premisas teóricas, restablecer el contacto, aunque sin compartir necesariamente las conclusiones, pensando que no será posible ignorar nuevos hechos. Pero, desde luego, se comprometerían únicamente en tanto que pensasen que la observación no había sido desviada irremisiblemente por el nuevo marco en el que se había desarrollado.

Todo esto, que fue el caso de la investigación estructuralista desde 1930 hasta 1960 y aun después, está para repetirse con las teorías transformativo-generativas. En el año 1957, cierto número de activos estudiosos se dedicaron a ponerlo todo en tela de juicio dentro del marco de un enfoque hipotético-deductivo en el que la observación científica hubo de someterse a la introspección. Durante largo tiempo, fue practicado por estudiosos de habla inglesa que, en el fondo, postulaban la identidad básica de todas las lenguas y, en consecuencia, no se sentían inclinados a buscar ejemplos fuera de su propia lengua. Más tarde, cuando los generativistas de variada «competencia» lingüística aparecieron en el mercado y la teoría se aplicó a otras lenguas, estructuralmente no demasiado diferentes del inglés, generalmente también al indoeuropeo, la finalidad no fue tanto probar la teoría como contribuir a demostrar su validez universal. El importante artículo de Charles J. Fillmore «The Case for Case»[1] fue sintomático de una apertura al mundo de las lenguas, no ya con el propósito de cebarlas una a una, para el Moloch generativista[2], sino de considerarlas como otros tantos desafíos a los que uno ha de enfrentarse audazmente. Esto atrae inevitablemente la atención de aquellos que, dentro del marco de una lingüística de las lenguas, rechazan categóricamente las afirmaciones fundamentales de la gramática generativa, pero no pueden llegar a ignorar un conflicto entre teoría y observación.

Mientras los generativistas y transformativistas utilizaron los hechos sólo con vistas a apoyar e ilustrar sus formulaciones teóricas, los que no compartían su punto de vista no creyeron que un debate tuviera sentido. Es vana toda discusión con alguien que, por principio, descarta cualquier referencia a la experiencia. El único comportamiento sensato consiste en seguir adelante en la propia línea, hasta que la otra persona deje de utilizar las lenguas para justificar sus métodos, hasta que, una vez asentada de algún modo la efervescencia teórica, se reafirme un gusto por los hechos, para que la presión de estos pueda llevar, si no al rechazo, sí al menos a una reforma de la

---

[1] En Bach y Harms, *Universals in Linguistic Theory*, Nueva York, 1968, págs. 1-88.

[2] «Generativista» y «generativo» se usan aquí para «transformativista y generativista» y «transformativo y generativo». No creo que el uso de abreviaturas tales como GT deba ser favorecido.

teoría. Solamente entonces será posible, e incluso, podrá compensar el diálogo. En el caso de las teorías transformativas y generativas, este momento se retrasó durante largo tiempo, ya que los hechos observables se consideraban, desde el comienzo y por principio, como algo cuestionable, al ser la manifestación de una estructura superficial que había de ser reemplazada, mediante manipulaciones transformativas, por una estructura profunda, más merecedora de la atención de los estudiosos. Los fundamentos de la teoría ofrecían, de este modo, la defensa más eficaz contra cualquier ataque del exterior. Cuando los funcionalistas, refiriéndose a la pertinencia comunicativa, distinguen, dentro de los hechos observables, entre los que cuentan y los que no, puede objetarse que la comunicación no es el único fin del lenguaje, y esto no lo negarán ellos. En tales casos, a menudo es posible llegar a un acuerdo en lo que a los hechos concierne, aunque persista el desacuerdo con respecto a la importancia relativa de cada tipo. La transformación, al no ser un hecho lingüístico, sino una operación guiada por consideraciones *a priori*, puede eludir cualquier verificación. Podemos aceptarla o rechazarla, y si la aceptamos, adquirimos un medio de reducir todas las estructuras, aun las totalmente diferentes, a un mismo esquema cuya universalidad fue postulada desde el principio. El gran mérito de Fillmore consiste en haber puesto en cuestión el carácter universal del modelo sujeto-predicado. Esto no tendría, por supuesto, ningún mérito en el caso de alguien que nunca hubiera aceptado este carácter universal, ya que no creería en ninguna estructura superficial ni operaría con ella, ni en consecuencia, se negaría a ver el hecho de que, en muchos lugares, los hablantes puedan pasarse sin sujeto. Pero cualquiera que tenga a su disposición todos los trucos que le permitan dar la vuelta a los hechos, obstinado en adaptarlos a sus preconcepciones, y rechace hacer uso de ellos, ha de ser alabado por su carácter, su criterio independiente y su excepcional respeto por los datos. No puede deberse a la casualidad el hecho de que Fillmore haya estado reuniendo su información, incluso entre los más encarnizados oponentes a su propia teoría.

Fillmore decidió utilizar el término «caso» para designar las relaciones sintácticas existentes entre los sintagmas nominales y el núcleo verbal de la oración, y entre los sintagmas nominales en relaciones de subordinación, sin distinguir entre las relaciones expresadas mediante flexiones, i.e., cambios formales de la «palabra» especialmente en su parte final, y aquéllas indicadas por elementos libres, como las preposiciones, o por las posiciones respectivas de las unidades en cuestión. La elección de «caso» para tal concepto no parece recomendable: si queremos ser entendidos por todo el mundo, deberíamos evitar usar un término que coincida sólo parcialmente con la tradición; el lector que no ha leído la presentación teórica en la que se da la nueva definición, tiende a creer que ha comprendido la palabra, y de pronto, siente que pierde pie al tropezar con un uso no tradicional. En este caso particular, el uso de «caso» para cierto tipo de relación sintáctica, sin ninguna restricción en cuanto a los medios formales, no debería resultar molesto para los funcionalistas que operan, precisamente, con el mismo concepto. Pero éstos prefieren usar el término tradicional de «función», cuya aceptación, sin embargo, es en cierto modo más amplia, ya que designa, en última instancia, cualquier relación sintáctica. Para Fillmore, la palabra «caso» tiene ventajas, ya que sugiere la existencia —en la «estructura profunda»— de cierto número, discreto o perfectamente fijado desde el principio, de unidades bien definidas, tal como lo están los casos en lenguas como el latín o el ruso. Lo que, en todo caso, merece nuestra total aprobación es el hecho de que pase por alto, cuando de hechos sintácticos se trata, los medios físicos mediante los cuales se expresan éstos. De todos modos, en lo que a nosotros concierne, una función sintáctica funciona únicamente si es manifiesta.

EL SUJETO

La posición central que ocupa la noción de sujeto dentro del pensamiento generativista es atacada en razón de la variedad de referencias que, en una lengua como el inglés, corresponden a los diferentes sujetos: según el verbo y su diátesis, el sujeto puede ser agente, paciente, beneficiario, instrumento, o cualquier otra cosa. Formalmente, es identificado como sujeto, en inglés, por su posición, y en otras lenguas, por tener las características formales de nominativo. Pero, como es bien sabido, no han de coincidir necesariamente los sujetos gramaticales y los lógicos [3], y los dos sujetos tradicionales parecen corresponder, respectivamente, al sujeto superficial y al sujeto profundo de la práctica generativista *standard*. Pero Fillmore no acepta la definición de sujeto profundo como aquello de lo que se dice algo, y su análisis semántico tiene como resultado la exclusión del sujeto de la estructura profunda y el reconocimiento de éste sólo en el campo de los hechos directamente observables, i.e. en la estructura superficial. ¿Cómo deberemos identificar, entonces, un sujeto? El significado no puede ser retenido como criterio, ya que los sujetos pueden tener los referentes más diversos. Se nos dice que tenemos un sujeto cuando un sintagma nominal está «dominado» inmediatamente por la oración, lo cual es correcto siempre que se nos presente con una arborescencia inversa transformativa. ¿Pero, podríamos preguntar, qué razones nos podrían hacer decidir que tal o cual sintagma está inmediatamente dominado? ¿Deberíamos pensar que un sintagma nominal se identifica como sujeto a causa de alguna prominencia específica? ¿Pero qué tipo de prominencia? ¿Desinencia cero? ¿Posición inicial, final o preverbal? ¿Concordancia verbal? ¿Presencia de una marca de determinación?

En favor del criterio de la desinencia cero (o monema funcional cero), podría aducirse el hecho de que una desinencia cero caracteriza normalmente los usos fuera de contexto de los substantivos, a saber, los usos vocativos y realmente nominativos: *¡Juan!*, al llamar o presentar a alguien. Si, en un enunciado completo, un sintagma perteneciente a una lengua con desinencias de caso presenta un nombre con desinencia cero, uno puede pensar que ese sintagma está, como si dijéramos,

---

[3] «The Case...», pág. 16.

fuera de sintaxis y que tiene como finalidad el introducir lo que el nombre designa sin indicar ninguna relación específica con el resto del enunciado. Esto es, desde luego, lo que se quiere decir cuando se habla del sujeto del discurso. Sin embargo, debe tenerse presente que los griegos, a los que debemos nuestra tradición gramatical y, entre otras, la noción de sujeto *(hupokei'menon)*, distaban de haber generalizado, dentro de su propia lengua, las desinencias cero en el nominativo. En cualquier caso, es evidente que lo que conocemos de la evolución de las lenguas indoeuropeas muestra una doble tendencia a identificar las formas de vocativo y nominativo real con las utilizadas para el sujeto, y a sacar partido de todas las maneras de imponer una desinencia cero a las formas comunes a estos tres usos [4]. Sin embargo, basta recordar la frecuencia, en griego y latín, de los sujetos singulares con desinencia -*s*, y en sentido opuesto, la frecuencia del tema desnudo del genitivo plural ruso, para descartar la desinencia cero como criterio decisivo.

La concordancia verbal con uno de los nombres es, para los hablantes de lenguas indoeuropeas, algo absolutamente definitivo en esta materia. Pero ¿qué haremos en el caso del vasco, donde los verbos concuerdan con tres de los participantes: el agente, el paciente y el beneficiario? [5].

Mencionamos más arriba, entre los posibles medios de indicar el sujeto, la adición de una partícula que indique determinación. Deberá ser, en todo caso, lo suficientemente excepcional como para ser retenida como *el* criterio de la existencia de sujeto. En algunas lenguas, podría parecer que existe cierta relación entre la determinación y el sujeto en el sentido de que no se puede decir: *un zorro llegó*, sino necesariamente *había un zorro; el zorro llegó*. En malgache, por ejemplo, existe una

---

[4] Cf. A. Martinet, *A Functional View of Language*, Oxford, 1962, páginas 149-154. A esta equivalencia se llegó por primera vez, en 1956, en «Linguistique structurale et grammaire comparée», *Travaux de l'Institut de linguistique*, 1, págs. 13-15.

[5] Ver, por ejemplo, Geneviève N'Diaye, *Structure du dialecte basque de Maya*, La Haya/París, 1970, págs. 59-61.

relación evidente entre *hy*, partícula determinada, y el uso del nombre como sujeto [6].

Fillmore insiste en censurar [7] la opinión de que el sujeto es un complemento no omisible. Las razones de su censura nunca quedaron demasiado claras, pero su condicionamiento es obvio. Descubrimos aquí lo perniciosa que puede ser la generalización extrema de las manipulaciones transformativas: no se puede atribuir ninguna importancia a la posibilidad o imposibilidad de omitir un elemento, ya que un elemento ausente siempre puede reinstalarse a través de una transformación. Quien, desde el principio, sea menos descuidado en cuanto a los datos lingüísticos, pensará que la no omisibilidad es un rasgo sorprendente de lo que la gente llama «sujeto». En el plano semántico, es difícil ver lo que pueda distinguir un sujeto de cualquier otro complemento, y sin embargo, en el enunciado mínimo, aparece como algo tan inevitable como lo es el núcleo predicativo. Esto es lo que llevó a Jespersen, tras haber tratado de reducir todos los elementos sucesivos del enunciado a una serie de determinaciones, a poner aparte las relaciones entre sujeto y núcleo predicativo como algo específico que él llamó *nexus* [8]. Ahora bien, lo que es común a todas las determinaciones es la posibilidad de omitir el determinante sin que por eso se vea afectado el estatuto gramatical del elemento determinado, o en otros términos, sus relaciones sintácticas con el resto del enunciado. La razón por la que Jespersen, en el caso del sujeto, encuentra una resistencia en contra de la extensión del concepto de determinación, radica en el hecho de que omitir el sujeto supone arruinar el enunciado. No es extraño que estas circunstancias tan particulares confieran al sujeto un estatuto claro en la mente de los hablantes. Todos los lingüistas, confíen en su «competencia» o no, se dejan guiar por la reacción subjetiva de los usuarios ante el sujeto como algo aparte.

---

[6] En la disertación de París de Siméon Rajaona *La structure du verbe malgache*, aún no publicada.

[7] Art. cit., págs. 18 y 57.

[8] *The Philosophy of Grammar*, Londres, 1942, pág. 114.

Pero esto no implica que uno no trate de encontrar, en los datos observables, el condicionamiento de esta reacción, ni que los funcionalistas, que rechazan la «competencia» como criterio científico, traicionen sus convicciones cuando permiten que una reacción subjetiva sea su guía inicial.

Empezando por el criterio fundamental de la no omisibilidad del sujeto, es fácil entender por qué su marca es, tan frecuentemente, cero y por qué es, tan a menudo, el único elemento que impone una concordancia verbal: un complemento no omisible, i.e., un sujeto, aparece, en principio, en cada enunciado; en consecuencia, su presencia en éste no transmite información, aparte la información léxica resultante de la elección de tal o cual sustantivo o pronombre para la representación de la función sujeto. Si la información a la que contribuye el sujeto como tal es cero, es de esperar que su manifestación formal tienda también hacia cero. La historia de las lenguas indoeuropeas aporta un buen ejemplo de esta tendencia a hacer equivaler la información y el coste [9]: las lenguas indoeuropeas más antiguamente atestiguadas tienen un caso sujeto llamado «nominativo», que a menudo se caracteriza positivamente por una -*s*. Las reconstrucciones laringalistas, que sitúan en $*eH_2$ (fonéticamente, algo así como [-ax]) el origen de la -*ā* de los temas de la primera declinación, permiten comprender el condicionamiento prehistórico de la conservación o caída de esa -*s* del nominativo: se conserva detrás de vocal u oclusiva (gr. *lógo-s, kórak-s);* precedido por sonante o fricativa, se fusiona con ella (gr. *khthōn, hēmérā* con -*ā* procedente de $*-eH_2$). Debería tenerse en cuenta que a lo largo de la prehistoria y la historia de las diferentes lenguas, cada nueva generación pudo reinstalar, por analogía, el nominativo en -*s* allí donde generaciones precedentes lo habían eliminado. Esto explica por qué el equivalente del gr. *khthōn* ($< *-ōm$) es, en sánscrito, *kṣās* ($< *-om + s$) y de qué modo los masculinos griegos de la primera declinación se han diferenciado de los femeninos mediante la reinstauración del nominativo -*s (neaníā-s).* Todo esto

---

[9]   Cf. nota 4.

no debe interpretarse en el sentido de que la reacción de las diversas generaciones de hablantes indoeuropeos haya consistido siempre en eliminar la silbante detrás de una continua final de tema. El caso del gr. *khthōn* sin *-s* y del sánscrito *kṣās* sin la continua indica lo contrario. Podríamos establecer un período prehistórico en que la *-s* de un grupo final *-H₂ + s* no se hubiese fusionado con la continua precedente, sino que se hubiese disimilado en *-k-*, lo que explicaría, entre otras cosas, la alternancia *-ec-/-ā-* en el lat. *senex*, de aquí *senectus*, y *senātus* [10]. Pero cualesquiera que hayan sido las vicisitudes, la dirección principal de una evolución que, como se ha visto, ha estado operando hasta el momento presente lo que pretende es hacer coincidir la información y el coste, en este caso, la función sujeto y la desinencia cero. La concepción, que se va extendiendo gradualmente, del sujeto como tema del discurso no es sino un epifenómeno similar y paralelo a la idea de que el caso sujeto es un nominativo, i.e., una forma no sintáctica como el vocativo. Retrotrayéndonos al pasado, llegamos inevitablemente a una identificación del caso *-s* como un ergativo, forma de grado cero de una desinencia atestiguada en el genitivo con una vocal completa, a saber, *-es* [11].

En lo que respecta a la concordancia verbal, no debemos olvidar que, como ocurre con la concordancia en general, corresponde a la gramaticalización de una redundancia que se ve favorecida, aunque no se haga necesaria, por la amalgama de elementos léxicos y gramaticales, que conduce a lo que tradicional y respetuosamente se ha dado en llamar inflexión. En

---

[10] Cf. «Le couple *senex-senatus* et le 'suffixe' *-k-*», *BSL*, 51, págs. 42-56.

[11] Ver, en *Word*, 12, la reseña del libro de T. Burrow, *The Sanskrit Language*, por el mismo autor, págs. 309-311. Las reservas, mencionadas por Fillmore (pág. 14, n. 17) con respecto a la interpretación «ergativa» del sufijo *-s*, no pueden mantenerse, si se tienen en cuenta la amplia gama de accidentes fonéticos que pueden haber originado su caída y la tendencia creciente a no reinstalarlo analógicamente, ya que la tendencia a equilibrar coste y frecuencia favoreció su eliminación. El argumento derivado de la ausencia de rastros del ergativo en el plural no tiene mucha fuerza, dada la aparición relativamente tardía de una inflexión plural en el indoeuropeo.

el lat. *ambulat,* es difícil decir qué es lo que corresponde al pronombre de tercera persona; sería *-t,* al comparar *ambula-t* con *vige-t, legi-t* o *audi-t,* pero *-at,* si lo situamos junto a *ambul-o.* En consecuencia, cuando la función sujeto es realizada por un sustantivo, como en *puer ambulat,* es imposible *sustituir* el pronombre (implícito en *ambulat)* por el sustantivo, como sucede en el francés hablado, por ejemplo. En esta lengua, al no estar el pronombre amalgamado, nada impide a los hablantes dejar caer *il,* al pasar de *il se promène* (él se pasea) a *l'enfant se promène* (el niño se pasea), aunque, a menudo, el uso popular realiza la concordancia del complejo verbal con el sujeto: /lãfã isprɔmɛn/, en lugar de lo «correcto» /lãfã sprɔmɛn/. Como, naturalmente, dos formas en contacto tienen más posibilidades de amalgamarse cuanto más frecuente sea el contacto, se entiende por qué la amalgama de un pronombre con el verbo tiene más posibilidades con un pronombre sujeto que, como sujeto, está siempre presente en ausencia de un nombre, que con un pronombre que realice cualquier otra función y que aparecerá únicamente en tanto en cuanto sea requerido por la naturaleza de la comunicación específica.

Admitiremos de grado que no siempre es fácil hacer uso del criterio de no omisibilidad para decidir si una lengua tiene o no función sujeto. En primer lugar, deberemos dejar a un lado el caso del imperativo, ya que, en segunda persona del singular, la explicitación del sujeto supone, en las diferentes lenguas, la excepción más que la regla. Podrá aducirse, desde luego, que éste se encuentra implícito, tal como aparece demostrado en un reflexivo como el francés *va-t-en* (vete) donde *-t-* es la misma forma que la *t'* de *tu t'en vas* (tú te vas). Por otro lado, se tropieza, frecuentemente, con excepciones aisladas a la regla de no omisibilidad, que se presentan como demasiado marginales para poder llegar a la conclusión de que una lengua no tiene sujeto. Existen muchas de éstas en francés, con *voici, voilà* introduciendo predicados nominales «en situación» [12], con

---

[12] El uso de *voici* al dirigirse a una persona a la que se dice *vous* es una prueba decisiva de que *voici* no tiene sincrónicamente nada que ver con *vois(i)ci.*

/ja/ [13], como instrumento, flexionado en tiempos y modos, introduciendo predicados nominales que no estén «en situación», en construcciones tales como *le temps de déjeûner et je suis à vous* (el tiempo de desayunar y estoy con Ud.), que los niños aprenden como tales, sin que nadie se plantee jamás si un complejo sintáctico de este tipo debiera completarse con *donnez-moi* (déme), *laissez-moi* (déjeme), *je vais prendre* (voy a tomarme), etc... Todo esto no deberá ser obstáculo para establecer un sujeto en francés, ya que un predicado verbal conjugado (dejando aparte el imperativo) no aparece sin un sujeto nominal o pronominal [14]. Con el fin de invalidar el criterio de no omisibilidad para el sujeto, se ha argumentado que, en algunas lenguas, éste se aplicaría también al objeto de verbos transitivos. Pero existe al menos una diferencia, a saber, el hecho de que no puede extenderse a todos los verbos. En otras lenguas, en las que sólo afecta a algunos verbos transitivos, evoca la no omisibilidad del locativo del ing. *he keeps his car in a garage* [15] (él guarda su coche en un garage).

Muy a menudo, los lingüistas llegan a dudar de la naturaleza universal de la función sujeto cuando se encuentran con las llamadas «lenguas ergativas». En sí mismo, un caso ergativo no supone nada nuevo para cualquiera que use una de las lenguas indoeuropeas contemporáneas. Es el caso del agente con el mismo valor que el complemento introducido por la preposición *por* de una construcción pasiva, como en *el hombre fue muerto por una bomba*. El rasgo novedoso, en casos en los que se menciona un ergativo, es que cuando se encuentran en una misma oración dos participantes, uno activo y otro pasivo, el participante activo se representa *siempre* en forma ergativa. Pero cuando solamente haya un participante y el verbo sea uno de los llamados «intransitivos», este participante, aunque sea

---

[13] Deletreado, *il y a*, pero diferente de la combinación *il + y + a*, que siempre suena /ilija/, p. ej., en *il y a de l'argent*, donde *il* designa una persona e *y* un banco.

[14] Notar, en el habla coloquial, *faut* sin *il*, mientras que el *il* impersonal es constante en *il pleut*, *il neige*.

[15] Fillmore, «The Case...», pág. 26.

activo, no estará en ergativo, sino que tendrá la misma forma que el participante pasivo de una construcción «transitiva». En vasco, por ejemplo, «hombre» estará en ergativo, *gizona-k*, si corresponde al sujeto de una oración con el significado de «el hombre vio el libro» *(gizonak liburua ikhusi-du)*. Pero si corresponde al sujeto de «el hombre se ha ido» *(gizona joan-da)*, estará en caso nominativo, *gizona* sin *-k*, i.e., en el mismo caso que «el libro», *liburua*, de la primera oración. Como los vascos van a escuelas francesas o españolas, interpretan su propia lengua en términos de traducción a su lengua de instrucción, y designan indistintamente como sujeto el ergativo *gizonak* y el nominativo *gizona*, mientras que el nominativo *liburua* será considerado como objeto; al considerar la lengua en sí misma —«su estructura superficial», como dirían, probablemente, nuestros transformativistas—, no hay duda de que la función de *gizona* es la misma que la de *liburua*, y que la de *gizonak* es diferente. Esto ha sido resumido diciendo (siempre que es posible) que el verbo vasco es pasivo: no puede decirse, en vasco, «el hombre vio el libro», sino, únicamente, «el libro fue visto por el hombre». Por tanto, «libro» es el sujeto. Es el caso de «ir», en que, como dirían algunos, «la acción radica en el sujeto», el sujeto únicamente puede ser aquel que va. Consecuentemente, diremos que el sujeto está en nominativo *(gizona, liburua)* y que el ergativo *gizonak* es un complemento agentivo. El autor se ha visto tentado a negar la existencia de sujeto en vasco, aduciendo que parece como si el nominativo de desinencia cero fuera, en su relación con el verbo, un determinante del elemento al que determina [16], lo que supone negar, en vasco, la existencia del nexo jesperseniano. Una seria objeción a esta interpretación es que el «complemento en nominativo», aunque no haya ningún nombre presente, siempre está representado en el verbo en forma de pronombre amalgamado: Cf. 3.ª persona

---

[16] Ver A. Martinet, «Le sujet comme fonction linguistique et l'analyse syntaxique du basque», *BSL*, 57, págs. 73-82. Cf., asimismo, «La construction ergative et les structures élémentaires de l'énoncé», *Journal de psychologie normale et pathologique* (1958), págs. 377-392, reeditado en *La linguistique synchronique*, París, 1965, págs. 212-228.

d- en *da* «*ello* es», *dago* «*ello* está situado», *dut* «yo *lo* tengo», *duk* «tú *lo* tienes», en comparación con la *n-* de *naiz* «*yo* soy», *nago* «*yo* estoy situado», *nau* «él *me* tiene». Es preferible, sin embargo, operar con un sujeto en vasco, lo que no quiere decir que necesariamente debamos hacer lo mismo en otras «lenguas ergativas».

LOS CASOS DE FILLMORE

Hemos dedicado bastante espacio al problema del sujeto, porque su solución, como ha evidenciado el estudio de Fillmore, puede ser decisiva, cuando lo que está en juego es una teoría de las funciones gramaticales. Aun partiendo de afirmaciones teóricas diametralmente opuestas, Fillmore y el presente autor llegan a estar de común acuerdo en los puntos siguientes: las lenguas pueden diferir por la presencia o ausencia de una función sujeto; los sujetos individuales con los que uno tropieza en una misma lengua pueden corresponder a relaciones muy diferentes en la experiencia de los hablantes, y no tendría ningún sentido hacer del concepto de sujeto la piedra angular de todas las estructuras lingüísticas. Para un funcionalista, nada de esto es nuevo. Para un transformativista, significa que cierto número de suposiciones fundamentales han de ser descartadas y reemplazadas. Esto es, precisamente, lo que Fillmore está tratando de hacer en la parte positiva de su artículo. Al ser aplicado el término «caso» a todas las funciones sustantivas, han de determinarse los universales de caso, en la estructura profunda por supuesto. Para un funcionalista, éste es un problema no lingüístico que implica un examen de las relaciones del hombre con el mundo que le rodea, un problema que sin duda merece ser tenido en cuenta, pero que un buen entrenamiento lingüístico permitirá enfocar desde nuevos ángulos. Mas como él rehusa establecer universales que no puedan deducirse de la definición que ha elegido para «una lengua», piensa que no tiene sentido el intentar determinar un número definido de tipos fundamentales de relación a los cuales puedan reducirse, mediante transformaciones, todos aquellos que estén formalmente atestiguados en las lenguas más variadas.

Se nos da una primera lista de seis casos fundamentales, con la indicación de que más tarde se harán sugerencias para completarla. Hay un agentivo A, un instrumental I, un dativo D, un factitivo F, un locativo L y un objetivo O. A primera vista, echamos de menos un temporal T que, sin embargo, aparece unas páginas después. Desde luego, es de todos conocido que las lenguas usan, a menudo, formas idénticas para el tiempo y el espacio: *dentro de dos años, dentro de la habitación, desde aquel día, desde aquel lugar,* fr. *l'année où..., l'endroit où...* (el año en que, el lugar en que), pero podría esperarse alguna distinción en la «estructura profunda». De hecho se hace, pero tan casualmente, que uno siente que los hechos directamente observables («la estructura superficial») han influido al menos en el modo en que se presentan las cosas. El autor no es muy explícito en cuanto a su método para determinar los universales de caso. Es obvio que éste intenta ser deductivo: la lista de estos universales no es más que una hipótesis que deberá ser demostrada en todas las «estructuras superficiales» posibles. Sin embargo, al permanecer abierta, no aparece como demasiado limitada. Nosotros no nos entretendremos en buscar en su artículo indicios de inductivismo. Después de todo, una hipótesis sólo puede ser de algún valor, si está basada, en último análisis, en la observación. Si Fillmore no hubiera descubierto, en muchos casos, que las lenguas distinguen entre lo animado y lo inanimado, no se habría sentido tentado a dar, en su modelo de caso, una importancia tan decisiva a la oposición que parece existir entre el dativo y el objetivo [17], así como entre el agentivo y el instrumental.

Los términos elegidos para los casos no siempre son afortunados: «dativo» evoca, normalmente, al beneficiario y no puede considerarse una designación satisfactoria para el caso paciente animado; «objetivo» se parece demasiado a «objeto» y esto es muy peligroso, ya que el objetivo de Fillmore es muy a menu-

---

[17] Pág. 25, «Lógicamente, el concepto debería limitarse a las cosas».

do idéntico al objeto de las «estructuras superficiales». Sin embargo, el intento de Fillmore de analizar la forma en que se supone que el hombre concibe las relaciones entre las entidades que identifica, no está desprovisto de interés. Pero al estar inacabado, no estamos en disposición de criticar lo que parecen ser lagunas. ¿Qué deberíamos hacer, por ejemplo, con un enunciado como *John introduces Peter to Paul* (Juan presenta Pedro a Pablo) en un marco que sólo parece dar cabida a dos participantes animados? Desde luego, aparte las relaciones que tienen con la acción el agente, el paciente y el beneficiario, no es difícil imaginar otras relaciones con la acción, así por ejemplo, las relaciones de la persona o entidad en nombre de la cual, las de la persona en presencia de la cual, las de la persona con la aprobación de la cual se realiza la acción, las de la persona que, finalmente, obtiene ventaja de la acción, todas ellas en un mismo enunciado: *En nombre de X, en presencia de Y, él confió a Z un regalo para su padre.* Es evidente que estas relaciones son más indirectas y estadísticamente menos frecuentemente explícitas, y requieren para su explicitación frases indicadoras de función, más que simples preposiciones o casos. ¿Pero por qué habrían de ser las otras, que son directas, frecuentes y más simples formalmente, las únicas tenidas en cuenta entre los conceptos gramaticales innatos? Si cada niño que, de hecho, viene al mundo llevara, en su mente y antes de entrar en contacto con la lengua que le rodea, el modelo presentado por Fillmore, ¿cómo podríamos explicar que, a través de los milenios, las lenguas actuales, tal como están representadas en sus «estructuras superficiales», hayan insistido obstinadamente en extender formas referidas originalmente a casos espaciales, a la expresión de relaciones más centrales? ¿Por qué la forma de un ablativo (ingl. *to*, fr. *à*, etc.), caso que Fillmore considera como una variedad del locativo, ha de imponerse tan frecuentemente como expresión de un dativo que, si no estamos equivocados, corresponde parcialmente al dativo fillmoriano? ¿Qué importancia hemos de atribuir a una estructura profunda tan manifiestamente incapaz de forzar su marco sobre formas lingüísticas directamente observables?

EL PUNTO DE VISTA FUNCIONAL

Es fácil comprender la tendencia de la gente a reducir a unos cuantos tipos simples la enorme variedad de funciones gramaticales, incluso, considerándolas dentro de una misma lengua. El intento no conducirá necesariamente al fracaso, a condición de que se abandone la suposición gratuita de una estructura gramatical innata, se evite constantemente confundir criterios gramaticales y léxicos [18], se distinga entre combinaciones libres y formas conjuntas, entre funcionamiento sincrónico y residuos de estructuras anteriores, y se esté dispuesto a reconocer la existencia de homónimos y sinónimos gramaticales, o en otros términos, de sincretismo y variantes formales. Si la operación se lleva a cabo, en primer lugar, dentro del marco de cierto número de lenguas específicas, probablemente pondrá en evidencia la fertilidad de ciertos tipos oposicionales, i.e., ablativo vs. adlativo, o en términos más simples, caso «desde» vs. caso «hacia». En otro campo, podrá mostrar la frecuencia de algunos modelos de evolución. Nos abstendremos, desde luego, de hablar de universales en todos estos casos, o incluso, de cuasi universales, ya que éstos son términos demasiado atrevidos e inadecuados para ser utilizados en la conclusión de una investigación de naturaleza inductiva. Fillmore tiene razón al sugerir, en su primer párrafo, que el progreso científico requiere que la gente no tenga miedo a equivocarse, pero esto no justifica una generalización precipitada e indebida que pueda confirmar al estudioso en sus errores y desviar a otros.

---

[18] Cf. en «The Case...», pág. 4, las paráfrasis con *do to*, que deberían permitir distinguir entre lo que el autor, más adelante, llamará lo objetivo y lo factitivo. Según Fillmore, *remove* y *open* pueden, ambos, ir acompañados de un agentivo y de un objetivo. Sin embargo, *remove a can* implica el desplazamiento de toda la lata, mientras que *open a can*, supone sólo quitar su parte superior. No sería demasiado difícil encontrar una paráfrasis que mostrara que las dos operaciones son fundamentalmente diferentes.

No es éste el lugar indicado para presentar, ni siquiera en forma resumida, un tratamiento funcionalista del problema de las funciones gramaticales. Si concebimos la sintaxis como un examen de la forma en que las relaciones existentes entre los elementos de la experiencia a transmitir se reflejan en una sucesión de unidades lingüísticas con el fin de permitir al receptor del mensaje la reconstrucción de la experiencia [19], el estudio de las funciones gramaticales parecerá cubrir prácticamente el campo de la sintaxis. Lo que podemos hacer aquí es examinar, paralelamente al intento de Fillmore, las diferentes formas en que pueden clasificarse las diversas funciones de una lengua dada. Sin embargo, empezaremos haciendo algunas observaciones sobre el uso y valor del término «función» en sintaxis.

Para comprender la relación entre el uso ordinario del término función y su uso gramatical, puede ser de ayuda la referencia a lo que se ha dado en llamar análisis de la experiencia en consecuencia con la línea sugerida por los recursos léxicos de la lengua que el hablante tiene intención de usar. Esta experiencia que está siendo analizada en conformidad con la lengua, no ha de ser considerada, por supuesto, como un hecho lingüístico. En el plano de esta experiencia, la función de un elemento, función en el sentido más corriente de la palabra, es su relación con el resto de la experiencia. Supongamos que la experiencia corresponde a la percepción de un hombre que da patadas a un perro. El papel que desempeña el perro, su relación con los demás elementos de la experiencia, es el de paciente. Suponiendo que el suceso ocurra en un jardín, éste será un elemento de la experiencia. El papel del jardín, y su relación

---

[19] Cf. la formulación de Denise François en *La linguistique, Guide alphabétique* (ed. por A. Martinet, J. Martinet, H. Walter), París, 1969, pág. 18. La definición de Marouzeau, en *Lexique de la terminologie linguistique*, 3.ª ed., pág. 122, textualmente: «Estudio de los procedimientos gramaticales mediante los cuales las palabras de una frase están ligadas las unas a las otras de forma que expresen las relaciones establecidas entre las nociones», es sorprendentemente paralela. La gran semejanza fue descubierta después que la *Guide* había sido ya editada y publicada.

con el resto de la experiencia, consistirá en ser el lugar donde se desarrolla el suceso.

Si pasamos ahora al plano lingüístico y consideramos el monema correspondiente a uno de estos elementos de experiencia, podemos decir, en términos tradicionales, que este monema tiene una «naturaleza» idéntica a sus virtualidades semánticas. Esta naturaleza, más su significante, forman el conjunto que lo caracteriza, considerándolo fuera de cualquier contexto lingüístico y de cualquier conexión con ese contexto, i.e., como una entrada de diccionario. Situada en un contexto, su función será su relación con ese contexto, i.e., el equivalente lingüístico a la función del elemento correspondiente de la experiencia. Debería tenerse en cuenta que un monema, fuera de un contexto lingüístico, pero en una situación determinada, puede recibir una función, pero no sintáctica: como llamada, ¡*Juan!* tiene una función vocativa; cuando se dice ¡*Juan!* para nombrar a una persona así llamada, *Juan* tiene una función nominativa. La función gramatical es, por consiguiente, el rasgo lingüístico correspondiente a la relación entre un elemento de la experiencia total.

El análisis de la experiencia en elementos no ha de esperar necesariamente al momento en que uno quiera comunicarse lingüísticamente: lo que se llama percepción, a diferencia de la sensación, presupone la identificación de ciertos elementos en base a la suma de experiencias previas. Pero, en el hablante, esta identificación de algunos elementos de la experiencia ha sido orientada en gran medida por los recursos lingüísticos disponibles. En otras palabras, la suma de estas experiencias previas contiene muchas experiencias de tipo lingüístico, o de otro en el que la percepción directa haya ido acompañada de una experiencia lingüística paralela. Con el fin de hacer posible la comunicación en una lengua determinada, el análisis de la experiencia debe ser tal que a cada elemento corresponda una unidad significativa en la lengua elegida para la comunicación. Dentro de este marco, la naturaleza de la relación entre un elemento dado y el conjunto quedará determinada por la naturaleza de ese elemento. Esto implica que las funciones gramaticales, elegidas de forma que correspondan a la relación entre un elemento y el resto, no vienen impuestas por la experiencia misma en su forma prelingüística, sino, en último análisis, por la elección de los monemas léxicos: es evidente que en *he swam across the river* (él nadó a través del río) y su equivalente francés *il a traversé la rivière à la nage* (él atravesó el río a nado), la elección, en una lengua, del verbo *swim* (nadar), en la otra, de la frase adverbial *à la nage* (a nado), el uso del adverbio *across* (a través de) funcionando como preposición, donde la otra lengua utiliza *traverser* (atravesar), determinan, de un enunciado a otro, la aparición de diferentes haces de relaciones gramaticales. Lo que se expresa como «naturaleza» en el francés *traverser* es expresado como «función» en el inglés *across*. La distribución de «naturaleza» y «función» diferirá, por tanto, de una lengua a otra. Esto significa que, en principio, las funciones no serán idénticas de una lengua a otra. Sin embargo, teniendo en cuenta que todos los hombres tienen en común el ser hombres y el haber nacido —por ahora— en el mismo planeta, es lícito establecer y buscar paralelismos aposicionales. Uno se vería, incluso, tentado a buscar constantes: el hecho de que el hombre perciba su universo a lo largo de dos ejes de tiempo y espacio puede incitar a pensar que la expresión del tiempo y el espacio ha de encontrarse en todas las lenguas. Lo cual, por supuesto, no implicaría de ningún modo la existencia, en el hombre, de una estructura lingüística innata independiente de su mecanismo cognoscitivo general. Pero lo que nos interesa no es la existencia de una expresión lingüística de esas categorías, sino el lugar que ocupa esa expresión en el todo correspondiente a una lengua determinada y las relaciones que las expresiones de tiempo y espacio mantienen entre sí y con las de otras relaciones y nociones.

Partiendo del examen de las más variadas lenguas, se deduce la posibilidad de establecer una jerarquía entre las funciones, según que las relaciones que indican se den entre una frase no predicativa y el núcleo predicativo como representación del mínimo enunciado independiente, o entre frases no predicativas. Las primeras se llamarán «primarias», las segundas «no primarias». Éste no es el lugar indicado para desarrollar una teoría de la subordinación. Para dar una idea de su importancia y complejidad, bastará recordar que constituye el marco en el que habremos de tratar el problema del predicado, o mejor dicho, del predicatoide de las oraciones subordinadas y de sus determinaciones, que tienen, teóricamente, una función secundaria, aunque aparezcan como formalmente idénticas a la determinación primaria de la oración principal [20].

Otra posible clasificación se basa en la forma que adopta la indicación funcional. Esa indicación puede verse asegurada por medio de monemas particulares, preposiciones, conjunciones de subordinación, posposiciones, flexiones más o menos amalgamadas. Puede realizarse mediante la posición respectiva de las unidades en el enunciado. Puede también resultar del uso de monemas autónomos (tales como *aquí*, fr. *demain* «mañana», *vite* «deprisa») que llevan en sí mismos la indicación de su función [21]. Desde un punto de vista funcional, tal clasificación puede parecer comparativamente poco importante, y de hecho, uno debería, por ejemplo, resistirse a la tentación de establecer en diferentes niveles jerárquicos, y por principio, «objetos directos», que a menudo se indican como tales por su posición en la cadena, e «indirectos», que requieren el uso de preposiciones. Únicamente es posible que un «objeto directo», cuya indicación funcional es «más económica», sea estadísticamente más frecuente que uno «indirecto» que requiere el uso de un monema extra. Sin embargo, el hecho de que la función de un monema autónomo no sea inmediatamente identificable, trae consigo, ciertamente, implicaciones funcionales: el francés *demain* (mañana), que indica un lapso de tiempo, parece estar en conmutación constante, bien con otros monemas autónomos (tales como *lundi* «lunes»), o con complementos introducidos por *dans* (dentro de) *(il partira demain; il partira dans huit jours* «él partirá mañana; él partirá dentro de ocho días»)* [22].

---

[20] Cf. *A Functional View of Language*, pág. 50.

[21] Cf. *Elements of General Linguistics*, Londres, 1964, §§ 4-10 y 4-11.

[22] La conmutación, para tener sentido, requiere, en el caso de las unidades significativas, la sustitución de una unidad por otra que *no*

Pero su equivalente inglés *to-morrow* funciona de otro modo:
en *he's leaving to-morrow* (él parte mañana), *to-morrow* conmuta con *on monday* (el lunes) y *in a week* (dentro de una semana), indicando esta diferencia entre *on* y *in* que aquél puede
asumir dos funciones diferentes, ambas indudablemente temporales, ya que responden a preguntas introducidas por *when*
(cuándo), pero correspondiendo, uno, a «dentro de un lapso de
tiempo», el otro, a «hacia el final de un lapso de tiempo». En
to-morrow encontramos, al mismo tiempo, el sincretismo y la
neutralización de las dos funciones: el sincretismo, al no estar
diferenciadas las dos formas; la neutralización, porque parecería que el lapso en cuestión es demasiado inmediato y demasiado breve, para que sea necesario distinguir entre su duración y su terminación.

Un tercer tipo de clasificación se basa en el examen del
modo en que está condicionada la aparición de funciones. Esto
incluye, entre otras cosas, su carácter obligatorio u opcional,
y las limitaciones de su uso con ciertos tipos de predicado.
Hemos tratado con cierto detenimiento, en lo que antecede, el
criterio de no omisibilidad en el caso de la función sujeto, y
tocado, de paso, el caso del objeto de los verbos transitivos.
Pero hemos de prever la no omisibilidad para otras funciones:
el verbo francés *nuire* (perjudicar), usado en modo personal,
exige un complemento que indique quién es el perjudicado.
Llegados a este punto, es necesario introducir la noción de valencia: cada verbo o adjetivo tiene la suya propia, a saber, la
posibilidad de ir acompañado de tal o cual función, o en otros
términos, de regir tal o cual complemento: *nuire*, por ejemplo,
tiene su valencia limitada a la función atributiva. La función
sujeto, obligatoria por definición, no necesita ser mencionada en
la valencia de un verbo. Otras funciones tampoco se mencionan
apenas, no por ser obligatorias, sino porque, al ser marginales,
no caracterizan a la acción como tal. Al corresponder a condi-

---

pueda coexistir con ella: en *él partirá mañana,* la sustitución de *mañana*
por *a las cuatro* no es una conmutación, ya que *él partirá mañana a las
cuatro* es posible. Desde luego, la coordinación permite la coexistencia
de unidades conmutables: *él partirá mañana o dentro de una semana.*

cionamientos universalmente válidos, no existe, prácticamente, ninguna razón de excluirlos de un enunciado, y al mismo tiempo, rara vez son no omisibles. Las que atraen inmediatamente la atención son las funciones temporales, espaciales y modales. Cualquier acción o estado puede considerarse como situado en el tiempo o el espacio, aun negativamente *(it exists nowhere* «no existe en ninguna parte»), así como afectando o no afectando, por ejemplo, agradable o desagradablemente, a la persona que relata la experiencia o al ser animado que toma parte en la experiencia. Vale la pena indicar que la expresión de ciertos condicionamientos de tiempo y modo se encuentra, frecuentemente, amalgamada con la de la acción o estado, en forma de aspectos verbales, modos y tiempos. Recordemos la llamada conjugación alocutiva del vasco y la voz media de las antiguas lenguas indoeuropeas, por no mencionar el dativo alocutivo del francés *(je te le lui...)* o el dativo de interés utilizado por los hablantes del sur de Francia *(je me la mange* «yo me la como»).

Un cuarto tipo de clasificación podría basarse en el grado de participación. Sin embargo, es difícil encontrar criterios fidedignos en esta cuestión. En muchos casos en que, en las lenguas indoeuropeas atestiguadas, la oración presenta un sujeto y un objeto, se puede tener la sensación de que el objeto, muy a menudo paciente, se ve afectado de manera más directa y profunda que el sujeto. Esto explicaría el hecho de que, en construcciones ergativas, el paciente, frecuentemente, se encuentre más cerca del verbo que el agente y aparezca, a menudo, sin desinencia. De hecho, como se deduce de lo que acaba de decirse, intentaremos, naturalmente, evaluar el grado de participación en la acción, mediante la aplicación de criterios formales que nos retrotraen a los tipos segundo y tercero descritos más arriba.

Puede ser útil insistir en que no postulamos la naturaleza universal de ninguna de las funciones mencionadas en lo anterior. Sin duda, podemos imaginar perfectamente una estructura lingüística en la que cada monema fuera autónomo, lo que resultaría de diluir las funciones en el léxico; o por el contrario, una lengua en la que los monemas, incluidos los predicativos, jamás fueran autónomos y donde todas las funciones, incluso la predicativa, se expresaran mediante un indicador colocado delante o detrás del elemento léxico. Por tanto, en todo lo anterior, en absoluto nos hemos propuesto como meta establecer universales de caso o función, sino únicamente sugerir de qué modo podría establecerse cierto orden en el laberinto de funciones con que se ha de enfrentar todo el que trate de descubrir los rasgos fundamentales de una estructura sintáctica. No trataremos aquí de presentar ni de discutir los métodos por los que puedan aislarse e identificarse las funciones de una lengua.

21. LOS VERBOS COMO INDICADORES DE FUNCIÓN

Los lingüistas que operan normalmente con lenguas europeas se muestran inclinados a considerar que es tarea de los complementos, centrales o circunstanciales, señalar lo que suele llamarse su función, i.e., la naturaleza de su relación con el resto del enunciado. Esto puede efectuarse mediante algún indicador específico, preposición, posposición, o desinencia de caso. También se recurre a la posición anterior o posterior al núcleo predicativo, o a algún otro núcleo. Una tercera posibilidad es el uso de un monema o un sintagma que, por sí mismos, indiquen su propia función: *deprisa*, en *él conduce deprisa*, *mañana*, *el año pasado*, llevan en sí mismos la indicación de su función, una función *cómo* para *deprisa*, una función *cuándo* para los otros. Tales monemas o frases son llamados autónomos.

En cuanto al predicado, se supone, generalmente, que éste, en caso necesario, podrá cambiar su orientación respecto a los diversos participantes en la acción predicativa. Esto es, por ejemplo, lo que ocurre cuando la construcción pasiva *el asesino fue arrestado por el policía* se utiliza en lugar de la activa *el policía arrestó al asesino*. Pero, sea cual sea la orientación, sigue siendo tarea de los términos que designan a los participantes indicar su función mediante su posición delante o detrás del verbo, o a través de algún indicador específico.

Existe, sin embargo, otro modo de indicar la función, cuya verdadera naturaleza hay tendencia a pasar por alto, debido a que los lingüistas, al intentar presentar descripciones estrictamente sincrónicas, suelen reducirlo a uno de los tres tipos indicados hasta el momento. Consiste en utilizar un verbo diferente para cada complemento, como si la acción misma fuera diferente, según que se enfocara desde el punto de vista del agente, del paciente o del beneficiario. El ejemplo más conocido se encuentra en una construcción, atestiguada en los *pidgins*, criollos, y un gran número de lenguas de todo el mundo, que puede ilustrarse mediante *me write letter give boy* (yo escribir carta dar muchacho) por *I write the boy a letter* (yo escribo una carta al muchacho). Los estudiosos sensatos harán constar, desde luego, que *give*, en este caso, sólo es, sincrónicamente, una preposición cuya conexión con el verbo *to give* (dar) es puramente etimológica. Por tanto, una versión correcta sería *me write letter to boy* (yo escribir carta al muchacho), sin poner un acento indebido en lo que es, de hecho, un caso de pura homonimia.

Pero, en realidad, puede no ser fácil decidir la realización que mejor haga justicia a la estructura de la lengua, en casos en que los verbos no estén conjugados, y por tanto, se identifiquen como tales sólo a través de su actuación como núcleos de complementos. Además, aunque los criterios formales indiquen que lo que se realiza mediante *give* no es aquí sino un indicador funcional con *status* de preposición, convendría no perder de vista que en una época más o menos remota *give* fue, probablemente, un verbo, el mismo verbo que tendríamos al decir imitativamente *me give letter* (yo dar carta) por *I give a letter* (yo doy una carta). Algunos criollos franceses indican la relación de dativo mediante *ba*. Esta forma es una reducción de *baille* del francés antiguo *bailler* (conceder), mientras que *donne* (da) es el equivalente normal de *give*. Esto indica un período en el que los dos verbos, *donne* y *baille*, estaban especializados, el primero, en el sentido de «dar», el segundo, en el de «dar a, conceder a», cada uno de ellos seguido por su objeto directo regular. Ha habido un largo camino entre esto y una situación en la que, para cada tipo de intercambio, tendríamos dos verbos diferentes, uno, cuyo objeto sería el elemento intercambiado, otro, cuyo objeto sería el receptor, de tal modo que

I write him a letter (yo le escribo una carta) se convertiría en *me write letter send him* (yo escribir carta enviar a él); *I give him some bread* (yo le doy pan), en *me give bread grant him* (yo dar pan conceder a él); *I explain the situation to him* (yo le explico la situación), en *me explain situation tell him* (yo explicar situación decir a él), etc. Un sistema de indicación de función tal nos parecería intolerablemente redundante, difícil de manejar y antieconómico. Nos inclinamos a creer que, si de hecho existió alguna vez, pronto debió simplificarse al generalizarse un mismo verbo para la expresión de las diversas acciones, vistas desde el punto de vista del beneficiario. La naturaleza exacta del intercambio será de nuevo aclarada por el verbo coexistente que introduzca el elemento intercambiado. En otras palabras, supondríamos una evolución que llevara al tipo de sintaxis que hemos encontrado en el criollo, mencionado anteriormente. No obstante, es bastante evidente que lo que queda cubierto por las construcciones de dativo en las lenguas europeas antiguas y modernas corresponde a una variedad de procesos y situaciones físicamente muy diferentes, y no debería sorprendernos demasiado que alguna lengua insistiera en distinguir al menos algunos de ellos.

En relación con esto, merece la pena señalar que no nos inclinamos a considerar incómoda y poco económica la existencia y el uso constante en inglés de series enteras de verbos correspondientes a un mismo proceso físico, pero con diferentes formas de considerar o acentuar las relaciones de este proceso con sus objetos o participantes. El uso de la palabra, por ejemplo, es la base física de las acciones expresadas mediante *to speak, to talk* (hablar), *to say* y *to tell* (decir). Pero *to speak* es originariamente intransitivo, e insiste más en la producción del habla que en la comunicación; *to talk* es también intransitivo, pero implica claramente un intercambio de información, o en otros términos, la presencia de un receptor; en *to say*, de nuevo se pone el acento en la producción del habla, pero en forma transitiva, de tal modo que lo que cuenta es el producto más que la acción misma; *to tell*, como *to talk*, implica la transferencia de información a un receptor, pero, normalmente, con una indicación de lo que es o a lo que conduce esta información. Es cierto que tanto *speak* como *talk* pueden ser usados transitivamente. Y, desde luego, pueden establecerse más relaciones mediante preposiciones entre cada uno de estos verbos y otros elementos o participantes. Parecería, por tanto, que la elección de uno u otro se viera determinada por la necesidad de expresar algún matiz o matices de significado inherentes a ellos, más que por la necesidad de expresar una o más funciones específicas. La sintaxis inglesa es lo suficientemente ágil como para hacer que un mismo verbo satisfaga las necesidades más variadas. No puede negarse, sin embargo, que los cuatro verbos mencionados más arriba difieren más en sus relaciones con los participantes, que en la propia naturaleza del proceso que evocan.

Considerando lo anterior, es más fácil concebir una sintaxis en la que los verbos se usaran regularmente como indicadores de función, es decir, que cada participante, incluido el agente, requiriera su propio núcleo predicativo, y así, que, por ejemplo, *the man tells a boy the news* (el hombre dice las noticias al chico) apareciera como *man speaks — adresses boy — tells news* (hombre habla — se dirige a chico — dice noticias). La extravagancia léxica que esto parece implicar se vería compensada por la extrema simplicidad de las relaciones gramaticales, manteniendo siempre el nombre la misma relación con el núcleo, de forma que una versión más exacta de la expresión anterior sería *man-speaking — boy-addressing — news-telling* (hombre-hablando — chico-dirigiéndose — noticias-diciendo), siendo la relación de *man* con *speaking* la misma, lingüísticamente, que la de *boy* con *addressing* y la de *news* con *telling*.

Establecer una sintaxis de tal tipo puede ayudarnos a comprender la naturaleza real de la llamada construcción ergativa. El uso mismo de esta expresión como caracterización general de la sintaxis de ciertas lenguas es una muestra del asombro de los estudiosos indoeuropeos cuando se enfrentan con el uso de un complemento agente en situaciones en las que están acostumbrados a identificar un sujeto. Una vez recuperados de su sorpresa, llegan a la conclusión de que, en las «lenguas ergativas», los verbos se usan siempre en voz pasiva: si, al comunicar la experiencia de un hombre que mata a un oso, el hombre es presentado como agente, indicado como tal mediante alguna desinencia o preposición como en *por un hombre,* el paciente, *oso,* será interpretado como sujeto de una expresión pasiva *es matado.* Pero en una lengua en la que los hablantes no puedan elegir entre una activa y una pasiva, no existe pasiva sino una forma verbal indiferente a la voz, del mismo modo que los nombres, en las lenguas indoeuropeas, no distinguen entre activa y pasiva: el latín *metus hostium* se refiere tanto al miedo experimentado por el enemigo como al provocado por éste. Con objeto de no entender equivocadamente la situación en una «lengua ergativa», es aconsejable utilizar una versión nominal del verbo, de ahí, en el ejemplo presente, *matanza de oso.* Si la experiencia a comunicar implica solamente una acción y un único participante, el monema correspondiente a este participante no recibirá la marca ergativa, aunque sea el que actúa de hecho, como por ejemplo, en *el hombre anda.* Formalmente, *hombre* será tratado aquí del mismo modo que *oso* en el ejemplo precedente, y una versión nominal correspondiente sería *andadura del hombre.*

Lo realmente importante e interesante aquí es que el caso ergativo no indica el agente siempre que éste exista, sino únicamente con verbos tales como *matar,* cuyo determinante más probable e inmediato no es el agente. En otros términos, cada verbo tiene su complemento normal, incluido lo que en otras lenguas sería un sujeto. Si algún otro aspecto de la experiencia fuera digno de mención, su relación con el predicado habría de indicarse mediante alguna marca particular.

La comprensión, tanto sincrónica como diacrónica, de las estructuras sintácticas más variadas requiere una investigación de todos los posibles medios de indicación de función, i.e., de conexión de los diversos componentes de un enunciado coherente. Lo que parece ser la solución más económica al considerar enunciados largos con tantos complementos diferentes como podamos imaginar, no lo es necesariamente en el habla diaria, cuando de lo que se trata es de dirigir la atención de nuestros oyentes a un punto específico. Incluso un enunciado de tres ángulos relativamente simple como *a man killed a bear* (un hombre mató un oso) puede resultar torpe en la práctica, ya que la mención de un agente puede disminuir la vivacidad del mensaje. En muchos casos, es mejor omitirlo aunque se sepa que realmente fue un hombre quien mató al oso. El uso de la pasiva *a bear was killed* (un oso fue matado) o de un pronombre indefinido (fr. *on a tué un ours)* no debería considerarse como una transformación incompleta de *a man killed a bear,* por la omisión de *by a man,* sino como la única expresión lingüística normal y eficiente de cierto tipo de experiencia.

22. EL SUJETO COMO FUNCIÓN LINGÜÍSTICA Y EL ANÁLISIS SINTÁCTICO DEL VASCO

En un artículo del *Bulletin*[1], en que vuelve a considerar de forma muy aprovechable ciertos rasgos fundamentales de la estructura del vasco, René Lafon discute la interpretación que yo había dado de la construcción ergativa de esta lengua en una contribución al *Journal de psychologie normale et pathologique*[2*]. Acaba rechazando dicha interpretación, después de haberla calificado amablemente de ingeniosa. Es el mismo calificativo que ciertos críticos habían aplicado a mi interpretación como labiovelar de la «tercera laringal» indoeuropea[3]. Este calificativo me parece, en uno y otro caso, inmerecido: tanto en materia de sintaxis vasca como en el campo de la fonología indoeuropea, no he hecho sino aplicar ciertos principios metodológicos, y si algún mérito hay en ello, el único que me concedo es el de haber contribuido a extraer estos principios. Es, por otro lado, muy comprensible que un especialista de la lengua en cuestión, si no se ha adherido a los principios de base, se declare en desacuerdo con la interpretación de los hechos que se deriva de la aplicación de tales principios.

En lo que se refiere a los hechos, en absoluto puede haber desacuerdo entre René Lafon y yo, ya que los que utilizo están

---

[1] 55 (1960), págs. 186-221.

[2] «La construction ergative et les structures élémentaires de l'énoncé», año 55, 3 (1958), págs. 377-392.

[3] *Word*, 9 (1953), págs. 253-267, y *Économie des changements phonétiques*, págs. 212-234.

tomados, bien de sus escritos [4], bien de un manual del que nadie pone en duda que se base en un vasco auténtico [5]. En cuanto a la interpretación de estos hechos, depende ampliamente, desde luego, de la elección de ciertos postulados fundamentales relativos a las relaciones de la lógica y de la lengua. Pero quizá no sea del todo imposible comparar los puntos de vista precisando mejor qué valor se da a los términos que se utilizan.

Mi tesis era que el vasco pertenece a un tipo de lengua «que ignora el sintagma sujeto-predicado y que construye regularmente sus enunciados mediante determinaciones sucesivas de un predicado de existencia». Por «predicado de existencia», entiendo la afirmación de que algo, ser, sujeto, acontecimiento, existe, puede existir, o incluso, no existe. Lo que, en francés, nos permite comprender qué sea un predicado de existencia es la construcción introducida por *il y a*. Este elemento accesorio se pronuncia, según el estilo, [ilija], [ija] o [ja], mientras que esta última pronunciación queda excluida cuando cada uno de los elementos conserva su sentido, como en *il y a placé toutes ses économies* (él ha colocado allí todos sus ahorros). Formalmente, sin duda, *il y a* se conjuga *(il y aurait, etc.)*, y el sustantivo que sigue se presenta como un complemento directo. No puede decirse que *du soleil* y *des craquements* sean predicados en *il y a du soleil* (hay sol) o *il y a des craquements* (hay crujidos) **. Pero se comprende de qué forma podrían llegar a serlo por la supresión de *il y a*. La literatura contemporánea nos ha acostumbrado, por lo demás, al empleo de sustantivos como *craquements* en calidad de enunciados completos, es decir, aislados.

Un enunciado de término único, como [*il y a*] *lavage* ([hay] lavado), equivalente de *on lave* (se lava), se basta a sí mismo. Pero, evidentemente, el mensaje que representa puede ser precisado mediante uno o varios elementos adicionales: [*il y a*] *lavage... de linge... dans la rivière... le soir... par les femmes* ([hay] lavado... de ropa... en el río... por la tarde... por las

---

4 Especialmente *BSL*, 47 (1951), págs. 106-125, y 50 (1954), págs. 190-220.
5 P. Lafitte, *Grammaire basque*, Bayona, 1944.

mujeres). Se trata aquí exactamente de complementos, es decir, de elementos útiles, pero no fundamentalmente constitutivos. Estas precisiones complementarias contienen, a menudo, una débil especificidad: en lugar de *ayer, anteayer, el año pasado,* podemos conformarnos con un equivalente de «en el pasado»; en lugar de *en el río, en el pueblo, en la montaña,* podrá confiarse en el contexto o en la situación y utilizar alguna unidad como el francés *y,* que viene a significar, aproximadamente, «en este lugar»; en lugar de *por las mujeres, por las muchachas, por Juana y María,* podrá ser suficiente la indicación de que los agentes del lavado son personas anteriormente mencionadas, es decir, que podrá utilizarse un índice personal. Estos complementos débilmente específicos tienen posibilidades de ser muy frecuentes, como lo son en francés los pronombres *elles* (ellas), *y,* o los índices de pasado en los verbos. Se encuentran, frecuentemente, agrupados en torno al predicado, como los pronombres en el fr. *je le lui donne* (yo se lo doy), o integrados en este predicado, como los índices de pasado en *j'étais, je fus* (yo era, yo fui). En este último caso, los hablantes ya no son libres de emplear o no emplear estos índices: en francés, en un enunciado que empiece por *l'année dernière* (el año pasado), el predicado habrá de recibir necesariamente el índice de pasado. La existencia de tales obligaciones no implica que un predicado haya de considerarse necesariamente como algo diferente a un predicado de existencia.

Las traducciones nominales del tipo [*il y a*] *lavage* que utilizamos aquí no implican que un predicado de existencia haya de ser necesariamente nominal: hay dos clases distintas de nombres y de verbos allí donde ciertas unidades léxicas, que generalmente designan procesos, están especializadas en empleos predicativos. Es, por ejemplo, el caso, en francés, de *lav-,* radical del verbo *laver.* Cuando la designación de estos procesos deba aparecer en usos no predicativos, no podrá realizarse sino en forma de derivado: *lav + age.* Esto no significa que las designaciones de seres, objetos, o incluso, procesos, no puedan funcionar entonces como predicados: el ruso, que distingue verbos y nombres, utilizará el nombre *student* como predicado en *on student* «él [es] estudiante». Nada impedirá utilizar como predicado un derivado del verbo, que designe, en forma nominal, el mismo proceso que el verbo del que proviene. La oposición verbo-nominal, en las lenguas en que han sido creadas estas nociones de verbos y de nombres, se basa en una especialización de ciertas unidades léxicas llamadas «verbales», para las funciones predicativas, pero no implica necesariamente que las formas llamadas «nominales» estén excluidas de estas funciones. La utilización que hacemos aquí de formas nominales para presentar predicados de existencia no implica, por tanto, que la lengua examinada ignore la distinción entre verbo y nombre. La justificación proviene del hecho de que toda utilización, en francés, de una forma propiamente verbal reclamaría el uso de un sujeto, adjunción obligatoria al predicado en esta lengua, mientras que una forma nominal permite comprender cómo la expresión de un proceso no reclama necesariamente la indicación de un participante: [*il y a*] *lavage*, sin que sea indispensable indicar el objeto que se lava ni la persona que lava.

Decir que el vasco ignora el sintagma sujeto-predicado equivale a decir que en vasco no hay sujeto, es decir, que lo que corresponde a un sujeto en francés aparece en vasco en forma de complemento cuyo tipo, por lo demás, varía según el sentido del monema predicativo. Para comprender el alcance de esta afirmación, hay que convencerse, en primer lugar, de que el sujeto, en las lenguas para las que ha sido creado este término, no podría definirse por referencia a la realidad que, se supone, representa: el sujeto *Juan* es el actor en *Juan se pasea*, el actor y el beneficiario en *Juan desayuna*, el beneficiario en *Juan recibe un regalo*, el paciente en *Juan sufre*, y así sucesivamente. Definir el sujeto, siguiendo a Sapir [6] y a muchos otros lingüistas y gramáticos, como aquello de lo que se habla, supone, de hecho, tratar de dar una justificación sincrónica *a posteriori* de la obligación que experimentan los hablantes de utilizarlo en todo enunciado no injuntivo. Es evidente que, en un enun-

---

6 *Language*, Nueva York, 1921, pág. 126.

ciado como *este coche, lo he visto esta mañana,* es del coche, complemento directo, «de lo que se habla», y que, en el enunciado inglés HE *did,* con el acento en HE, «fue él quien lo hizo», aquello «de lo que se habla» es la acción pasada representada por *did* y lo que se dice es HE acentuado, que, de esta forma, se convierte en lo que se ha dado en llamar «predicado lógico».

De hecho, el sujeto, como toda realidad lingüística, únicamente puede definirse en términos de comportamiento lingüístico: el sujeto es el elemento que, en todo enunciado no injuntivo y no mutilado, acompaña necesariamente al predicado. Un elemento que no tiene este carácter de obligación no es un sujeto, sino un complemento entre los demás, cualesquiera que sean su aspecto formal (radical desnudo, por ejemplo) o su posición en el enunciado. La elección del elemento sujeto no puede abandonarse a la arbitrariedad del hablante: no podría hablarse de «sujeto» en una lengua en la que el predicado tuviera que ir necesariamente acompañado de un elemento cuyas características formales variaran de un contexto a otro, una lengua en la que [*il y a*] *lavage* no pudiera figurar solo, pero en la que se podría utilizar como «muleta» tanto un complemento de objeto *(ropa)* como un complemento agente *(por las mujeres)* o de lugar *(en el río).* Un sujeto supone una función sujeto *formalmente señalada* como tal, mediante una desinencia (que puede ser cero), o por su posición en la cadena con respecto al predicado.

La existencia de esta función sujeto parece estar muy extendida entre las lenguas estudiadas hasta el momento, y esta frecuencia se explica, sin duda, por la necesidad de «actualizar» el predicado, es decir, en último análisis, de concretar el mensaje mediante la adjunción de especificaciones que tiendan a descartar todas las virtualidades semánticas que forman lo que se llama el sentido de una palabra, excepto la que conviene al caso. Esta concretización, cuando es muy frecuente, tiende normalmente a gramaticalizarse, es decir, a adquirir carácter de obligación y de función. Pero una evolución tal no tiene nada de ineludible. Si los lingüistas no siguiesen estando, hoy en día, condicionados por su conocimiento íntimo de lenguas indoeuropeas y por una práctica gramatical basada en el análisis de estas últimas, verían, quizás, que no puede establecerse, *a priori*, la existencia de una función sujeto en una lengua determinada, sino que, por el contrario, es el descriptor el que ha de probar que, en el idioma que está presentando, existe el tipo de obligación llamado «sujeto».

En el caso del vasco, podríamos estar por el establecimiento de una función sujeto caracterizada por el radical sin desinencia de los nombres. La teoría de la información nos permite esperar, como significante de una función lingüística de harta frecuencia, una forma muy reducida y, en la medida en que se trate de una función obligatoria como la función sujeto, puede esperarse que a la información nula de una función necesariamente presente corresponda la forma nula llamada desinencia cero. El nombre con desinencia cero se utiliza, efectivamente, en vasco con harta frecuencia: acompaña, tanto a los verbos «intransitivos» del tipo de «ir», «venir», como a los verbos «transitivos» del tipo de «ver», «dar», o «comer». Son escasos los verbos vascos a los que no se les pueda adjuntar un nombre sin desinencia. Pero esto no convierte a dicho nombre sin desinencia en sujeto del verbo. Únicamente habría sujeto en caso de que el verbo no pudiera nunca figurar en un enunciado sin ir acompañado de un nombre con radical desnudo o de una referencia pronominal no ambigua a un participante en el proceso que tendría, caso de estar expresado, esta misma forma. Un sujeto de este tipo no tendría, sin duda, el mismo «sentido» que el sujeto francés, ya que, en el equivalente vasco de *l'homme voit le chien* (el hombre ve el perro), el sujeto sería *chien*. Pero esto no debería detenernos, ya que la función sujeto no podría definirse en términos semánticos.

Ahora bien, es muy normal, en vasco, que un verbo se emplee sin la adjunción de ningún radical nominal desnudo. Éste, para empezar, es el caso, siempre que, en la traducción, un verbo transitivo se utilice sin objeto: *gizonak jaten-du* «el hombre come», donde *jaten-du* es la forma verbal, y *gizona-k*, el ergativo o caso «activo» de *gizon* «hombre», frente a *gizonak udare bat jaten-du* «el hombre come una pera», donde el radical desnudo *udare* «pera» corresponde al objeto directo de un idioma como el nuestro; en *eriak lüzaz sofritü-dü*[7] «el enfermo ha sufrido mucho tiempo», *eria-k* «el enfermo» está nuevamente en «activa», y *lüzaz* «mucho tiempo» lleva la marca de un mediativo, pero no hay objeto expreso. Existen por otro lado verbos, llamados a veces «deponentes», que no conocen el equivalente del objeto directo que aparecería en vasco en forma de radical desnudo, y que construyen, sin embargo, en «activa», el equivalente del sujeto de un idioma como el nuestro: *urak irakitzendu* «el agua hierve»[8]. El radical nominal sin desinencia no puede considerarse, por tanto, como sujeto, ya que su presencia no es, en absoluto, obligatoria para formar un enunciado completo.

Se objetará quizás, a las consideraciones anteriores, que todo este alarde de rigor formal es bien inútil, si los especialistas del vasco están siempre de acuerdo en designar como «sujetos» las mismas formas. Pero, precisamente, este acuerdo no existe. Están, por un lado, los «ingenuos»[9], los que tratan la estructura del vasco en función de las traducciones francesas o españolas: para ellos es «sujeto» toda forma que se traduzca como sujeto en las lenguas romances o en latín, ya sea ésta la forma sin desinencia llamada «nominativo» *(gizona*, en *gizona etchean dago* «el hombre permanece en casa»), o la forma en *-k* llamada «activa» *(gizona-k*, en *gizonak udare bat jaten-du* «el hombre come una pera»). Están, por otro lado, los que afirman que el verbo (transitivo) vasco es pasivo[10] y que, por consiguiente, en la frase anterior, el sujeto es el radical desnudo *udare*, que *gizonak*, como complemento del verbo pasivo, debe entenderse como «por el hombre», y que el «sentido» de la frase es, propiamente, «una pera es comida por el hombre». En

---

[7] Gavel y Lacombe, *Grammaire basque*, II, Bayona, 1937, pág. 6.

[8] Lafitte, *op. cit.*, pág. 189. El guión de *irakitzen-du* y de las otras formas aquí citadas no pertenece a la ortografía corriente del vasco. Está puesto, simplemente, para marcar la unidad de la forma verbal y oponerla a los otros elementos del enunciado.

[9] *Ibid.*, págs. 415-416.

[10] Gavel, *op. cit.*, pág. 5, nota 1.

la práctica, para cualquiera que aprenda el vasco a partir de una lengua indoeuropea, este segundo punto de vista tiene evidentes ventajas y, lingüísticamente, representa un progreso, ya que el análisis se realiza desde el punto de vista de la lengua estudiada, y no en función de traducciones a otras lenguas. No obstante, como los hechos lingüísticos únicamente son válidos por oposición, los lingüistas rechazan hablar de una pasiva cuando no hay oposición con una activa[11]. Más vale entender que el verbo vasco se comporta, a este respecto, como los nombres de acción de las lenguas indoeuropeas, los cuales pueden llamarse indistintamente activos y pasivos: *la prise de Jean* puede entenderse como lo que Juan ha cogido o como el hecho de que Juan haya sido cogido. René Lafon es de la opinión de que no se ha de hablar de «sujeto» sino en los casos en que el nominativo vasco se traduzca en francés por un sujeto, es decir, delante de un verbo «unipolar» o, si se quiere, intransitivo como en el enunciado *gizona etchean dago* (*l'homme reste à la maison* «el hombre permanece en casa»), mencionado anteriormente. En los verbos llamados «transitivos», que expresan un proceso bipolar, ya no reconoce «sujeto», sino un paciente y un agente, lo que, de hecho, equivale a admitir que el término sujeto no se aplica ya cuando no es posible hacer coincidir la forma sin desinencia (nominativo) del vasco y el sujeto de la traducción francesa[12]. Esto supone, ciertamente, seguir haciendo demasiado caso de la traducción, y no el suficiente de la identidad formal del nominativo vasco en los diferentes contextos.

Podría aducirse que la forma de nominativo del pronombre es siempre, en vasco, algo inherente a las terceras personas, aun

---

[11] Es justamente el caso del vasco: las formas *nekarke* «yo lo llevaría» y *nakarke* «él puede llevarme» que cita R. Lafon, *BSL*, 55 (1961), página 210, en las que la indicación personal *n-* no tiene la misma función, no permiten oponer una activa y una pasiva, porque lo que aquí está en cuestión es la oposición de aspectos que obliga *automáticamente* a otra construcción. Nunca hay *elección* entre una diátesis y otra. Sobre la noción de elección como fundamento de los valores lingüísticos, cf. A. Martinet, *Éléments de linguistique générale*, §§ 1-19 y 1-20.

[12] *BSL*, 55 (1960), pág. 210.

cuando el sentido, o quizá, nuestra traducción, no parezcan incluirlo: «el hombre lo come» se dice *gizonak jaten-du ****, exactamente igual que «el hombre come»; o, si el pronombre *lo* estuviera aquí explícito, sería, como hemos visto, mediante un nominativo (ej. *udare bat* «una pera»). Podría sugerirse, por tanto, que la forma verbal de tercera persona contiene necesariamente el equivalente de un nominativo, lo que significaría que el nominativo es obligatorio en todo enunciado vasco y que, por consiguiente, se le puede considerar como sujeto. De hecho, esto no tiene ningún sentido en el caso de los «deponentes», ilustrado más arriba mediante *urak irakitzen-du* «el agua hierve».

Existe, ciertamente, en vasco, algo que recuerda la concordancia del sujeto y del predicado que conocen las lenguas indoeuropeas, en el sentido de que la forma verbal varía según la persona, cuya designación se realizaría mediante un nominativo. Pero, mientras este privilegio está reservado, en indoeuropeo, únicamente al sujeto, en vasco se extiende a todos los participantes de la acción, ya sean agentes, pacientes, o beneficiarios: en *eman-diote* «ellos se lo han dado» los elementos pronominales *-te* «ellos», *-io-* «se», *-d-* «lo» [13] son, aproximadamente, tan constitutivos de la forma verbal como la *-t* del lat. *ambulat* «él se pasea»; como esta última, permanecen en su sitio cuando se expresan los sustantivos correspondientes, por ejemplo, en *gizone-k haurra-ri liburua eman-diote* «los hombre han dado el libro al niño». Hay que hacer constar, por tanto, que el verbo vasco concuerda con algunos de sus complementos, lo que elimina toda originalidad a la concordancia con el complemento en nominativo, y toda justificación al hecho de situar a éste como sujeto.

El nombre en vasco, dejando aparte los casos en los que él mismo es el predicado, es siempre un complemento. Pero esto no quiere decir que no exista, entre los complementos, una cierta jerarquía basada en la frecuencia. Sin ser infrecuente,

---

[13] Tal vez sea preferible considerar a *d-* como lo que queda del auxiliar verbal; el equivalente de «lo» es, en este caso, cero.

el complemento en dativo únicamente se espera con ciertos verbos de naturaleza semántica particular, que implican que la acción se realiza normalmente en beneficio o perjuicio de alguien; el complemento en el caso «activo» es, en general, obra de verbos cuyos equivalentes indoeuropeos son llamados transitivos. Por el contrario, sólo hay unos cuantos verbos que no toman un complemento caracterizado por la forma desnuda del radical. Se comprende perfectamente por qué el tipo de complemento más frecuente puede prescindir de una indicación formal positiva: es el caso, en francés, del complemento directo, indudablemente más frecuente que ningún otro, y que se distingue formalmente del sujeto por su posición respecto al predicado. En vasco, la posición respecto al predicado no es un rasgo decisivo, ya que no hay sujeto y la forma con desinencia cero representa una función única.

Es, sin embargo, interesante hacer constar que, de todos los complementos, este último es el que, con más frecuencia, encontramos inmediatamente delante de la forma verbal. Esto sugiere que la relación existente entre verbo y complemento en nominativo no difiere, en principio, de la que une al determinado nominal y su determinante más inmediato. Esta relación se indica, en vasco, anteponiendo el determinante al determinado. Tomemos *etxe* «casa» y *zain* «guardián», *haurra* «el niño» y *doa* «va», «el guardián de la casa» se dirá *etxe zain*, como «la ida del niño» se dirá *haurra doa* con anteposición del determinante. A esto, René Lafon objeta [14] que un sintagma como *haurra doa* no expresa, como *etxe zain*, un concepto o una combinación de conceptos, sino un juicio. Indudablemente. Pero ¿por qué habría de distinguir toda lengua entre la expresión formal de un concepto y la de un juicio? «Concepto» y «juicio» son realidades establecidas por los psicólogos, en gran parte ayudados, en esto, por el hecho de utilizar lenguas en las que estas dos categorías psíquicas reciben normalmente una expresión distinta. Pero si una lengua puede utilizar para expresar un juicio la misma forma que, en otro momento, expre-

---

[14] *BSL*, 55 (1960), pág. 203.

sa un concepto, si nada me impide, en el francés literario contemporáneo, hacer de *craquements* «crujidos» o *craquement des branches* «crujido de las ramas» un enunciado completo, no vemos razón para tener que ver dos tipos de relaciones diferentes allí donde el procedimiento formal es el mismo: ya sea *craquement des branches* un enunciado o un fragmento de frase, el análisis del sintagma en determinado y determinante sigue siendo perfectamente válido.

Lo que, con toda razón, se podría esgrimir es que, en *etxe-zain*, los dos componentes léxicos están en presencia directamente, mientras que, en *haurra doa*, están separados por el artículo -*(r)a* y un elemento *d-* que puede interpretarse como un índice pronominal; por otro lado, el sintagma *etxe-zain* puede tomar un artículo *(etxe-zain-a)*, lo cual sería imposible para *haurra doa*; a la inversa, *doa* es susceptible de flexión verbal. Contra esta última objeción, haremos valer que un complemento en genitivo, ya sea el de un verbo o el de un nombre, es considerado, generalmente, como indicador del mismo tipo de relación, y que no hay razón para mostrarse más puntilloso en el caso de una relación tan general como la de determinación. Si la flexión verbal de *doa* y la flexión nominal de *zain* no impiden reconocer, en ambos casos, un mismo tipo de relación, la *d-* inicial de *doa*, si forma parte de la flexión pronominal de este verbo, no representa ya una objeción. Más seria es la posibilidad, realizada en el caso de *haurra doa*, de intercalar un artículo entre los dos miembros, lo cual es impensable en el caso de una determinación del tipo *etxe-zain*. El artículo pertenece, en vasco, al grupo de las modalidades y de los indicadores de función que marcan, en esta lengua, el final del sintagma nominal autónomo, y conviene distinguir dos tipos de determinación, según que ésta se establezca o no entre dos elementos susceptibles de quedar separados por el artículo, es decir, de formar dos sintagmas autónomos distintos. Tampoco deja de ser útil indicar que se trata, en uno y otro caso, de un tipo fundamental de relación de marca cero.

El caso de esta relación recuerda el de una relación más explícita, la que tiene como marca -*en* o -*n* y que corresponde,

según los contextos, a las relaciones de pertenencia (fr. *de*
[+ artículo]), a las relaciones de subordinación indiferenciada
(fr. *que*, conj.) o de relativo (fr. *qui, que): tenemos, por ejemplo, *Michelena*, es decir, «aquél» *(-a)*, «de» *(-en-)* «Michel» *(Mi-
chel-); ikusi duen ondoan*, es decir, «después» *(ondoan)* «que»
(-en) «él ha visto» *(ikusi-du-); doan haurra*, es decir, «el niño»
(haurra) «que» *(-n)* «parte» *(doa-); Eskualduna* «el vasco», es
decir, «aquel» *(-a)* «que» *(-n-)* «tiene» *(-du-)* «el vasco como lengua» *(Eskual-)*. Si los vascólogos están por identificar estos tipos diferentes de relación, es porque, evidentemente, la marca
positiva de una relación [15], aquí *-(e)n*, se impone más a la consideración que el elemento cero de la relación elemental de determinación. Si, para la comprensión de la estructura del vasco
actual, importa bastante poco, de hecho, que se identifiquen las
diversas variantes de esta relación elemental, puede ser útil no
perder de vista esta unidad cuando, con la ayuda de los métodos
de la comparación y del testimonio interno, tratan de representarse las formas más antiguas de la lengua.

---

[15] Cf. Lafitte, *op. cit.*, págs. 179-180: «los sufijos *-en* y *-la...* no son, en
definitiva, sino desinencias del genitivo y del ablativo adaptadas a la forma verbal».

23. EL GÉNERO FEMENINO EN INDOEUROPEO: EXAMEN FUNCIONAL DEL PROBLEMA

Los términos «función» y «funcional» se utilizan actualmente en lingüística con valores tan diversos, que, ciertamente, no es inútil precisar qué se entiende aquí por análisis funcional de un problema: el objeto de un examen de este tipo es determinar en qué medida un hecho lingüístico concreto contribuye a asegurar la comprensión mutua. Ésta se concibe, en efecto, como la necesidad cuya satisfacción es la función primera y central del lenguaje, y cuyas modalidades, que varían según las épocas y los medios, marcan el ritmo de la evolución de las lenguas. Un examen funcional así entendido se justifica, por un lado, en el plano de la descripción de los estados de lengua, plano en el que contribuye a establecer la jerarquía de las unidades lingüísticas. Se impone, por otro lado, en el plano diacrónico, donde, al precisar en cada caso qué necesidades comunicativas ha tenido que satisfacer la aparición y el establecimiento del rasgo en cuestión, busca una explicación causal de este rasgo.

Aplicado a casos precisos, el método que acabamos de esbozar tropieza con prevenciones que, quizá, no sean difíciles de analizar y de disipar en parte. Antes de la aparición de las doctrinas estructuralistas, y también actualmente, allí donde estas doctrinas aún no han penetrado, los lingüistas captaban el objeto de su ciencia, la lengua, más por introspección que por la observación de sus manifestaciones en el habla o por el examen objetivo del papel, dentro del intercambio lingüístico, de las diferentes unidades en cuestión. La jerarquía de los valores lingüísticos se establecía, pues, no tanto en función del papel efectivo de las unidades dentro del proceso de comunicación, como en función de la ayuda que las diversas categorías de la lengua aportaban a la mente, en su esfuerzo por organizar el mundo sensible. En estas condiciones, era normal que quedara muy en lo alto de la escala una categoría como el género, de acuerdo con la cual se ordenan todas las nociones sustantivales en las lenguas indoeuropeas tradicionales. Teniendo en cuenta que lo que se veía en los hechos lingüísticos era, más aún que instrumentos de comunicación, realidades mentales, se tendería a interpretar la oposición del masculino y del femenino como el producto de un pensamiento más o menos «primitivo» en su esfuerzo por ordenar el mundo: los seres a los que se atribuía un «alma» se concebirían como necesariamente pertenecientes a un «género» masculino o a un «género» femenino, siendo esta concepción la que habría cristalizado en la lengua bajo la forma que conocemos.

El análisis actual no pierde de vista las relaciones del pensamiento y de la lengua, que enfoca, principalmente, como papel intelectivo del lenguaje. Pero insiste, ante todo, en la función comunicativa. Esta función, pasada por alto durante mucho tiempo por los lingüistas, incluso, por aquellos que habían reconocido el carácter social del lenguaje, se afirma, una vez examinada, como su verdadera razón de ser. Sólo ella mantiene la integridad de la lengua, que, sin ella, perdería rápidamente sus características específicas y desaparecería por interrupción en la transmisión. Es evidente que el pensamiento organizado existe únicamente por la lengua, que la lengua no se concibe sino en relación con la sociedad, y que, por consiguiente, el pensamiento organizado debe considerarse como un producto de la vida en sociedad. No es, por tanto, el pensamiento el que crea la lengua, sino que son las necesidades de la sociedad las que hacen nacer y desarrollarse a la lengua, generadora y organizadora del pensamiento. Enfocado desde este punto de vista, el género no podría concebirse como un producto del pensamiento que éste impone a la lengua. Debe nacer de la satisfacción de alguna necesidad de comunicación, y sólo tenemos posibilidad de descubrirla tratando de precisar cuál es hoy en día y cuál ha podido ser en el pasado la función del género en el proceso de comunicación. Si se revelara que esta función siempre ha sido descuidada, habría que concluir que la distinción de género no es sino el residuo, no reabsorbido, de un estado de lengua más antiguo en el que el tratamiento diferencial, que subsiste actualmente en forma de género, resultara del funcionamiento normal de un sistema rebasado desde la época que los textos o la comparación nos permiten alcanzar. Probablemente se llegaría a una conclusión parecida después de un examen funcional de la oposición del neutro y el no neutro en indoeuropeo [1]. Sin embargo, no es el problema del neutro el que retendrá aquí nuestra atención, sino el del femenino. En este caso, un examen atento de los datos de base pone de manifiesto que este problema se plantea de modo diferente, y deja entrever condiciones de aparición muy distintas.

Son las enseñanzas de Antoine Meillet las que han planteado con más claridad, hasta el momento, el problema del femenino indoeuropeo [2]. Frente a los que, influenciados por las condiciones particulares del germánico y del indo-iranio, planteaban, para el indoeuropeo común, el carácter exclusivamente masculino-neutro de los temas en *-o-*, el carácter exclusivamente femenino de los temas en *-ā-*, Meillet ha demostrado que «todos los tipos de temas... de sustantivos admiten ser empleados en masculino y en femenino»: los temas en *-o-* incluyen no solamente nombres gramaticalmente femeninos, como las designaciones de árboles, *fīcus, fāgus*, etc., sino también nombres de seres femeninos como gr. νυός, arm. *nu*, gen. *nuoy* «nuera»; los temas en *-ā-* comprenden una gran cantidad de nombres de seres masculinos como lat. *scriba, agricola*, a. esl.

---

[1] Ver algunas sugerencias a este respecto en «Linguistique structurale et grammaire comparée», *Travaux de l'Institut de linguistique*, 1 (1956), págs. 1-15, y en *Word*, 12 (1956), págs. 304-312.

[2] Sobre todo, en «Essai de chronologie des langues indo-européennes», *BSL*, 32 (1931), págs. 1-28; ver, igualmente, *Introduction à l'étude comparative des langues indo-européennes*, 8.ª ed., París, 1937, págs. 281-287.

vojevoda, etc. El verdadero criterio del género femenino de un sustantivo es, por tanto, la concordancia con aquellos adjetivos que se presentan bajo la forma de dos temas distintos, es decir, probablemente, en fecha antigua, los temas masculinos y neutros en -*o*- que alternan con los temas femeninos en -*ā*- como lat. *novus, nova.*

Esta tesis de Meillet, a pesar de estar excelentemente fundamentada, no se ha impuesto universalmente. Incluso los que le manifiestan una adhesión de principio, están frecuentemente por identificar -*ā*- y femenino. Es probable que las posturas hubieran sido más claras, y con ello, la tesis más fértil, si Meillet hubiera distinguido mejor entre género y sexo, es decir, entre hechos de concordancia y hechos de derivación. En el marco funcional, se distingue perfectamente, hoy en día, entre la elección de una forma u otra, dictada exclusivamente por la lengua misma, lo que representa una servidumbre para el hablante *(la table*, y no *le table*, porque «es así como se dice en francés»), y la elección determinada por un juicio implícito que realiza el sujeto hablante sobre la naturaleza de los seres o de las cosas que menciona *(pistrīx*, y no *pistor*, que designaría a otra persona; *my friend... she...*, y no *my friend... he...*, que convendría en otro caso). El inglés, contrariamente a lo que pretenden ciertas gramáticas escolares, no conoce el género gramatical, es decir, la servidumbre de empleo de ciertos temas de adjetivo o de pronombre; el francés que aprende esta lengua sabe bien que si le resulta laboriosa la elección de *he, she, it*, es tan sólo porque permanece supeditado a las exigencias de su primera lengua (*...the watch... she...*, en lugar de *...it...*, porque en francés *la montre*, equivalente de *the watch*, es femenino). La existencia, en esta misma lengua, de un sufijo -*ess* para designar los seres femeninos *(lion-lioness)* no implica, en absoluto, la existencia de un género, sino una elección que se ofrece para precisar, en caso necesario, el sexo del ser en cuestión. Igualmente, en indoeuropeo antiguo, la existencia de un sufijo -*trī*- (lat. -*trīc*-) de derivación para los nombres de agente de SEXO femenino no tiene que ver con la existencia de un género gramatical marcado por una concordancia adjetival. Sería tan descabellado deducir de la existencia de tal sufijo la de un género, como lo sería pretender que la existencia, en una lengua, de un sufijo diminutivo como *-ita* implicara, en esta lengua, la existencia de una oposición entre el género pequeño y el género grande.

Lo que, en el caso del indoeuropeo, complica algo el problema, es el hecho de que el sufijo *-ī-*, *-yā-*, que tenemos en *-trī(c)-* y en los sustantivos que designan mujeres o hembras, es el mismo que sirve para formar los temas femeninos peculiares de muchos adjetivos atemáticos. Pero sería un error colocar estos dos empleos en un mismo plano: uno pertenece al campo de la derivación, el otro proviene de la sintaxis. En efecto, el acuerdo y los desacuerdos entre las diferentes lenguas marcan bastante bien una cierta cronología de los fenómenos:

1. *El sufijo de derivación -ī-, -yā-.* — Sin ser muy antigua (hay restos de masculinos en *-ī-*)[3], la tendencia a especializar el sufijo *-ī-*, *-yā-* para la designación de los seres femeninos debe de pertenecer a la etapa que se designa con el nombre de «indoeuropeo común». La coincidencia del sánscrito y del islandés antiguo en la designación de la loba mediante un tema en *-ī-*, *vṛkīḥ, ylgr*, que se corresponde con el tema en *-o-* que designa al macho, *vṛkaḥ, ulfr*, indica claramente que este tipo de formación no estaba restringido, originariamente, a los sustantivos atemáticos. La tendencia a limitar su empleo en este sentido es un resultado de la extensión ulterior del sufijo a los adjetivos, extensión cuyo campo estaba necesariamente limitado a los atemáticos, ya que los temáticos formaban sus femeninos en *-ā-*. Este sufijo *-ī-*, *-yā-* (< *-iH₂*, *-yeH₂*) debe de resultar de una combinación del adjetivante *-y(o)-* y del individualizador *-eH₂*, de aquí el sentido de «el de...», y por especialización, hembra de...»[4].

2. *El sufijo -ā- como sufijo adjetival indicador del género femenino.* — En la etapa del «indoeuropeo común» hay que si-

---

[3] Cf. J. Lohmann, *Genus und Sexus*, Gotinga, 1932, pág. 63.

[4] Cf. *BSL*, 51 (1955), pág. 50.

tuar, asimismo, sin duda, el proceso de acoplamiento de los temas adjetivos en -*o*- y en -*ā*-, al emplearse los temas adjetivos en -*o*- con determinados sustantivos, llamados, POR ESTO, de género masculino (o neutro), y los temas adjetivos en -*ā*- con los sustantivos restantes, llamados, POR ESTO, de género femenino. La etiqueta de «indoeuropeo común» aplicada a este proceso no quiere decir que haya tenido lugar, necesariamente, antes de la escisión que dio origen a la rama anatolia; las opiniones continúan divididas con respecto a la cuestión de saber si el hitita ha perdido la oposición del masculino y del femenino, o si jamás la ha conocido [5].

3. *El sufijo -ā- de derivación en sustantivos femeninos provenientes de masculinos en -o-.* — La extensión del sufijo -*ā*- para formar designaciones de seres femeninos a partir de temas masculinos en -*o*- se explica fácilmente desde usos sustantivales de adjetivos en -*o*-/-*ā*-; sus orígenes pueden ser, por tanto, bastante antiguos; pero el proceso es fundamentalmente histórico (lat. *agnus, lupus* aún empleados como femeninos), y el gr. ἡ ἵππος indica que la identidad del scr. *áçvā* y el lat. *equa* será el resultado de desarrollos paralelos, más que de la conservación de una misma forma primitiva. Como hemos visto, la derivación mediante -*ā*- ha debido de suceder a la derivación mediante -*ī*- atestiguada por *vŕkah-vŕkīh*.

4. *El sufijo -ī-, -yā- como sufijo adjetival indicador del género femenino.* — La extensión de este sufijo para formar ciertos adjetivos femeninos atemáticos debe de ser bastante más reciente que la aparición de este sufijo y su especialización para las designaciones de seres femeninos; como bien ha indicado Meillet [6], no hay acuerdo entre las diversas lenguas en cuanto

---

[5] El caso del armenio, donde, según Meillet, *BSL*, 32, pág. 12, no se encuentra rastro del paralelismo de los temas de adjetivos en -*o*- y -*ā*-, plantea ciertos problemas: el armenio, ¿lengua anatolia?, o más verosímilmente, ¿lengua separada recientemente de la masa indoeuropea, pero influenciada por diversos sustratos anatolios?

[6] *BSL*, 32, págs. 13-17.

a la extensión y las modalidades del fenómeno. Está claro que, una vez establecido el sistema de concordancia por alternancia de temas de adjetivos en -*o*- y en -*ā*-, y una vez indicado el empleo del sufijo -*ā*- para formar, a partir de temas en -*o*-, sustantivos que designen seres femeninos, se dan las condiciones necesarias para la extensión de -*ī*-, -*yā*-, de los sustantivos, a los adjetivos en el marco de la proporción:

Sust. *áçv-a-ḥ/áçv-ā*   *rājan-/rājñ-ī.*

Adj.   *náv-a-ḥ/náv-ā*   *balin-/x*

Como estas condiciones ya existían desde antiguo en todas las ramas de la familia, no queda excluido en absoluto un desarrollo paralelo; tampoco podría rechazarse, sin embargo, la posibilidad de que el proceso se iniciase en una época en que, por ejemplo, proto-arios y proto-griegos estaban en contacto.

En resumen, es necesario distinguir cuidadosamente, por un lado, el femenino como categoría de la derivación sustantival, indicado originalmente mediante el sufijo -*ī*-, -*yā*-; por otro lado, el género femenino, hecho de concordancia que, en su origen, debió de consistir EXCLUSIVAMENTE en el empleo de adjetivos en -*ā*-, en lugar de adjetivos en -*o*-, con determinados sustantivos, concebidos, a partir de entonces y únicamente por esto, como formando un «género» diferente. La creación de formas femeninas de ciertos adjetivos atemáticos mediante la adjunción del sufijo -*ī*-, -*yā*- por un lado, y por otro, la utilización de -*ā*- para formar, a partir de temas en -*o*-, sustantivos que designen seres femeninos, representan desarrollos, si no mucho más tardíos considerando sus primeras manifestaciones, al menos netamente subsiguientes[7]. Estos desarrollos se explican, además, fácilmente por el estrecho parentesco semántico de las dos categorías.

Para tratar de comprender la génesis del género femenino, convendrá, entonces, concentrar la atención exclusivamente en los hechos de concordancia de los adjetivos temáticos. La cues-

---

[7] Cf. Meillet, *ibid.*, págs. 27-28.

tión que se plantea, es, por tanto, precisamente ésta: a partir de qué proceso, cierto número de sustantivos, que no tenían en común ningún rasgo formal y que sólo estaban unidos semánticamente por vínculos muy tenues, han dejado de encontrarse acompañados o representados por adjetivos en -o-, para estarlo por los temas en -a- correspondientes. El resultado puede que no difiriese mucho de la situación que se observa actualmente en el francés: cierto número de sustantivos, como *mère* (madre), *maison* (casa), *table* (mesa), *clef* (llave), *page* (página), *ration* (ración), *clémence* (clemencia), etc., que formalmente no tienen nada de específico y que no se imponen al espíritu como grupo distintivo sino por el hecho de su comportamiento sintáctico *, conllevan, o, si se quiere, exigen de ciertos adjetivos una forma particular: *grande* (grande), *belle* (bella), *blanche* (blanca), en lugar de *grand*, *beau*, *blanc*, mientras que otros adjetivos, como *agréable* (agradable), *faible* (débil), *rouge* (rojo), no cambian. El vínculo semántico tenue, que se supone existió entre los diferentes sustantivos femeninos al principio del proceso, no pudo mantenerse cuando la clase se extendió hasta llegar a incluir una fracción considerable del efectivo de los sustantivos de la lengua; desde los estadios más antiguos de las lenguas indoeuropeas tradicionales, la categoría plena abunda en nombres que, como los actuales *table* o *clémence*, no pueden haber sido «sentidos» como femeninos, sino porque resultaban tener las mismas exigencias gramaticales que las palabras que designaban a mujeres y hembras. Como las condiciones generales no han debido de cambiar demasiado, conviene enfocar el problema en el marco familiar del francés. Este problema consiste, exactamente, en determinar qué valor lingüístico manifiesta la categoría en cuestión, allí donde ésta pueda ser alcanzada directamente, y en inspirarse en los resultados obtenidos para tratar de representarse las condiciones prehistóricas.

Para la lengua como instrumento de comunicación, SÓLO TIENE VALOR UN RASGO QUE PERMITA, POR SÍ MISMO, DISTINGUIR ENTRE DOS ENUNCIADOS POR LO DEMÁS IDÉNTICOS. Está claro que, en este sentido, la distinción entre masculino y femenino no tendría ningún valor, si tuviera que manifestarse solamente con referencia a sustantivos presentes en el contexto, por ejemplo en *l'homme courageux* (el hombre valiente) *l'homme est courageux* (el hombre es valiente), *la femme courageuse* (la mujer valiente), *la femme est courageuse* (la mujer es valiente). La distinción sólo sería pertinente, como si dijéramos, por casualidad en el caso de homófonos de géneros diferentes: *voile blanc* (velo blanco), *voile blanche* (vela blanca), *l'ami italien* (el amigo italiano), *l'amie* [ami] *italienne* (la amiga italiana). En una lengua como el indoeuropeo antiguo, en la que, como recuerda Meillet [8], se aplicaba el nombre de varios animales domésticos al macho o a la hembra según la concordancia masculina o femenina del adjetivo, los casos de pertinencia eran, sin duda, menos fortuitos. Pero si se hubiera tratado, realmente, de evitar la imprecisión de sustantivos como scr. *gaúh*, gr. βοῦς, lat. *bōs*, la invención de la concordancia del adjetivo hubiera sido un medio extraño, alejado y torpe de cara a lograr sus fines, mientras que la derivación, la especialización de formas, el empleo de adjetivos específicos en los casos, siempre infrecuentes, en los que pudiera existir ambigüedad, ofrecían soluciones mucho más económicas y radicales: como, en efecto, no todos los adjetivos concordaban y no existía el artículo antiguamente, la distinción únicamente podía quedar asegurada por la concordancia, si se utilizaba un adjetivo y si el adjetivo que exigían las necesidades de comunicación era de los que admitían la diferencia. Aquí, de nuevo, sólo puede tratarse de una pertinencia fortuita; no es posible que la concordancia en el género femenino se haya impuesto para satisfacer necesidades tan episódicas. Es evidente que utilizado como predicado o como atributo, el adjetivo, tanto en indoeuropeo común como en el francés actual, nunca ha tenido entre sus funciones la de indicar la feminidad o la no feminidad del sustantivo al que acompañaba: para hacer concordar al adjetivo, en *femme courageuse*, hay que saber que *femme* es un femenino. Y, no solamente el hablante, sino toda la comunidad sabe que *femme* es

---

[8] *Ibid.*, pág. 6.

un femenino. La desidencia femenina del adjetivo predicativo o atributivo no aporta, por tanto, ningún elemento de información suplementaria, y la concordancia de género conduce, en este caso, a un pleonasmo de todos los compuestos. La experiencia nos muestra que un comportamiento tan poco económico puede perpetuarse perfectamente. Pero es difícil imaginar que sea el origen de la concordancia. Como dice Meillet: «si bien una categoría puede durar mucho tiempo sin tener un sentido, no se crea si no es para expresar un sentido definido» [9].

Es, por tanto, totalmente inconcebible que la distinción de un género femenino haya aparecido en circunstancias en las que no correspondiera a ninguna necesidad de comunicación. Por el contrario, el empleo de un afijo particular -$\bar{a}$- para indicar una forma que se refiriera a un ser femenino o considerado como tal, podía tener un sentido cuando este ser no se designaba expresamente, o cuando, entre dos posibles antecedentes, el que designaba un ser femenino era el que estaba en cuestión. Podríamos pensar, sobre todo, en los contextos en que, como se suele decir, el sustantivo está sobrentendido: *la cour des grands* [*garçons*], *la cour des grandes* [*filles*] (el patio de los mayores [chicos], el patio de las mayores [chicas]). Tenemos aquí un caso en que, aun hoy, la forma femenina de los adjetivos calificativos tiene algunas posibilidades de rendir servicios reales. Pero, si sólo hubieran cuestionado estos empleos, la solución más verosímil hubiera sido una derivación sustantival, mediante -$\bar{i}$-, -$y\bar{a}$- por ejemplo, restringida a los casos, bastante infrecuentes, en los que fuera útil.

Es en los pronombres, sin embargo, donde la distinción entre los géneros rinde verdaderos servicios. Es en éstos donde se ha mantenido, en inglés, depurándose y racionalizándose en diferencia de sexo. Todo permite pensar que así debió de ser la situación en un primer momento. Los pronombres personales no entran aquí en cuenta, ni respecto a una etapa alejada del indoeuropeo, ni respecto a las lenguas clásicas. Los interrogativos e indefinidos debían, lógicamente, de escapar también a

---

[9]   *Ibid.*, pág. 11.

la distinción de género masculino-femenino (cf. gr. τίς, τις, masculinos y femeninos). Por tanto, es esencialmente en el campo de los demostrativos, donde podemos considerar, para la oposición en cuestión, un valor de cierta importancia, y es en éstos, a todas luces, donde primero se estableció la distinción. Por razones que aparecerán claras más abajo, es el nominativo singular del demostrativo *so, *sā el que entra principalmente en juego.

Es, naturalmente, en sus usos pronominales en los que hay que suponer un valor lingüístico a la diferencia entre *so y *sā: en *cette femme* (esta mujer), la expresión del femenino por parte de *cette* es tan redundante como la de *courageuse*, en *femme courageuse* (mujer valiente); esta expresión, por el contrario, es pertinente en *celle que j'ai vue* [*vü*] (la que yo he visto); igualmente, en inglés, la distinción de número indicada por la oposición de *these* y *this* es redundante en *these women* (estas mujeres), donde *women*, forma de plural presente en el contexto, arrastra a *these* en lugar de a *this;* es pertinente, en cambio, en *these I want*, donde *these*, en vez de *this*, precisa el contenido de la comunicación.

Partiremos de un estadio hipotético del indoeuropeo, en que no existiera la distinción entre un género masculino y un género femenino, sin importarnos mucho si la lengua disponía entonces de un proceso de derivación que permitiese designar al agente de sexo femenino o a la hembra del animal. Supondremos que el elemento demostrativo *so ya estaba en uso, pero en referencia indistinta a todos los «animados».

El primer tiempo de la evolución conducente al establecimiento del género femenino consiste en la adjunción, a la forma de base *se/o, de un fonema final H_2 (o, si se prefiere, la sustitución del -o de *so por un -ā) que viene a caracterizar una o varias palabras que designan a la hembra o a un ser femenino, cuando se desea indicar, en el uso pronominal, la referencia a las nociones designadas por estas palabras. Nos viene de inmediato a la mente el nombre de la mujer cuyo nominativo se reconstruye *$g^w neH_2$, *$g^{wo}neH_2$, o con dos grados enteros, *$g^w eneH_2$. Sentido y forma convienen tan bien, que no sería extraño que la variante *se-H₂* de *se/o* hubiera aparecido para referirse específicamente a esta palabra. Lo que tiende a confirmar la hipótesis de que *se-H₂* nació para remitirse a *gʷneH₂*, y sólo a esta palabra, es el hecho, sobre el que Meillet ha llamado la atención [10] de que el tema en -*eH₂* (< -*ā*) debió de limitarse, para «mujer», al nominativo singular (cf. gr. γυναικός y las formas armenias), y tal debió de ser, también, el caso del demostrativo: los genitivos y dativos femeninos como scr. *tásyāḥ, tásyai,* a. pr. *stessias, stessiei,* gót. *þizos, þizai* revelan que el tema en -*eH₂* no se extendería a estas formas; también podemos dejarnos guiar por Meillet cuando sugiere que la -*ā*- de los acusativos scr. *tām,* gr. τάν debe explicarse por analogía.

Una vez establecida una forma *seH₂*, en oposición a la forma ordinaria *se/o* (podemos utilizar a partir de ahora las formas tradicionales *sā* y *so)* en los usos anafóricos y pronominales y con referencia a la palabra única *gʷnā*, podemos considerar todo un juego de expansiones analógicas que han podido ser concomitantes y que se presentan aquí en un orden no necesariamente cronológico:

1. *Una expansión semántica.* — La forma *sā* que se utiliza con referencia a otros términos que designan mujeres y hembras, sea cual sea su tema, por ejemplo, para *mātēr* «madre» o *snusos* «nuera».

2. *Una expansión formal.* — La forma *sā* que tiende a utilizarse para remitir a palabras en -*ā* diferentes de *gʷnā*, aunque no designen seres femeninos; es el caso, por ejemplo, de *dn̥ghwā* «lengua», por eso de que la palabra tiene efectivamente -*ā*, como en latín *(lingua),* mientras que las formas de grado cero ante laringal final (avéstico [*hi*]-*zu*- < *-ghuH₂*-, masculino) conservan el anafórico ordinario *so*. Esta expansión quede detenida, naturalmente, si la palabra en -*ā* designa un ser de sexo masculino.

---

[10] *Ibid.,* págs. 19-20.

3. *Una expansión «distribucional».* — **sā* que se extiende a los usos adjetivales, **so gʷnā* que cede el lugar a la forma redundante **sā gʷnā*, por intermedio de usos expresivos o de formas apuestas como **sā, gʷnā* « ¡esa, la mujer!», **sā, snusos* « ¡esa, la nuera!». Este empleo redundante de una forma flexionable puede resultar, de hecho, más económico que el empleo de la forma no flexionable cuando tiene que alternar con la forma regularmente flexionable en una situación determinada: con referencia a una misma persona, es más fácil emplear **sā... sā...* que **sā... so...*, incluso cuando el segundo **sā* preceda inmediatamente a la palabra a la que determina. La situación resultante recuerda el estado de cosas que se observa en inglés, donde los adjetivos y las palabras utilizadas como adjetivos son invariables, pero donde los adjetivos demostrativos *this* y *that* se convierten, en plural, en *these* y *those*, evidentemente, porque es más simple utilizar la misma forma *these* para dos enunciados como *Do you want these?* (¿Quieres éstos?) y *Do you want these books?* (¿Quieres estos libros?), entre los que el hablante puede dudar y que puede emplear concurrentemente en la misma conversación.

4. *Una expansión léxica.* — La forma alternante en *-ā* que se extiende:

a) a otros pronombres en *-o-*, según la proporción:

$$\frac{*so}{*yo\text{-}} \quad \frac{*sā}{x}$$

b) a las formas adjetivales no pronominales que encontramos, primeramente quizá, en usos independientes (como *les grands* «los mayores», *les grandes* «las mayores»), y, finalmente, acompañadas por el sustantivo al que determinan.

5. *Una expansión flexional.* — La forma en *-ā* que se extiende a casos diferentes del nominativo; siendo, probablemente, el acusativo el primero alcanzado (scr. *tắm*, pero *tásyāḥ*), y siendo más rápida la expansión en los adjetivos en que no se

encuentra obstaculizada por un sistema supletorio del tipo *so-/to-*.

Llegamos, así, a un estadio en el que todo adjetivo en *-o-* alterna regularmente con un tema paralelo en *-ā-*. Hasta donde los temas en *-ā-* eran, sobre todo, formas pronominales dotadas de un valor de información, su empleo era, frecuentemente, resultado de una elección del hablante: éste podía, por ejemplo, utilizar *...gʷnā...so...*, si estaba claro que **so* se refería a **gʷnā*. Pero a partir del momento en que todos los adjetivos en *-o-* tienen temas paralelos en *-ā-* cuyo empleo no contribuye lo más mínimo al éxito de la comunicación, el uso de *-ā-* se automatiza y conduce a la servidumbre que llamamos género. Esta servidumbre se adquiere cuando los casos de no concordancia se hacen tan excepcionales que una nueva generación ya no los registra como lícitos.

Ciertamente, el proceso sólo afecta a ciertos adjetivos de la lengua, los temáticos, del tipo *novus, nova*. Pero como cualquier sustantivo es susceptible de ser determinado por un adjetivo de este tipo, el problema del género se plantea para cada uno de ellos. Los neutros, verdad es, quedan al margen desde un primer momento, ya que, mucho antes de iniciarse el proceso que esbozamos aquí, deben de haber presentado en el nominativo singular del demostrativo una forma diferenciada **tod* que excluye la elección entre **so* y **sā*. Entre los no neutros, sentido y forma actúan en el marco que hemos indicado más arriba. Pero naturalmente, durante la expansión de lo que ahora podemos llamar femeninos, no puede esperarse que una comunidad lingüística proceda racionalmente y se limite a las designaciones de seres fisiológicamente femeninos. La imaginación colectiva sería, por sí sola, incapaz de proceder a esta dicotomía total resultante de la aparición del género femenino, si la lengua no la obligara a realizar una elección en todos los casos. Pero, presionada por las necesidades de la concordancia y en el marco preestablecido, acaba dándole rienda suelta: ya que era necesario saber si, para la palabra que designa la tierra (scr. *kṣā́ḥ*, gr. χθών), así como para cualquier otro sustantivo, se utilizarán los temas en *-o-* o los temas en *-a-* de los adjetivos, se

dejara que un vago sentimiento de la pasividad y de la recep-
tividad de la tierra imponga el género femenino, con riesgo de
que, posteriormente, se edifique toda una mitología sobre la
feminidad de la tierra. No serían, por tanto, las creencias de
las antiguas poblaciones de lengua indoeuropea las que habrían
impuesto a esta lengua la oposición del femenino y del masculino, sino la existencia, en esta lengua, de un principio de oposición formal que habría ofrecido, a la mentalidad colectiva, un
apoyo para el desarrollo de sus mitos y de sus fábulas. No hay
que olvidar, en todo caso, que el proceso de aparición del
género femenino que acabamos de esbozar sólo se concibe, en
sus principios y en su desarrollo, dentro del marco de una
sociedad determinada, y no hay duda que la situación económica y moral de la mujer en esta sociedad debió de ser un
elemento importante de la causalidad del fenómeno.

PUNTUALIZACIONES Y NOTAS SUPLEMENTARIAS

I. LINGÜÍSTICA FUNCIONAL. — 1. *Para una lingüística de las lenguas.*

*Bibliografía de lingüística funcional.

La primera presentación general podrá encontrarse en dos libros del autor:

— *Elements of General Linguistics*, Londres, Faber y Faber, 1964, traducción, revisada y ampliada en 1969, de *Éléments de linguistique générale*, París, A. Colin, 1960; traducciones al ruso (Osnovy obščej lingvistiki, en *Novoe v lingvistike*, 3, Moscú, 1963), alemán *(Grundzüge der allgemeinen Sprachwissenschaft,* Stuttgart, 1963), coreano (Seoul, 1963), portugués *(Elementos de linguística geral,* Lisboa, 1964), español *(Elementos de lingüística general,* 1965), italiano *(Elementi di linguistica generale,* Bari, 1966), polaco (Elementy lingwistyki ogólnej, en *Podstawy lingwistyki funkcjonalnej,* Varsovia, 1970), rumano *(Elemente de lingvistică generală,* Bucarest, 1970), japonés (Tokio, 1972), albanés (Prishtinë, 1973), griego (en proceso de edición) y holandés (en preparación).

— *A Functional View of Language,* Oxford, Clarendon, 1962; traducciones al italiano *(La considerazione funzionale del linguaggio,* Bolonia, 1965), francés *(Langue et fonction,* París, 1969), polaco (parcial, «Funkcjonalny pogląd na język», en *Podstawy lingwistyki funkcjonalnej,* Varsovia, 1970), español *(El lenguaje desde el punto de vista funcional*, Madrid, 1971), servo-croata *(Jezik i funkcija*, Sarajevo, 1973).

La mayor parte de ello, en forma condensada, en «La description linguistique», de Frédéric François, *Le langage, Encyclopédie de la Pléiade*, París, 1968; traducciones al japonés y al español; ver también, de Georges Mounin, *Les problèmes théoriques de la traduction*, París, 1963, y *Clefs pour la linguistique*, París, 1968; y, de Morteza Mahmoudian, *Les modalités nominales en français*, París, 1970.

Se encontrarán aplicaciones del autor a la diacronía en:

— *Économie des changements phonétiques*, Berna, A. Francke, 1955; traducciones al ruso (primera parte, *Princip èkonomii v fonetičeskix izmenenijax*, Moscú, 1960), italiano *(Economia dei mutamenti fonetici*, Turín, 1968), inglés *(Economy of Phonetic Changes*, Univ. de Alabama, en proceso de edición), español y japonés, en preparación; y, en forma condensada, «Phonetics and Linguistic Evolution», en *Manual of Phonetics*, ed. B. Malmberg, Amsterdam, 1968, págs. 464-487.

— *La linguistique synchronique*, París, PUF, 1965; traducciones al alemán *(Synchronische Sprachwissenschaft*, Berlín, 1968), español *(La lingüística sincrónica*, Madrid, 1968), polaco (parcial, «Lingwistyka synchroniczna», en *Podstawy lingwistyki funkcjonalnej*, Varsovia, 1970), italiano, japonés y portugués (en preparación).

Para una presentación más formal de la lingüística funcional, cf. Jan Mulder, *Sets and Relations in Phonology*, Oxford, Clarendon, 1968; y, en colaboración con S. G. J. Hervey, *Theory of the Linguistic Sing*, La Haya-París, Mouton, 1972.

Pueden encontrarse descripciones funcionales de muchas lenguas africanas, asiáticas, amerindias y oceánicas (la mayoría publicadas por SELAF, 5, Rue de Marseille, 75010 Paris, France); entre ellas, las de Claude Hagège, *Le mbum de Nganha*, París, SELAF, 1970; Geneviève N'Diaye, *Structure du dialecte basque de Maya*, 1970, Mouton, La Haya-París; Denise François,

Le français parlé d'Argenteuil, París, SELAF, 1974; Jacqueline de la Fontinelle, *La langue de Houaïlou*, París, SELAF, 1974, y Henri Campagnolo, *La langue des Fataluku*, París, SELAF, 1974, merece especial atención.

2. *Función y estructura en lingüística.*

Scientia, Milán, 106 (1971). Una versión inglesa de este artículo se publicó junto con la original francesa.

* Pág. 51: Sería más exacto decir aquí que estos empleos se hacen sin referencia o por oposición a la dinámica de su funcionamiento.

3. *Estructura y lenguaje.*

Yale French Studies, 36-47 (1966), *Structuralism*. La versión francesa original de esta exposición apareció en la *Revue internationale de philosophie*, 73-74 (Bruselas, 1965), fascs. 3-4, con el título de «Structure et langue». También existe una traducción albanesa por R. Ismaili, «Struktura dhe gjuba», *Jehona* (1972), fasc. 4, págs. 59-66.

4. *Reflexiones sobre los universales del lenguaje.*

Folia Linguistica, 1, fascs. 3-4.

5. *Neutralización y sincretismo.*

La linguistique (1968), fasc. 1. Existe de este artículo una versión rusa en *Voprosy Jazykoznanija* (1969), fasc. 2.

* Pág. 99: Es preferible no operar, en francés, con un «monema de singular»: no hay signo cuando el significante es cero y el significado «único» no corresponde necesariamente a ese cero.

** Pág. 99: La nota se refiere a *campo de batalla*.

*** Pág. 102: Aquí mismo, artículos 17 y 16. Ver también el 18: «Palabra y sintema».

**** Pág. 104: Es preferible decir que el examen de los hechos de neutralización entra en el estudio de los medios significativos. La palabra «sintaxis» se utiliza aquí de un modo demasiado libre.

II. El lugar de la sintaxis en la gramática. — 6. *Visión funcional de la gramática.*

The Rising Generation, Tokio, 1969.

7. *La noción de función en lingüística.*

Conferencia dada por el autor con ocasión de su promoción al Doctorado Honoris Causa de la Universidad Católica de Lovaina. *Travaux de la Faculté de Philosophie et Lettres de l'Université Catholique de Louvain VIII* — Sección de filología germánica-I.

* Pág. 121: En relación con el sentido ordinario del término función, consultar, del autor de estas líneas, «La fonction sexuelle de la mode», *La linguistique*, 10 (1974)-1, págs. 5 y sigs.

8. *Elementos de sintaxis funcional.*

Word, 16 (1960).

* Pág. 135: Cuando un segmento del enunciado se convierte, de forma puramente accidental, en el único indicador de una función, nos referiremos a él como a un relevo. Un caso claro de relevo es la /-m/ del francés *dorment* «duermen», 3.ª pers. pl. En realidad, es sólo una parte de la raíz de *dormir* que desaparece en la 3.ª pers. sing. *dort* «duerme». Pero, por la homonimia (en posición preconsonántica) de *il* «él» e *ils* «ellos», se convierte en la única indicación perceptible del monema plural en *ils dorment* /ildorm/ «ellos duermen» vs. *il dort* /ildor/ «él duerme». Difícilmente podemos considerarlo como una parte del significante de ese monema.

** Pág. 136: Sin embargo, en *from time immemorial* (desde tiempo inmemorial) o *Theatre Royal*, el adjetivo se identifica como tal a pesar de su posposición. También podría argüirse que, en inglés, la posición es fundamental para la identificación de la función adjetival con vistas a la posibilidad de convertir cualquier nombre en un adjetivo mediante simple anteposición. Pero en una lengua como el francés, en que los adjetivos no tienen normalmente asignada una posición fija, los adjetivos son, sin lugar a dudas, autónomos.

*** Pág. 138: Para una crítica del *portmanteau* «morfosintaxis», ver art. 13. «¿Qué es la morfología?»

9. *Fundamentos de una sintaxis funcional.*

Monographs Series on Languages and Linguistics, 17 (1964).

* Pág. 143: De hecho, no sólo los adverbios, sino los verbos y los adjetivos son, normalmente, autoindicadores de sus respectivas funciones.

** Pág. 152: Para muchas lenguas, tales como el inglés y el francés, es preferible no establecer un monema «singular». Lo que se llama «singular» es, frecuentemente, la ausencia de cualquier marca en situaciones en que la distinción entre uno y varios es irrelevante. En muchas lenguas, esto mismo puede aplicarse a nociones como «presente» o «indicativo» que no tienen ni un *significante* ni un *significado* positivo propio. Algunos lingüistas, que operan con «muescas gramaticales» que deben ser rellenadas necesariamente, elevarían objeciones a la visión aquí propugnada. Este tipo de enfoque apriorístico es típico de las gramáticas escolares, y nunca deberíamos cansarnos de poner la tradición en tela de juicio.

10. *La autonomía sintáctica.*

Méthodes de la grammaire, Tradition et nouveauté, Lieja, 1966.

* Pág. 163: Un ejemplo mejor podría ser *él aceptaría hacerlo por ella; por ella, él aceptaría hacerlo.*

11. *Análisis y presentación, dos tiempos del trabajo del lingüista.*

Linguistique contemporaine, Hommage à Eric Buyssens, Bruselas, 1970.

* Pág. 172: Como en la mayoría de los artículos reproducidos en este volumen, fechados en los años sesenta, la noción de sintaxis está concebida de un modo demasiado libre. Hoy en día (1973), diríamos, más bien, de la sintaxis que estudia la forma en que los monemas, en tanto que miembros de clases, se relacionan unos con otros en los enunciados.

** Pág. 173: Ver, aquí mismo, los artículos 16, 17 y 18.

*** Pág. 177: De nuevo, no estamos ya de acuerdo con lo que aquí se dice de la sintaxis. Interesará sustituir el principio del párrafo por las siguientes formulaciones: «En la sintaxis, se indica el modo en que los monemas del enunciado, concebidos como pertenecientes a clases, se relacionan los unos con los otros. Para delimitar el campo de la sintaxis, se tratará de determinar...».

**** Pág. 177: De forma análoga, habría que sustituir esta frase por la siguiente: «Lo que pertenecería a la sintaxis sería el examen de las relaciones mutuas de las unidades de la clase de «rosa», de la clase de indicadores de función («genitivo», «dativo», etc.) y de la clase de número («plural» en oposición a «cero»)».

12. La sintaxis funcional.

Bulletin de la Société polonaise de linguistique, 31 (1972).

13. ¿Qué es la morfología?

Cahier Ferdinand de Saussure, 26 (1969).

* Pág. 189: En lugar de «monemas», leer «clases de monemas».

** Pág. 189: El segundo de estos dos tratamientos es el reproducido en el artículo 11 de este volumen.

14. Morfología y sintaxis.

Language Sciences (Bloomington, Ind., 23 dic. 1972).

III. TERMINOLOGÍA. — 15. La palabra.

Diogène, 51 (1965), reproducido en *Problèmes du langage*, París, N. R. F., 1965; traducción inglesa muy imperfecta en *Diogenes*, 51 (1965).

16. Composición, derivación y monemas.

Wortbildung, Syntax und Morphologie, Festschrift zum 60. Geburtstag von Hans Marchand, La Haya, 1968.

17. Sintagma y sintema.

La linguistique, 1 & 67, 2.º fascículo.

* Pág. 243: De nuevo aquí, conviene sustituir «monemas» por «clases de monemas».

18. *Palabra y sintema.*

Lingua, 21 (Amsterdam, 1968).

* Pág. 260: Reproducido, en este volumen, como artículo 17.

19. *Sobre algunas unidades significativas.*

Studi saussuriani per Robert Godel, a cura di T. de Mauro, L. Prieto, R. Amacker, vol. I della serie «Studi Linguistici e Semiologici», Il Mulino, Bolonia, 1974, págs. 223-233.

IV. ALGUNOS PROBLEMAS DE SINTAXIS. — 21. *Los verbos como indicadores de función.*

Studies in General and Oriental Linguistics Presented to Shirô Hattori on the Occasion of his Sixtieth Birthday, Tokio, 1970.

22. *El sujeto como función lingüística y el análisis sintáctico del vasco.*

Bulletin de la Société de linguistique de Paris, 57 (1962).

* Pág. 305: El artículo está reproducido en *La linguistique synchronique,* París, 1965, págs. 212-228.

** Pág. 306: No dudamos ya, hoy día, en ver, en *du soleil* y *des craquements,* predicados, incluso estando precedidos por *il y a;* a pesar de su flexión verbal, *il y a* (/ja/) es el actualizador del predicado de existencia.

*** Pág. 313: La *-d-* de *-du* es evidentemente identificable como un elemento pronominal de 3.ª persona en *doa* «él va», de una raíz *-oa-* «ir». Pero la frecuencia de su valor cero incitaría a ver en *doa* aquello en lo que se convierte *-oa-* en su forma base (3.ª persona de sing.), donde la concordancia del verbo no estaría marcada positivamente. Es cierto que se podría estar tentado a operar del mismo modo con *il* (él) en francés, de aquí la posición contracta que adoptamos en el artículo 20 «¿Casos o funciones?», al final de la sección «El sujeto».

23. *El género femenino en indoeuropeo: examen funcional del problema.*

Bulletin de la Société de linguistique de Paris, 52 (1956), páginas 83-95.

* Pág. 324: Sustituir «sintáctico», que no significa gran cosa, por «en general».

ÍNDICE GENERAL

BIBLIOTECA ROMÁNICA HISPÁNICA

Dirigida por: DÁMASO ALONSO

I. TRATADOS Y MONOGRAFÍAS

1. Walter von Wartburg: *La fragmentación lingüística de la Romania*. Segunda edición aumentada. 208 págs. 17 mapas.
2. René Wellek y Austin Warren: *Teoría literaria*. Con un prólogo de Dámaso Alonso. Cuarta edición. Reimpresión. 432 págs.
3. Wolfgang Kayser: *Interpretación y análisis de la obra literaria.* Cuarta edición revisada. Reimpresión. 594 págs.
4. E. Allison Peers: *Historia del movimiento romántico españo!.* Segunda edición. Reimpresión. 2 vols.
5. Amado Alonso: *De la pronunciación medieval a la moderna en español.* 2 vols.
9. René Wellek: *Historia de la crítica moderna (1750-1950).* 3 vols.
10. Kurt Baldinger: *La formación de los dominios lingüísticos en la Península Ibérica.* Segunda edición corregida y muy aumentada. 496 págs. 23 mapas.
11. S. Griswold Morley y Courtney Bruerton: *Cronología de las comedias de Lope de Vega.* 694 págs.
12. Antonio Martí: *La preceptiva retórica española en el Siglo de Oro.* Premio Nacional de Literatura. 346 págs.
13. Vítor Manuel de Aguiar e Silva: *Teoría de la literatura.* Reimpresión. 550 págs.
14. Hans Hörmann: *Psicología del lenguaje.* 496 págs.
15. Francisco R. Adrados: *Lingüística indoeuropea.* 2 vols.

II. ESTUDIOS Y ENSAYOS

1. Dámaso Alonso: *Poesía española (Ensayo de métodos y límites estilísticos).* Quinta edición. Reimpresión. 672 págs. 2 láminas.
2. Amado Alonso: *Estudios lingüísticos (Temas españoles).* Tercera edición. Reimpresión. 286 págs.
3. Dámaso Alonso y Carlos Bousoño: *Seis calas en la expresión literaria española (Prosa - Poesía - Teatro).* Cuarta edición. 446 págs.
4. Vicente García de Diego: *Lecciones de lingüística española (Conferencias pronunciadas en el Ateneo de Madrid).* Tercera edición. Reimpresión. 234 págs.
5. Joaquín Casalduero: *Vida y obra de Galdós (1843-1920).* Cuarta edición ampliada. 312 págs.

166. Ángel San Miguel: *Sentido y estructura del «Guzmán de Alfarache» de Mateo Alemán*. Con un prólogo de Franz Rauhut. 312 págs.

167. Francisco Marcos Martín: *Poesía narrativa árabe y épica hispánica*. 388 págs.

168. Juan Cano Ballesta: *La poesía española entre pureza y revolución (1930-1936)*. 284 págs.

169. Joan Corominas: *Tópica hespérica (Estudios sobre los antiguos dialectos, el substrato y la toponimia romances)*. 2 vols.

170. Andrés Amorós: *La novela intelectual de Ramón Pérez de Ayala*. 500 págs.

171. Alberto Porqueras Mayo: *Temas y formas de la literatura española*. 196 págs.

172. Benito Brancaforte: *Benedetto Croce y su crítica de la literatura española*. 152 págs.

173. Carlos Martín: *América en Rubén Darío (Aproximación al concepto de la literatura hispanoamericana)*. 276 págs.

174. José Manuel García de la Torre: *Análisis temático de «El Ruedo Ibérico»*. 362 págs.

175. Julio Rodríguez-Puértolas: *De la Edad Media a la edad conflictiva (Estudios de literatura española)*. 406 págs.

176. Francisco López Estrada: *Poética para un poeta (Las «Cartas literarias a una mujer» de Bécquer)*. 246 págs.

177. Louis Hjelmslev: *Ensayos lingüísticos*. 362 págs.

178. Dámaso Alonso: *En torno a Lope (Marino, Cervantes, Benavente, Góngora, los Cardenios)*. 212 págs.

179. Walter Pabst: *La novela corta en la teoría y en la creación literaria (Notas para la historia de su antinomia en las literaturas románicas)*. 510 págs.

182. Gemma Roberts: *Temas existenciales en la novela española de postguerra*. 286 págs.

183. Gustav Siebenmann: *Los estilos poéticos en España desde 1900*.

184. Armando Durán: *Estructura y técnicas de la novela sentimental y caballeresca*. 182 págs.

185. Werner Beinhauer: *El humorismo en el español hablado (Improvisadas creaciones espontáneas)*. Prólogo de Rafael Lapesa. 270 págs.

186. Michael P. Predmore: *La poesía hermética de Juan Ramón Jiménez (El «Diario» como centro de su mundo poético)*. 234 págs.

187. Albert Manent: *Tres escritores catalanes: Carner, Riba, Pla*. 338 págs.

188. Nicolás A. S. Bratosevich: *El estilo de Horacio Quiroga en sus cuentos*. 204 págs.

189. Ignacio Soldevila Durante: *La obra narrativa de Max Aub (1929-1969)*. 472 págs.

190. Leo Pollmann: *Sartre y Camus (Literatura de la existencia)*. 286 páginas.

217. Helena Percas de Ponseti: *Cervantes y su concepto del arte (Estudio crítico de algunos aspectos y episodios del «Quijote»).* 2 vols.

218. Göran Hammarström: *Las unidades lingüísticas en el marco de la lingüística moderna.* 190 págs.

219. H. Salvador Martínez: *El «Poema de Almería» y la épica románica.* 478 págs.

220. Joaquín Casalduero: *Sentido y forma de «Los trabajos de Persiles y Sigismunda».* 236 págs.

221. Cesáreo Bandera: *Mimesis conflictiva (Ficción literaria y violencia en Cervantes y Calderón).* Prólogo de René Girard. 262 págs.

222. Vicente Cabrera: *Tres poetas a la luz de la metáfora: Salinas, Aleixandre y Guillén.* 228 págs.

223. Rafael Ferreres: *Verlaine y los modernistas españoles.* 272 págs

224. Ludwig Schrader: *Sensación y sinestesia.* 528 págs.

225. Evelyn Picon Garfield: *¿Es Julio Cortázar un surrealista?* 266 págs.

226. Aniano Peña: *Américo Castro y su visión de España y de Cervantes.* 318 págs.

227. Leonard R. Palmer: *Introducción crítica a la lingüística descriptiva y comparada.* 586 págs.

228. Edgar Pauk: *Miguel Delibes: Desarrollo de un escritor (1947-1974).* 330 págs.

229. Mauricio Molho: *Sistemática del verbo español (Aspectos, modos, tiempos).* 2 vols.

230. José Luis Gómez-Martínez: *Américo Castro y el origen de los españoles: Historia de una polémica.* 242 págs.

231. Francisco García Sarriá: *Clarín y la herejía amorosa.* 302 págs.

232. Ceferino Santos-Escudero: *Símbolos y Dios en el último Juan Ramón Jiménez (El influjo oriental en «Dios deseado y deseante»).* 566 págs.

233. Martín C. Taylor: *Sensibilidad religiosa de Gabriela Mistral.* Preliminar de Juan Loveluck. 332 págs.

234. *De la teoría lingüística a la enseñanza de la lengua.* Publicada bajo la dirección de Jeanne Martinet. 262 págs.

235. Jürgen Trabant: *Semiología de la obra literaria (Glosemática y teoría de la literatura).* 370 págs.

236. Hugo Montes: *Ensayos estilísticos.* 186 págs.

237. P. Cerezo Galán: *Palabra en el tiempo (Poesía y filosofía en Antonio Machado).* 614 págs.

238. M. Durán y R. González Echevarría: *Calderón y la crítica: Historia y antología.* 2 vols.

239. Joaquín Artiles: *El «Libro de Apolonio», poema español del siglo XIII.* 222 págs.

240. Ciriaco Morón Arroyo: *Nuevas meditaciones del «Quijote».* 366 páginas.

241. Horst Geckeler: *Semántica estructural y teoría del campo léxico*. 390 págs.
242. José Luis L. Aranguren: *Estudios literarios*. 350 págs.
243. Mauricio Molho: *Cervantes: raíces folklóricas*. 358 págs.
244. Miguel Ángel Baamonde: *La vocación teatral de Antonio Machado*. 306 págs.
245. Germán Colón: *El léxico catalán en la Romania*. 542 págs.
246. Bernard Pottier: *Lingüística general (Teoría y descripción)*. 426 páginas.
247. Emilio Carilla: *El libro de los «Misterios» («El lazarillo de ciegos caminantes»)*. 190 págs.
248. José Almeida: *La crítica literaria de Fernando de Herrera*. 142 págs.
249. Louis Hjelmslev: *Sistema lingüístico y cambio lingüístico*. 262 págs.
250. Antonio Blanch: *La poesía pura española (Conexiones con la cultura francesa)*. 354 págs.
251. Louis Hjelmslev: *Principios de gramática general*. 380 págs.
252. Rainer Hess: *El drama religioso románico como comedia religiosa y profunda (Siglos XV y XVI)*. 334 págs.
253. Mario Wandruszka: *Nuestros idiomas: comparables e incomparables*. 2 vols.
254. Andrew P. Debicki: *Poetas hispanoamericanos contemporáneos (Punto de vista, perspectiva, experiencia)*. 266 págs.
255. José Luis Tejada: *Rafael Alberti, entre la tradición y la vanguardia (Poesía primera: 1920-1926)*. 650 págs.
256. Gudula List: *Introducción a la psicolingüística*. 198 págs.
257. Esperanza Gurza: *Lectura existencialista de «La Celestina»*. 352. págs.
258. Gustavo Correa: *Realidad, ficción y símbolo en las novelas de Pérez Galdós (Ensayo de estética realista)*. 308 págs.
259. Eugenio Coseriu: *Principios de semántica estructural*. 248 págs.
260. Othón Arróniz: *Teatros y escenarios del Siglo de Oro*. 272 págs.
261. Antonio Risco: *El Demiurgo y su mundo: Hacia un nuevo enfoque de la obra de Valle-Inclán*. 310 págs.
262. Brigitte Schlieben-Lange: *Iniciación a la sociolingüística*. 200 págs.
263. Rafael Lapesa: *Poetas y prosistas de ayer y de hoy (Veinte estudios de historia y crítica literarias)*. 424 págs.
264. George Camamis: *Estudios sobre el cautiverio en el Siglo de Oro*. 262 págs.
265. Eugenio Coseriu: *Tradición y novedad en la ciencia del lenguaje (Estudios de historia de la lingüística)*. 374 págs.
266. Robert P. Stockwell y Ronald K. S. Macaulay (eds.): *Cambio lingüístico. y teoría generativa*. 398 págs.
267. Emilia de Zuleta: *Arte y vida en la obra de Benjamín Jarnés*. 278 págs.
268. Susan Kirkpatrick: *Larra: el laberinto inextricable de un romántico liberal*. 298 págs.

Rodríguez Chicharro a Dámaso Alonso. Reunido por los estudian-
    tes a ... Trilogía Romanesca. 23 págs.
Romance a ... Josep. 347 págs.

...tella Picasso a ... M. Esparza. Vol. ... 341 págs. con lá-
    634 págs. Vol. III, 342 págs. 16 láminas.

Juan Luis Alborg. Historia de la literatura española.
    Tomo I: Edad Media y Renacimiento. 3.ª edición española.
    1082 págs.
    Tomo II: Época Barroca. 2.ª edición. Reimpresión. 920 págs.
    Tomo III: Siglo XVIII. Reimpresión. 980 págs.

José Luis Martín. Crítica estilística. 343 págs.

Manuel García de Diego. Vocabulario... etimología. 23 láminas.
    ... y ... con ... índice completo de palabras. 378 pá-
    gina... Mayoral. Análisis de textos (Poesía y prosa española). 2.ª
    gina ... edición ampliada. 304 págs.

Wilhelm Grenzmann. Problemas y métodos de la literatura contem-
    poránea. 358 págs.

Valdin Vossler. Introducción al latín vulgar. Reimpresión. 416 págs.
Italo Dev del Corral. La función del mito clásico en la literatura
    contemporánea. 2.ª edición. 254 págs.

Étienne M. Gilson. Lingüística y filosofía (Ensayos sobre las cons-
    tantes filosóficas del lenguaje). 331 págs.